D1178648

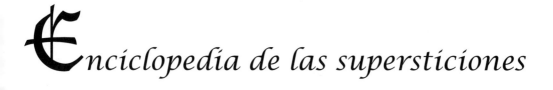

Enciclopedia de las supersticiones

Enciclopedia de las supersticiones

RICHARD WEBSTER

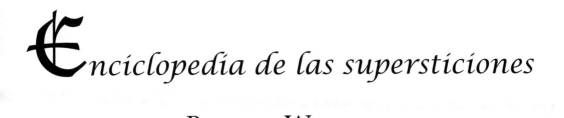

alamah ESOTERISMO

Título original: *The Encyclopedia of Superstitions*
Publicado por: Llewellyn Publications

De esta edición:
D. R. © Santillana Ediciones Generales, S.A. de C.V., 2009.
Av. Universidad 767, Col. del Valle.
México, 03100, D.F. Teléfono (55 52) 54 20 75 30
www.alamah.com.mx

Argentina
Av. Leandro N. Alem, 720
C1001AAP Buenos Aires
Tel. (54 114) 119 50 00
Fax (54 114) 912 74 40

Bolivia
Avda. Arce, 2333
La Paz
Tel. (591 2) 44 11 22
Fax (591 2) 44 22 08

Colombia
Calle 80, n°10-23
Bogotá
Tel. (57 1) 635 12 00
Fax (57 1) 236 93 82

Costa Rica
La Uruca
Del Edificio de Aviación Civil 200 m
al Oeste
San José de Costa Rica
Tel. (506) 220 42 42 y 220 47 70
Fax (506) 220 13 20

Chile
Dr. Aníbal Ariztía, 1444
Providencia
Santiago de Chile
Telf (56 2) 384 30 00
Fax (56 2) 384 30 60

Ecuador
Avda. Eloy Alfaro, N33-347 y Avda. 6
de Diciembre
Quito
Tel. (593 2) 244 66 56 y 244 21 54
Fax (593 2) 244 87 91

El Salvador
Siemens, 51
Zona Industrial Santa Elena
Antiguo Cuscatlan - La Libertad
Tel. (503) 2 505 89 y 2 289 89 20
Fax (503) 2 278 60 66

España
Torrelaguna, 60
28043 Madrid
Tel. (34 91) 744 90 60
Fax (34 91) 744 92 24

Estados Unidos
2105 NW 86th Avenue
Doral, FL 33122
Tel. (1 305) 591 95 22 y 591 22 32
Fax (1 305) 591 91 45

Guatemala
7ª avenida, 11-11
Zona n° 9
Guatemala CA
Tel. (502) 24 29 43 00
Fax (502) 24 29 43 43

Honduras
Colonia Tepeyac Contigua a Banco
Cuscatlan
Boulevard Juan Pablo, frente al Templo
Adventista 7° Día, Casa 1626
Tegucigalpa
Tel. (504) 239 98 84

México
Avda. Universidad, 767
Colonia del Valle
03100 México DF
Tel. (52 5) 554 20 75 30
Fax (52 5) 556 01 10 67

Panamá
Avda Juan Pablo II, n° 15. Apartado
Postal 863199, zona 7
Urbanización Industrial La Locería -
Ciudad de Panamá
Tel. (507) 260 09 45

Paraguay
Avda. Venezuela, 276
Entre Mariscal López y España
Asunción
Tel. y fax (595 21) 213 294 y 214 983

Perú
Avda. San Felipe, 731
Jesús María
Lima
Tel. (51 1) 218 10 14
Fax. (51 1) 463 39 86

Puerto Rico
Avenida Rooselvelt, 1506
Guaynabo 00968
Puerto Rico
Tel. (1 787) 781 98 00
Fax (1 787) 782 61 49

República Dominicana
Juan Sánchez Ramírez, n° 9
Gazcue
Santo Domingo RD
Tel. (1809) 682 13 82 y 221 08 70
Fax (1809) 689 10 22

Uruguay
Constitución, 1889
11800 Montevideo
Uruguay
Tel. (598 2) 402 73 42 y 402 72 71
Fax (598 2) 401 51 86

Venezuela
Avda. Rómulo Gallegos
Edificio Zulia, 1°. Sector Monte Cristo.
Boleita Norte
Caracas
Tel. (58 212) 235 30 33
Fax (58 212) 239 10 51

Primera edición: Febrero de 2009.

ISBN: 978-607-11-0127-3
Traducción: Salvador Alanís
D.R. © Diseño de cubierta: Víctor Ortiz
Diseño de interiores: Ma. Alejandra Romero I.
Las ilustraciones fueron tomadas del libro *The Picture Reference File*, vol. 1, excepto las de las páginas 19, 146, 185, 189, 190, 247, 287, 335 y 352 realizadas por Verónica Celine Ramos Báez

Impreso en México

Para dos amigos especiales,
Harley y Lillian Pope

Índice

Introducción

Cada vez que el doctor Samuel Johnson (1709-1784), lexicógrafo, crítico y escritor inglés, caminaba por la calle, tocaba todos los postes de madera con los que se cruzaba. También cruzaba las puertas con su pie derecho en primer lugar y evitaba todas las grietas que separaban los adoquines. Creía que si no lo hacía, algo desagradable le sucedería.

Niels Bohr, el físico famoso, tenía una herradura de caballo colgando de la puerta de su oficina. "No creerás que eso tendrá algún efecto en tu suerte, ¿no?", le preguntó un colega. "No", acordó Niels, "pero he escuchado que esto funciona aun con aquellos que no creen".

Sir Winston Churchill siempre llevaba un bastón de la suerte cuando tenía que viajar en viernes, día que consideraba desafortunado, y se rehusaba definitivamente a viajar los viernes 13. También tocaba a todos los gatos negros que se encontraba porque los consideraba de buena suerte.

Alfred Gwynne Vanderbilt dormía un una cama cuyas patas descansaban en platos con sal, a fin de protegerlo de los malos espíritus.

Hace muchos años, un amigo mío realizó deliberadamente una serie de eventos en viernes 13, en un intento de desmentir los efectos de las supersticiones. A propósito: derramó sal, caminó por todas las grietas de la banqueta que pudo, hizo que el gato negro de su casero le caminara por enfrente, firmó un contrato de arrendamiento y caminó por debajo de una escalera. Al día siguiente, su novia lo dejó.

Actualmente, la gente es tan supersticiosa como siempre. ¿Has tocado madera o rodeado una escalera alguna vez? ¿Te ha dado gusto encontrar y levantar un alfiler porque sabes que tendrás buena suerte el resto del día? ¿Has atado alguna vez un nudo en un pañuelo, cruzado los dedos o has dicho "salud" cuando alguien estornuda?

Uno pensaría que en tanto los científicos descubren más y más el funcionamiento del universo, las supersticiones desaparecerían gradualmente. Sin embargo, las supersticiones son aún bastante comunes. Algunas ocupaciones parecen tender más a la superstición que otras. No esperarías que un contador fuera supersticioso, por ejemplo, pero no te sorprendería que un jugador, un atleta o un actor lo fuera. Esto se debe a que la creencia en supersticiones aumenta en razón de la incertidumbre. Los contadores saben que su trabajo estará seguro mientras lo hagan bien, pero los actores pueden perder su trabajo en cualquier momento, sin importar qué tan buenos sean. Las estrellas del deporte viven en la incertidumbre ya que en su mundo una fracción de segundo puede determinar el triunfo o el fracaso.

No es extraño que haya tantas historias relacionadas con la superstición entre la gente del deporte. Un corredor, por ejemplo, gana una carrera importante al calzar un determinado par de tenis. Desde ese momento, es probable que el corredor considere esos tenis como de buena suerte e insista en usarlos cada vez que compita en una carrera importante. Nobby Stiles, un ex jugador de fútbol inglés, nunca amarró sus agujetas hasta que estuvo en el campo. George Seifert, el ex entrenador de los 49 de San Francisco tenía que tocar un libro antes de dejar su oficina; también tenía que ser la última persona en dejar los vestidores antes del juego. Jack Nicklaus siempre llevaba monedas de un centavo dondequiera que jugaba golf. Un estudio aplicado en Nueva Zelanda en 2006 descubrió que 21 por ciento de los hombres tienen calzones "de la buena suerte" que usan cuando juegan algún deporte.[1]

[1] "Cómo fuimos", *Sunday Star Times* (Auckland, Nueva Zelanda, 31 de diciembre de 2006): A12.

Cuando viví en Cornwall, Inglaterra, en los años sesenta, veía de vez en cuando un juego de cricket. La primera vez, el marcador del juego llegó a 111. La persona con la que estaba me dijo que ese marcador de tres unos se le llama el "Lord Nelson" y que el bateador probablemente saldría en la siguiente bola (en términos de béisbol, sería "ponchado"). Para mi sorpresa, esto fue exactamente lo que sucedió. Le pregunté a mi amigo por qué se llamaba el "Lord Nelson" y me dijo que "Lord Nelson sólo tenía un ojo, un brazo y una parte de su anatomía con un sólo miembro que no puedo mencionar". Me reí con esta explicación, pero meses después descubrí qué tan fuerte era la superstición del "Lord Nelson".

Mucha gente tiene sus propias supersticiones personales generadas por dos sucesos que acontecen simultáneamente. Si un perro negro camina frente a ti al mismo tiempo que alguien te dice que un amigo ha muerto, puedes desarrollar fácilmente una superstición relacionada con los perros negros. Esto se debe a que los dos sucesos se relacionan en tu mente.

La superstición aprendida, como se le llama, ha sido observada tanto en animales como en seres humanos. B. F. Skinner (1904-1990), el científico del comportamiento, publicó en 1948 su experimento clásico "Superstición en la paloma".[2] El profesor Skinner puso palomas dentro de una caja y les dio un grano de comida cada quince segundos, sin importar lo que las aves estuvieran haciendo. Después de algunos minutos, las aves desarrollaron diferentes rituales idiosincrásicos, como balancear sus cabezas de arriba abajo o caminar en círculos. Esto demostró que las palomas parecían creer que sus actos causaban la aparición de la comida. El profesor Skinner explicó que la combinación accidental de la aparición de la comida mientras el ave tenía cierto comportamiento era suficiente para reforzar esa actividad. La mayoría de las supersticiones que tienen los seres humanos comienzan de la misma forma. El corredor que gana la carrera usando cierto tipo de zapatos, desde ese momento los tiene que usar en todas las carreras. Ello se convierte en una superstición personal.

En la Antigüedad, casi cada evento se evaluaba para ver si era un augurio, una advertencia o un indicio de buena o mala suerte. El vuelo

[2] B. F. Skinner, "Superstición en las palomas", *Journal of Experimental Psychology 38* (1948): 168-172.

de un pájaro, los patrones en las nubes o ver a una persona o animal específico era un signo o una profecía.

Asociado a esto, a lo largo de la historia la gente ha utilizado un sistema de medidas preventivas, aparentemente irracionales, para ayudarse a sobrevivir y vivir con seguridad en un mundo difícil. Estas supersticiones dependen de la creencia de que un poder superior y potencialmente peligroso controla el universo. Sin embargo, realizando diferentes formas rituales y mágicas, la gente siente que puede aplacar esta fuerza y tal vez hasta ganar su bendición. Por consecuencia, aun cuando saben que la superstición no tiene una validez científica, la gente cree en ella porque le da un sentido de seguridad y control en sus vidas.

Los diccionarios definen las supersticiones como creencias o prácticas irracionales, algo que no se basa en el conocimiento o en los hechos, un miedo insensato a lo desconocido o una fe aceptada ciegamente. Esencialmente, los diccionarios dicen que la superstición está basada en el miedo y la ignorancia.

La palabra superstición se deriva del latín *superstes*, que significa sobrevivir. Ha resultado ser una palabra conveniente para describir las ideas religiosas que han perdurado después de que una fe particular ha muerto.

Hay muchas supersticiones relacionadas con la religión y la gente que pertenece a un culto tiende a considerar supersticiosa a la gente con creencias diferentes. Constantino consideraba al paganismo una superstición. Tácito, por otro lado, consideraba al cristianismo como una superstición perniciosa.[3] Martín Lutero dijo que todo aquello que no estuviera centrado en Cristo era una superstición.[4] San Pablo creía lo mismo y le dijo a la gente de Atenas: "… echo de ver que vosotros sois casi nimios en cosas de religión" (Hechos de los Apóstoles, 17, 22). En el siglo XVI, los protestantes condenaron la fe católica como "supersticiones papales". Los misioneros cristianos del siglo XIX viajaron por el mundo para salvar a

---

[3] *Encyclopaedia Britannica, Micropaedia*, vol. IX, 15a ed. (Chicago: *Encyclopaedia Britannica*, 1983), 683.

[4] Kurt Koch, *Occult ABC*, 1a ed. estadounidense (Alemania: Misión Literaria de Aglasterhausen, 1978; distribuida por Grand Rapids International Publications, Grand Rapids, MI), 239.

los primitivos de sus creencias y prácticas supersticiosas. El investigador hindú Ananda Coomaraswamy escribió: "Los dioses de una religión anterior se convierten en los demonios de la que le sucede."[5]

Hace muchos años, llevé a cabo un experimento poniendo una escalera contra una pared en una calle muy transitada. Aunque era obvio que no había nadie en la escalera, casi todo mundo se bajó de la banqueta para rodearla, en lugar de pasar bajo ella.

Cuando vivía en Cornwall, uno de mis vecinos era el séptimo hijo de un séptimo hijo. Era un adivino que tenía mucho éxito, en parte porque la gente creía que su linaje demostraba que tenía capacidades especiales.

Mientras escribía este libro, hice una cita para comer con una compañera escritora. Quedamos de vernos un viernes. Ella estaba de acuerdo con la cita hasta que se dio cuenta de que era viernes 13. Me habló por teléfono para cambiar de día la cita.

Ninguna de estas situaciones son raras. La educación y la lógica no caben en el mundo de las supersticiones y la mayoría de la gente acepta tener una o dos creencias supersticiosas, sean tocar madera, cruzar los dedos o echar una pizca de sal sobre su hombro izquierdo. Puede que se rían mientras lo hacen, pero lo hacen de cualquier manera, por si acaso.

Un año después de que terminó la Segunda Guerra Mundial, un ejecutivo de la industria del cine, llamado Nick Matsoukas, fundó el Comité Nacional de Trece Contra la Superstición, los Prejuicios y el Miedo. Era la persona perfecta para dirigir este proyecto ya que nació el 13 de junio, su nombre tenía trece letras y era el treceavo hijo de su familia. El comité fue fundado un viernes 13. Sus socios hicieron todo lo posible para desmentir las supersticiones en todo lugar en el que estuvieran. Nada adverso les ha sucedido.

El viernes 13 de agosto de 1948, la Primera Exposición Americana sobre la Superstición, los Prejuicios y el Miedo se inauguró en el Museo de Historia Natural de Nueva York. Duró trece días. Para entrar, los visitantes tenían que pasar por debajo de una de tres grandes escaleras.

[5] Ananda K. Coomaraswamy, *What is Civilization? and Other Essays* (Oxford: Oxford University Press, 1993), 102.

Adentro colgaban paraguas abiertos del techo y había vitrinas con sal derramada y espejos rotos. También había una propuesta de un calendario de trece meses, que tenía un viernes 13 todos los meses. El objetivo de la exposición era desvanecer la superstición. El evento recibió una gran atención de la prensa de la época, pero nunca se repitió.

Todo esto ignora totalmente los aspectos benéficos de la superstición. La superstición puede resultar una manera efectiva de manejar las angustias y el estrés de la vida diaria. Si la gente cree que cierta actividad le dará suerte, se sentirá más tranquila y a gusto. Por consecuencia estará más relajada, segura, eficiente —y será más afortunada. Mi interés por las supersticiones comenzó cuando me mudé a Cornwall y descubrí un gran número y variedad de supersticiones que estaban vigentes en ese lugar. Después de unos días de haber llegado, me enteré de varias supersticiones por medio de mi casera:

Si visitas la casa de alguien y te vas sin haberte sentado, nunca te volverán a invitar.

Si un extraño visita tu casa en Navidad, tendrás mala suerte en los siguientes doce meses.

Si más de una mujer sirve el té de la mañana de la misma tetera, una de las invitadas quedará embarazada.

Una rebanada de pan tostado en la rama del árbol más alto del huerto de manzanas, asegura una buena cosecha.

Algunas de las supersticiones eran bastante divertidas:

Si te da comezón en la nariz, una de cuatro cosas sucederán: o te besarán, te llevarán la contra o te fastidiarán. Si ninguna de estas ocurre, un tonto te dará un apretón de manos.

Si cortas un diente de león, mojarás la cama.

Después de varios meses en Cornwall, me mudé a Yorkshire y fui cautivado por las supersticiones de ahí, especialmente las que practicaban los pescadores. He aquí algunos ejemplos:

La esposa de un pescador nunca debe lavar la ropa el día que él sale al mar, ya que si lo hace, él será bañado en la cubierta.

Sólo los hombres pueden estar en el muelle para ver partir un bote y no pueden decir "adiós". Si lo hacen, la tripulación no regresará a casa.

Unos años después, descubrí la crema y nata de las supersticiones en el lejano oriente. Mi intención original era incluir la mayor cantidad posible en este libro. Sin embargo, la enorme cantidad de las supersticiones practicadas en el mundo lo volvieron impracticable. Por lo tanto, en este libro he tratado de incluir supersticiones que son ampliamente practicadas en el mundo occidental. Por la misma razón, tuve que dejar fuera, a mi pesar y en mi contra, la mayor parte de las supersticiones regionales.

De igual forma, tuve que tomar otras decisiones. ¿La religión en sí es una superstición? ¿Qué tal la magia? ¿La adivinación? Mucha gente clasificaría estas creencias como supersticiones, mientras que otras dirían que son verdaderas. Aún dentro de la cristiandad, la gente que pertenece a una comunidad religiosa puede considerar las practicas de otra comunidad como supersticiosas. Y cuando mencionaba a alguien que había incluido a la Wicca como un término en este libro, se mostró muy satisfecho ya que consideraba a la Wicca como una "superstición perniciosa". Yo considero a la Wicca una religión más que una superstición. Sin embargo, la incluí en este libro ya que la historia de las supersticiones contiene numerosas menciones a brujas y brujería, y quería que el libro fuera lo más completo posible.

También he incluido varios términos relacionados con diferentes formas de adivinación. Nuevamente, esto es para tener un panorama más completo ya que no las considero supersticiones. Sin embargo, estoy bastante consciente de que mucha gente sí las considera así. Un amigo cercano ha visto fantasmas varias veces y no le dio gusto que los incluyera en el libro.

Al final, traté de incluir todo lo que era conveniente al tema, en lugar de limitar mi selección a mis propias creencias y opiniones. Encontré que la gente encuentra con rapidez la superstición en los demás, pero considera sus propias supersticiones como realidades. Esto es porque las supersticiones apelan a emociones arraigadas profundamente, en lugar de a la mente más lógica y consciente.

El profesor Bruce Hood, profesor de psicología experimental de la Universidad de Bristol, no cree que las supersticiones desaparecerán. "No creo que vayamos a evolucionar hacia una mente racional porque ser irracional nos da algunos beneficios", dijo. "El comportamiento supersticioso —la idea de que ciertos rituales y prácticas te protegen— se adapta a las circunstancias. Tanto los animales como los humanos se estresan si les quitas la ilusión de que tienen el control. Durante la Guerra del Golfo, en zonas atacadas por misiles Scud, hubo un aumento de creencias supersticiosas."[6]

Francis Bacon escribió: "Hay una superstición en evitar la superstición."[7] Dado que hasta evitar la superstición puede ser supersticioso, parece que siempre estaremos influidos por la superstición.

---

[6] Mark Henderson, "Evolution Keeps Us Superstitious. Now that's Lucky", *The Times* (Londres, 5 de septiembre de 2006): 31.

[7] Francis Bacon, "Of Superstition", *Essays or Counsels, Civil and Moral* (1625), (Londres: Folio Society, 2002), 60.

Abedul:

El abedul es el árbol sagrado del dios nórdico Thor. La gente solía llevar una rama de abedul para obtener protección y mantenerse a salvo de cualquier daño. En ocasiones se adornaba al ganado con abedul para protegerlo de las brujas. Se ponían ramas de abedul sobre los marcos de las puertas para evitar que entraran a la casa los malos espíritus.

Es buena idea plantar un abedul cerca de tu puerta delantera ya que cualquier bruja que intente entrar a tu casa tiene que contar cada hoja del árbol antes de entrar. El árbol no debe tocar, ni sobresalir de la casa pues esto traerá infortunio a sus habitantes.

Ver *árbol, brujas.*

Abejas:

A los niños en Francia y en el País de Gales se les enseña a no maldecir o usar malas palabras si oyen el zumbido de una colmena en la distancia. Si lo hacen, les dicen que las abejas vendrán a picarlos.

Yo solía tener abejas y en el funeral de un amigo apicultor pude ver que un enjambre de sus abejas llegaba a despedirse. Su familia las había invitado formalmente. Tradicionalmente, si el enjambre se establece en una rama muerta, era un signo de que el nuevo dueño no viviría mucho. En el pasado, se ponía en los panales una pañoleta negra o una mascada cuando su dueño moría. Y en ocasiones, una galleta del funeral, mojada en vino, en la entrada de la colmena.

Mucha gente del campo le avisaba a las abejas acerca de las muertes. A veces también sobre los nacimientos y las bodas. En el norte de Inglaterra se pensaba que las abejas eran altamente espirituales y cantaban con su zumbido el Salmo número cien.

Se considera de mala suerte que un enjambre de abejas se establezca en tu propiedad sin que su dueño las reclame. Ésto es un signo de que alguien de la familia morirá en el siguiente año.

Se cree que soñar con abejas es una buena señal. Significa que tu trabajo duro será ampliamente recompensado.

Ver *caléndula, borrachera, virginidad.*

Abracadabra:

En la actualidad, "abracadabra" es una palabra utilizada por los magos en los escenarios cuando van a realizar un acto de magia. Sin embargo, tiene una larga historia como amuleto protector y de la suerte. Su origen es desconocido, pero los cabalistas la usaban en el siglo II d. C. para evitar a los malos espíritus. Quintus Serenus Sammonicus, médico del emperador Severo, en su expedición a Bretaña en el año 2008 d. C., escribió un poema (*Precepta de medicina*) sobre este amuleto, el cual incluía instrucciones de uso.

En la Edad Media, mucha gente creía que llevar amuletos de pergamino con la palabra "abracadabra" escrita en forma de una pirámide invertida, podía curar las fiebres, dolores de muelas, verrugas y un número de padecimientos diversos. También protegía de la mala suerte a quien lo llevara. La persona tenía que escribir la palabra once veces, omitiendo una letra cada vez.

ABRACADABRA
ABRACADABR
ABRACADAB
ABRACADA
ABRACAD
ABRACA
ABRAC
ABRA
ABR
AB
A

A veces las letras eran removidas alternadamente al final de cada línea:

ABRACADABRA
BRACADABR
RACADAB
ACADA
CAD
A

La idea era que la palabra desapareciera, al igual que la fiebre. Un amuleto de este tipo se cosía con hilo de lino y se usaba alrededor del cuello. Se portaba durante nueve días y después se desechaba. La mejor manera de hacerlo era lanzarlo hacia atrás por·encima de tu hombro izquierdo antes del amanecer y hacia una corriente que fluyera de oeste a este. La razón de esto es que se creía que el lado izquierdo se relacionaba con el demonio. Lanzar el amuleto hacia un río que fluyera en la dirección del sol naciente, desterraba simbólicamente el mal y lo remplazaba con el bien generado con el sol naciente que expulsaba a la oscuridad. Daniel Defoe escribió sobre estos amuletos en *Diario del año de la peste* (1722) y dijo que eran utilizados para protegerse de este mal.

Pronunciar la palabra abracadabra en voz alta se creía que convocaba poderosas fuerzas sobrenaturales. Probablemente ésta sea la razón por la cual los prestidigitadores la siguen usando hoy como una palabra mágica.

El origen de la palabra es desconocida. Pudo haber venido de las palabras en arameo *Ab* (Padre), *Bar* (Hijo) y *Ru'ach Acadach* (Espíritu Santo). Pudo venir de la frase en hebreo *abreg ad hâbra* (cae muerto con tu rayo), o *Ha-b'rakah* (el nombre sagrado). Puede incluso derivarse de Abraxas, el dios del año cuya imagen aparece en los amuletos y talismanes que usaba una secta gnóstica que seguía a Basílides de Alejandría.

Ver *amuletos, hechizos, lado izquierdo, patrón de desaparición*.

Abril:

El clima de abril es muy variable. El viejo dicho "el clima de abril, lluvia y sol al mismo tiempo", lo dice todo. William Shakespeare escribió sobre "la dudosa gloria de un día de abril" (*Dos hidalgos de Verona*, acto 1, escena 3). También escribió en *Como gustéis* (acto 4, escena 1), "los hombres son abril cuando cortejan, diciembre cuando se casan:

las doncellas son mayo cuando solteras, pero el cielo cambia cuando están casadas".

Todos los niños saben que "las lluvias de abril traerán las flores de mayo". Los granjeros quieren que llueva en abril, lo cual queda dicho en los viejos versos:

Un abril seco
no lo desea el granjero.
Un abril húmedo
es lo que querría.

Otra superstición de abril dice que "si llueve en el domingo de Pascua, lloverá en los siguientes siete domingos".

Ver *clima, diciembre, lluvia, mayo, Pascua.*

Acebo:

El acebo es estimado como una planta de muy buena suerte y se utiliza mucho en la decoración de Navidad. Los antiguos druidas creían que el acebo tenía poderes especiales ya que sus hojas perennes sobrevivían el invierno. Esto les daba la esperanza de que la primavera estaba por llegar. Los romanos consideraban sagrado al acebo y lo usaban como decoración durante los festivales dedicados a Saturno. Los cristianos creen que la cruz de Cristo era de acebo y que las bayas rojas simbolizan la sangre de Cristo.

Se dice que colgar acebo en la casa protege a sus habitantes de la brujería. Cuando termina la Navidad, mucha gente deja una espiga de acebo en la casa para protegerla de los relámpagos.

Es de mala suerte cortar un árbol de acebo. Nunca se deben quemar las ramas de acebo mientras estén verdes ya que puede causar muerte en la familia.

Ver *brujería, cruz, Doceava noche, hoja, Navidad, relámpago.*

Actores y actrices:

Los actores y actrices son tradicionalmente individuos supersticiosos y una gran cantidad de supersticiones han surgido alrededor del teatro. Muchos actores llevan amuletos de la buena suerte y tienen un sistema claro de preparación antes de cada actuación.

Silbar tras el escenario se considera de mala suerte y cualquiera que lo haga tiene que salir del cuarto, darse tres vueltas y escupir antes de volver a entrar. Esto probablemente data de los días cuando los cambios de escena eran anunciados con un silbido. De igual manera es tabú aplaudir tras bambalinas, dado que se cree que es de mala suerte. Se deben utilizar flores artificiales en el escenario, ya que las naturales son de mala suerte. Lo mismo sucede con las plumas de pavo real por lo que deben evitarse en escena. Decir la última línea de la obra durante el ensayo también es de mala suerte.

Es tentar al destino desearle a un actor buena suerte antes de salir al escenario. De hecho, lo único que puede causarle mala suerte es decir "buena suerte". Por consecuencia, desearle a alguien mala suerte, como decir "rómpete una pierna", es efectivamente desearle buena suerte.

Nadie sabe de dónde viene la expresión "rómpete una pierna", pero pudo surgir del hecho de que la palabra "pierna" puede significar telón. Dado que una obra puede tener muchos llamados de telón si tuvo éxito, esto puede hacer que se rompa el mecanismo de la "pierna".

Hay otras dos posibilidades interesantes, pero erróneas, que se sugieren con frecuencia. La primera es que después de haber disparado al presidente Lincoln, John Wilkes Booth saltó al escenario, rompiéndose la pierna. Pero Booth se la rompió después de que su caballo cayera al tratar de escapar. La segunda tiene relación con el hecho de que Sarah Bernhardt, la famosa actriz francesa, continuó con su carrera después de que su pierna fuera amputada en 1915.

Muchos actores se rehúsan a vestir de color verde. Esto data de los días de los candeleros de luces brillantes, luces generadas al calentar óxido de calcio o cal. Éstos desprendían un brillo verdoso en el escenario y los actores vestidos de verde se volvían casi invisibles bajo su luz.

Un buen ensayo de vestuario es considerado un mal agüero ya que da un sentimiento falso de confianza. Sin embargo, es un buen signo si un viejo compra los primeros boletos de la función.

Muchos actores tienen rituales específicos que ejecutan antes de la actuación. Jack Lemmon solía decir que era "hora de la magia" antes de entrar al escenario o de hacer una toma en una película.

Algunas obras son consideradas de mala suerte, como por ejemplo *Robin Hood, Alí Babá y los cuarenta* ladrones, *Babes in the Wood*[8] y *Macbeth*. En lugar de decir su nombre, a la tragedia de Shakespeare se le nombra como "esa obra de teatro escocesa". Por otro lado, se considera a *Cenicienta* una obra de buena suerte.

También existen supersticiones relacionadas con la taquilla. Es de mala suerte permitir que alguien con un boleto gratuito entre al teatro antes que un asistente con boleto pagado. Es también de mala fortuna inaugurar una obra en viernes 13, de cualquier mes. Sin embargo, es de buen augurio comenzar una función con un retraso de trece minutos.

Ver *carreras de caballos, estrellas de cine, flores, Macbeth, pavo real, silbido, teatro, trece, verde, viernes.*

Acuario:

Acuario es el signo del zodiaco decimoprimero. Su símbolo es el agua. Su elemento es el aire y su gema es la amatista. Las palabras clave para Acuario son: yo sé.

Se cree que los nacidos bajo el signo de Acuario son simpáticos, pacíficos y con una gran voluntad. Son independientes, tolerantes, de mente abierta e intelectuales humanistas. Los nacidos en Acuario son pensadores progresistas y están viendo constantemente hacia adelante. A veces dan la impresión de ser muy despegados o distantes ya que pueden eliminar sus emociones de los eventos cotidianos.

Ver *aire, amatista, astrología, elemento, gema, zodiaco.*

Adiós:

La palabra inglesa para adiós, *goodbye*, es una contracción de "Dios sea contigo" (*God be with ye*). El cambio se dio durante muchos siglos. "*God*" (Dios) gradualmente se convirtió en "good" dadas las expresiones comunes como "*good morning*" (buenos días) o "*good night*" (buenas noches).

Adivinación:

La adivinación es el arte de predecir el futuro. Desde la época de las cavernas, la gente ha tratado de ver el futuro. El concepto de que el destino es predeterminado

---

[8] Cuento tradicional en el cual dos niños son abandonados en el bosque, donde mueren, y sus cuerpos son cubiertos con las plumas de los petirrojos. El cuento ha sido incorporado a la historia de Robin Hood (N. del T.).

por fuerzas que no podemos controlar es muy antiguo y mucha gente todavía cree en él. Por supuesto, todo el mundo tiene libre albedrío y toma muchas decisiones todos los días. Por ello, la adivinación no puede decir exactamente lo que va a pasar. Pero puede brindar una serie de posibilidades que de otra forma no habrían sido consideradas.

Algunas personas, generalmente conocidas como videntes, parecen estar más en sintonía con los presagios, signos y símbolos que los rodean. Escuchan sus corazonadas y sentimientos y son capaces de interpretarlos sin juicio o prejuicio. Naturalmente, no siempre tienen la razón. Solamente pueden predecir el resultado si la persona continúa su vida de la misma forma que lo ha hecho en el pasado. Cualquier cambio significativo en la vida del individuo afectará, obviamente, su futuro.

La adivinación puede hacerse de diferentes maneras. Examinar una parte del cuerpo del cliente: la cara, las palmas o los pies, es uno de los métodos preferidos. Los detalles del nacimiento del individuo se usan en la astrología y en la numerología. Su escritura también puede ser interpretada. La lectura de objetos al azar, como las hojas del té, las runas y las cartas del Tarot, son otros métodos populares. Todos éstos utilizan un sistema. Otra forma de predicción del futuro es comunicarse de alguna manera con un agente externo, como los fantasmas o los espíritus. Ver a través de una bola de cristal, de un espejo o de la llama de una vela o del fuego, se llama en inglés *scrying*.

Ver *amatista, adivinación por bola de cristal, astrología, cartas, fantasma, fuego, jugar, lunares, numerología, oniromancia, ornitomancia, pozo, quiromancia.*

Adornos de latón:

Durante miles de años, el caballo fue el principal medio de transporte. Por lo mismo las caballerías se debían proteger contra los malos espíritus. Los primeros adornos de metal para los arneses datan de hace cinco mil años, lo cual muestra lo vieja que es esta superstición. Los adornos son hechos de metal y se mantienen pulidos para evitar el mal y reflejar el mal de ojo. Los diseños son simbólicos y mucha gente los colecciona en la actualidad. Los motivos más populares son representaciones del sol y la luna creciente, bellotas, svásticas y flores de loto.

Ver *mal de ojo*.

Afrodisíaco:

Los griegos y romanos constantemente buscaban la pócima de amor perfecto y en la actualidad el interés por este tema sigue siendo importante. Hay dos tipos de pócimas de amor. El primero es para atraer el amor y el segundo es para estimular la excitación. Muchos filtros de amor combinan ambos elementos en uno solo. Si se desea a una persona en particular, se requiere una muestra de su cabello, sus uñas o sus fluidos corporales para hacer la pócima.

El rango de afrodisíacos es casi ilimitado. Alimentos como las manzanas, los duraznos, las alcachofas, los espárragos, los frijoles, la calabaza, las zanahorias, el apio, poro, lechuga, ostiones, nabos, papas, fresas, tomates, nueces de castilla y los berros han sido considerados afrodisíacos. Se sigue estimando que los alimentos picantes o condimentados tienen un efecto afrodisíaco. Se presume que el pescado tiene un efectivo resultado afrodisíaco dado el alto volumen de huevos que produce.

Hace doscientos años, los tomates no se comían como ahora, sino que se cultivaban como "manzanas del amor". Los españoles, que llevaron el tomate de América a Europa, lo consideraban un afrodisíaco. Por consecuencia, los tomates simbolizan el amor y la pasión, lo que explica el dicho en inglés "she's a hot tomato" (ella es muy sensual).

A la mandrágora, la planta que tiene forma humana, se le ha atribuido una gama de propiedades especiales incluyendo lo afrodisíaco. Los testículos de toro, los cuernos de rinoceronte y las astas de venado se usan de la misma forma.

El afrodisíaco más conocido es la cantártida, o mosca española, que se hace con las alas del escarabajo. La cantártida provoca el priapismo en los hombres, esto es, una prolongada erección, que suena bien en teoría. Desafortunadamente, la cantártida elimina la sensibilidad del órgano, haciéndolo ineficiente. En la mujer los efectos son más graves. Esto puede resultar en depresión, vómito, inflamación de los riñones y hasta la muerte.

Las curas para la impotencia van desde comer la grasa de los riñones de conejo hasta hacer bebidas de mandrágora. La gente también cree que si una mujer cultiva mucha lechuga o perejil, puede volverse estéril.

El apio es a veces utilizado para curar la impotencia. Se hierven varios tallos de apio en una olla con agua hasta que el apio se convierte en una pulpa. La persona que tiene este problema necesita comérsela mientras sigue caliente y entonces esperar el éxito en una noche amorosa.

Un experimento dirigido por la BBC en la Gran Bretaña encontró que el ajo es más efectivo que ningún otro alimento de los que normalmente se consideran afrodisíacos. En el experimento, a siete hombres impotentes se les dieron dos dientes de ajo, dos veces al día, durante tres meses. Seis de ellos experimentaron una mejoría. Dos describieron los resultados como "notables". La razón más probable es que el ajo mejora en general el flujo de la sangre, lo cual tiene un efecto benéfico en la circulación del individuo.

Ver *águila, ajo, elementos, hongo, luna de miel, mandrágora, manzanas, ostiones, papa, perejil, pescado, retama, sexo, tomates, unicornio, verbena, zanahoria.*

Ágata:

Los antiguos egipcios usaban el ágata desde el año 3 500 a. C. como ornamento para decorar anillos, sellos, collares y otros adornos. Se pensaba que hacía a la gente invisible y podía evitar el mal de ojo. Plinio el Viejo (23-79 a. C.) registró gran cantidad de información sobre el ágata en su *Historia natural*. Escribió que mantener un ágata en la boca satisfacía la sed más fuerte y mirarla hacía descansar los ojos. Se creía que los guerreros que portaban consigo ágatas eran invencibles.

En la tradición hebrea, el ágata daba valor, ya que era del color de la melena del león. Cuando se requería fuerza y valor, un trozo de ágata o el pelo de una melena de león proveía de la protección necesaria. Es posible que la asociación del ágata con el signo Leo se derive de esto.

Sir John de Mandeville decía en su libro de viajes: *The Voyage and Travels of Sir John de Mandeville, Knight (c. 1366),* que el ágata destruía el veneno de la mordedura de serpiente y que aumentaba las capacidades de conversación de cualquiera que la llevara consigo.

Se creía que el ágata protege la tierra, volviéndola adecuada para granjeros y jardineros. Asimismo se suponía que las cosechas de la gente que usaba el ágata eran más abundantes que las de aquellos que no la utilizaban.

También se pensaba que el ágata curaba el insomnio y provocaba sueños placenteros para la gente que había nacido en junio. Sin embargo, era de mala suerte para la gente nacida en otro mes y que la usaba para dormir.

El ágata también da buena suerte en el amor y una vida feliz y llena de retribuciones. A veces se le conoce como "Piedra de fuego", ya que se le atribuye la capacidad de vigorizar y llenar de energía a la gente que está cansada o sufre de estrés.

Ver *aniversarios de boda, gemas, junio, mal de ojo.*

Agosto:

Agosto recibe su nombre por el emperador Augusto, primer emperador romano. Él lo consideraba su mes de la suerte ya que recibió su primer consulado en agosto. Además celebró tres triunfos, redujo la influencia egipcia y terminó las guerras civiles en agosto.

Los granjeros vigilan el clima con gran interés en agosto:

Si un mes de agosto frío sigue a un julio caliente, indica que habrá un invierno duro y seco.

Si hay tormentas eléctricas a principios de agosto, se mantendrán el resto del mes.

Ver *clima, julio.*

Agua:

El agua es esencial para la vida y la gente siempre ha tenido mucha fe en sus poderes curativos, limpiadores y mágicos.

Se cree que el agua corriente es especialmente poderosa y en una época se creyó que los encantamientos no podían contrarrestarla. En el famoso poema de Robert Burns, "Tam o'Shanter", Tam, un granjero, no pudo escapar de las brujas que lo perseguían hasta que llegó a la mitad del puente del río Doon.

Es de mala suerte que dos personas se laven con la misma agua. Sin embargo, se puede evitar el mal augurio persignando el agua que estás compartiendo.

No debes cantar en la regadera si te bañas en la mañana. Si lo haces, estarás triste antes de que llegue la noche.

Si una soltera se moja de más mientras se baña, terminará casada con un borracho.

También se considera de mala suerte tirar agua afuera de la casa cuando es de noche, ya que pierdes toda su protección. Asimismo, se cree desafortunado soñar con agua.

De acuerdo con una canción del norte de Inglaterra, se debe lavar la ropa al inicio de la semana:

Aquellos que lavan en lunes
tienen toda la semana para secarla.
Quienes lavan en martes
no están muy preocupados.
Los que lavan en miércoles
tendrán sus ropas muy limpias.
Los que lavan en jueves
no tienen mucho que decir.
Los que lavan en viernes
lo hacen por necesidad.
Pero los que lavan en sábado
son, de hecho, gente muy sucia.

El agua es uno de los cuatro elementos para los antiguos griegos. Los tres signos de agua del zodiaco son Cáncer, Escorpión y Piscis. En la Wicca, el agua elemental es uno de los cuatro espíritus de la naturaleza que activa los conjuros.

El agua simboliza las emociones, la intuición y el ciclo de nacer, morir y renacer.

Ver *aire, bruja, Cáncer, cordón umbilical, cruz, cuchillo, elemental, elementos, Escorpión, fuego, hechizo, lavar, lluvia, madera petrificada, Piscis, pozo, tierra, unicornio, Wicca, zodiaco.*

Agua bendita:

El agua bendita es agua que se bendijo y se usó en los servicios religiosos. Las fuentes con frecuencia se cierran con llave para evitar que la gente se lleve el agua a su casa. El agua bendita tiene el poder de repeler a las brujas y a otros demonios malignos. Puede rechazar a las ratas para expulsarlas de la casa. Lavarse en agua bendita se consideraba una buena cura para las verrugas.

Ver *bruja, rata, verruga.*

Aguamarina:

El aguamarina es una piedra de color azul mar y se cree que da claridad mental, serenidad y una vida libre de estrés a la gente que la usa. El aguamarina siempre ha sido considerada una buena piedra para proteger a los viajeros de todos tipos, especialmente a aquellos que viajan por mar. Los antiguos romanos creían que el aguamarina los protegería de cualquier peligro cuando viajaban por el mar. También pensaban que daba energía y curaba la flojera.

El aguamarina es una variedad del berilo y fue llamada por primera vez así en la *Gemmarum et Lapidum Historia* de Anselmus de Boodt, en 1609. Se cree que todas las formas del berilo ayudan a curar problemas de los ojos. Como se creía que absorbía los sentimientos amorosos, se volvió un regalo popular entre amantes.

El berilo se usaba igualmente como un cristal oracular en la Edad Media. Se lo ataba a un trozo de hilo para hacer un péndulo. Éste se suspendía sobre un cazo de agua con las letras del alfabeto grabadas alrededor. El péndulo al moverse indicaría diferentes letras y gradualmente aparecería un mensaje. Un método alternativo consiste en lanzar el cristal en un cazo con agua e interpretar los movimientos que se generan en la superficie.

Soñar con la aguamarina es un signo de que quien la sueña alcanzará una posición de honor e importancia.

Ver *gemas, péndulo*.

Águila:

El águila siempre se ha asociado con la fuerza, el valor y la inmortalidad. En la mitología con frecuencia representa al sol. Los romanos ostentaban un águila en sus estandartes militares. También liberaban un águila desde la pira funeraria de los emperadores, para simbolizar su alma remontándose para unirse con los dioses.

Es de mala suerte ver un águila volar inmóvil sobre un punto particular por un tiempo. Es signo de que alguien va a morir. Algunas personas consideran al grito del águila como una señal.

En el pasado, se mataba a las águilas para obtener las partes de su cuerpo. El corazón podía ser usado para fabricar afrodisíacos; la vejiga podía mezclarse con miel para los problemas de los ojos y la médula se podía aprovechar como anticonceptivo. Se suponía que comerse el cerebro de un águila recién sacrificada producía sueños alucinógenos.

Ver *afrodisíaco, lado derecho, mascota, muerte, ojo, sol*.

Águila o sol:[9]

Desde la época de los antiguos griegos y romanos, las monedas se han acuñado con la cabeza de un emperador u otro líder importante en el frente. Al reverso de la moneda siempre se le ha llamado "cola".

El dicho "cabeza, tú ganas; cola, tú pierdes" viene de la creencia de que la importancia de la persona representada en un lado de la moneda lo convierte en un lado más deseable.

Ver *moneda*.

Aguja:

Es de mala suerte ver una aguja en el piso y no levantarla. Antes de prestarle una aguja a un amigo debes pincharte con ella primero. Esto garantiza que la amistad continuará. Si una mujer embarazada se encuentra una aguja tendrá una niña; si encuentra un alfiler tendrá un niño.

Si se rompe una aguja mientras se usa es signo de una boda o un buen augurio para quien usa la ropa que se está cosiendo.

Las jóvenes que trataban de influir en una persona en particular para que se enamoraran de ellas practicaban una forma de magia negra con una vela y siete agujas. Las agujas se clavaban en una vela y luego se la encendía. Mientras la vela se consumía la mujer rezaba a la Virgen María. Al momento en que la vela se había extinguido por completo, el hombre en cuestión estaría desesperadamente enamorado de la mujer. También sería impotente con cualquier otra persona, excepto con ella.

Ver *alfiler, boda, coser, magia, moneda, pulgar, vela*.

Agujetas:

Es de buena suerte descubrir que tus agujetas se han anudado. Esto significa que tendrás buena suerte todo el día. Es signo de que alguien está hablando acerca de ti si tienes una agujeta desamarrada. Hablan mal de ti, si es la del zapato izquierdo; hablan bien, si es la del zapato derecho.

Puedes pedir un deseo en silencio cuando amarras las agujetas de alguien más.

Ambas agujetas tienen que ser del mismo color. Es de mala suerte llevar agujetas de distinto color, particularmente en el caso de que uses una café y una negra. El

---

[9] En el Reino Unido se dice "cabezas o colas". Se usó el mexicano "águila o sol" solamente como referencia (N. del T.).

negro es el color de la muerte y el café el de la tierra en la tumba.

Ver *cementerio, deseo, muerte, nudo, zumbido de oídos.*

Ahogarse:

La superstición más conocida sobre ahogarse es la creencia común de que alguien que se está ahogando sale a la superficie dos veces antes de hundirse por tercera y definitiva vez. Se cree que el cuerpo de un ahogado flotará en la superficie en el séptimo, octavo o noveno día. El número exacto de días varía de lugar a lugar. Se dice que un hombre ahogado flota boca arriba, mientras que las mujeres ahogadas flotan boca abajo.

Una vieja creencia acerca del clima dice que la voz de un ahogado se puede oír poco antes de que comience una tormenta.

Una superstición aborigen norteamericana dice que un gallo puede encontrar el cuerpo de alguien que se ha ahogado. Si te llevas al gallo en un bote, cantará cuando estés directamente arriba del cuerpo.

Ver *bolsa amniótica, cerdo, clima, diamante, madera petrificada, marineros, suéter, tormenta.*

Aire:

El aire es uno de los cuatro elementos considerados entre las formas primarias de la materia por los antiguos griegos. Geminis, Libra y Acuario son los tres elementos aéreos en la astrología. Para la Wicca, el aire es uno de los cuatro elementos espirituales que llenan de energía los conjuros mágicos y los hacen realidad.

El aire simboliza la comunicación y la mente.

Ver *Acuario, agua, astrología, conjuro, elementales, elementos, fuego, Géminis, hadas, Libra, tierra, varita, Wicca.*

Ajo:

El ajo se ha usado como protección durante más de dos mil años. Los antiguos egipcios creían que era un regalo de Dios. La tradición cristiana dice que el primer ajo apareció donde el pie izquierdo de Satanás pisó al dejar el Jardín del Edén.

Cualquiera que sea su origen, el ajo siempre ha sido una poderosa forma de protección. Los soldados romanos creían que les daba valor. Los marineros creían que los protegía de naufragios. Los mineros alemanes creían que los cuidaba de los malos espíritus cuando iban bajo tierra. Muchas veces las novias llevan ajo en sus ropas para protegerse en la boda. El ajo se ponía debajo de las almohadas de los bebés para protegerlos durante la noche. Los dientes de ajo también se colgaban alrededor de la casa para protegerla de la envidia, enfermedad, ladrones, brujas, vampiros y malos espíritus.

El ajo también se ha utilizado para defender a la gente de una amplia gama de enfermedades y dolencias, incluyendo la insolación, el dolor de dientes, la incontinencia al dormir, la rabia y la lepra. Asimismo se añade a la comida para darle protección a aquellos que lo comen.

El ajo se puede llevar en el bolsillo para cuidarse del mal de ojo. Los dientes de ajo colgando en un coche, en la oficina o en la casa también protegen.

Los collares de ajos pueden hacerse cosiendo un número non de dientes con una cuerda y un hilo. Se pueden usar alrededor del cuello cuando se requiera protección o colgar dentro de la casa, preferiblemente cerca de la cama. Es necesario reemplazarlo en cuanto muestre signos de deterioro.

La ciencia moderna ha encontrado que el aceite del ajo, la alicina, tiene propiedades antibacteriales, antimicóticas y antivirales. También es antibiótico eficiente y puede curar la tos, los resfriados y los problemas digestivos. Se ha demostrado, asimismo, que el ajo baja el nivel del colesterol y de azúcar en la sangre. Nuestros antepasados escogieron sabiamente cuando seleccionaron al ajo por sus propiedades protectoras.

Ver *afrodisíaco, bebé, bruja, boda, catarros, coche, dolor de muelas, mal de ojo, marineros, novia, vampiros.*

Alardear:

Una vieja superstición dice que te buscarás problemas si alardeas sobre tu buena fortuna. Esto es válido en todos los aspectos de tu vida. Si presumes que tu coche nunca se descompone, virtualmente garantizas que eso pasará en algún momento. La cura para cualquier forma de alarde es tocar madera.

Ver *tocar madera.*

Albahaca:

La albahaca es una planta de la India consagrada a Vishnu y Krishna. Los hindús creen que una rama de albahaca colocada bajo el cuerpo de alguien muerto asegura que el alma de la persona llegue al cielo. Sin embargo, la albahaca no es tan bien vista en otros lugares. En Grecia es de mala suerte, aun cuando es de buena suerte en Italia. Cuando se introdujo por primera vez en Inglaterra no se comía sino que se utilizaba para dar paz mental y liberar del dolor.

Albatros:

Los albatros siempre han acompañado a los marineros en sus expediciones, siguiendo a los navíos mucho después de que las otras aves lo han dejado de hacer. Los marineros vigilan a los albatros ya que los ven como un signo de buena suerte. Como los marineros notaron el fácil vuelo de estos pájaros, surgió una leyenda que decía que estas aves vigilaban las almas de los marineros ahogados. Esto parece tener una explicación lógica por la manera en que persiguen tan cerca a la embarcación. Naturalmente, al surgir esta superstición se volvió extremada-

mente de mal agüero matar a un albatros. Samuel Taylor Coleridge (1722-1834) escribió un poema épico: *La balada del viejo marinero*, que describe lo que le sucedió a alguien que mató a un albatros:

> Y yo hice algo infernal
> Y los hará infortunados
> A vista de todos, al ave he matado
> que hacía que la brisa soplara.

El albatros muerto fue colgado alrededor de su cuello, de allí la expresión sobre "tener un albatros alrededor de mi cuello".
Ver *marinos, ornitomancia*.

Alejandrita:

La alejandrita es una gema rara dado que es verde a la luz del día pero cambia de color a rojo claro cuando está bajo la luz artificial. La leyenda dice que la alejandrita fue descubierta el 29 de abril de 1839, en el vigésimo primer cumpleaños del heredero al trono de Rusia, Alejandro II. Por eso es que le dieron ese nombre.

La alejandrita se usa como amuleto para atraer el amor y la buena suerte. Para tener mejores resultados debe ser llevada cerca del corazón.
Ver *gema*.

Alfiler:

El dicho: "Ve un alfiler, levántalo y todo el día tendrás buena suerte", viene de la creencia de que el hierro o cualquier cosa hecha con ese material mantiene alejados a los malos espíritus. La versión completa de una canción dice:

Ve un alfiler,
recógelo,
y todo el día
tendrás buena suerte.

Ve un alfiler,
y déjalo ahí,
querrás un alfiler
antes de morir.

He aquí dos versiones más de la segunda estrofa:

Ve un alfiler,
déjalo tirado,
la mala suerte te seguirá
durante todo el día.

Ve un alfiler,
déjalo tirado,
todo el día
tendrás que llorar.

Los alfileres que se han utilizado en la confección de vestidos de novia son particularmente de buena suerte, pero es de mala suerte dejar accidentalmente cualquier alfiler en la prenda terminada.

Una forma de realizar magia negra es clavar alfileres en una efigie de cera de alguien que te disguste. Esto le provocará sufrimiento físico a la persona a quien estás atacando, pero tienes que ser muy cuidadoso al intentar hacer esto. Toda la magia tiene sus consecuencias y la "ley del triplicado" dice que todo lo que envíes se te regresará triplicado.

Se consideraba igual de afortunado encontrar horquillas como encontrar alfileres. Leo Durocher (1905-1991), el famoso jugador y manager de béisbol, coleccionaba miles de horquillas como amuletos.

Ver *amuleto, béisbol, hierro, magia, moneda, naranja, pichón, pulgar, vestido de novia*.

Aliento:

El aliento siempre ha sido asociado con el espíritu o la fuerza vital. Muchas palabras antiguas para "aliento" también significan "espíritu". Algunos ejemplos incluyen el *ruach* hebreo, *pneuma* en griego, y el latín *spiritus*. La idea de respirar sobre algo para tener suerte se ha transmitido durante años. Los jugadores aún soplan sobre sus cartas para tener buena fortuna. Recientemente vi a alguien soplarle a un billete de lotería.

Ver *bostezo, juego, nariz.*

Almendra:

Dado que la almendra está envuelta en una vaina, se la considera como un símbolo del alma dentro de su cuerpo mortal. En la tradición esotérica occidental la almendra significa algo que está escondido, secreto o misterioso. Por lo mismo, comer almendras significa la iniciación de una persona en los misterios ocultos.

El almendro florece al inicio de la primavera y simboliza renovación y renacimiento. Según la leyenda griega, Filis se convirtió en almendro luego de suicidarse cuando su prometido, Demofonte, no llegó a la boda (de hecho, solamente estaba retrasado).

La buena suerte vendrá a quien encuentre una almendra dentro de un pudín de arroz. Si un invitado encuentra la almendra, la buena suerte sonreirá a todos los que comparten la mesa.

Almohada:

Una almohada llena de lúpulo cura el insomnio y asegura un buen sueño.

Aluminio:

Se pensaba que cualquier alimento que tuviera contacto con el aluminio se volvería venenoso. Aunque esto ha sido desmentido por el Servicio de Salud Pública de los Estados Unidos y la Asociación Americana de Medicina, mucha gente se rehúsa a utilizar cazuelas de aluminio.

Ver *aniversarios de boda.*

Amarillo:

El amarillo se considera como un color muy desafortunado. Se relaciona con la cobardía y la enfermedad. Ya que las hojas se hacen amarillas antes de caer del árbol, el amarillo puede simbolizar también muerte.

Ver *hoja, muerte.*

Amatista:

Los antiguos egipcios creían que la amatista evitaba que la gente se embriagara. Los egipcios asociaban a la amatista con Capricornio, el signo del chivo. Como los chivos causan enormes daños a los viñedos, se creía que la amatista dañaba al vino, evitando que el bebedor se intoxicara. Los griegos adoptaron esta superstición y llamaron a esta piedra *amethystos*, que significa "no embriagado". En ocasiones, cuando la gente ha bebido mucho vino, se le sirve agua en copas de amatista. La amatista hace que el agua parezca vino y así pueden seguir bebiendo sin intoxicarse más.

Los egipcios asociaban también a la amatista: con el intelecto, y Cleopatra llevaba un anillo con un sello de amatista para la claridad de pensamiento y la sobriedad. Los antiguos egipcios le daban a la amatista forma de corazón para proteger a los muertos de las fuerzas malignas del más allá.

Los romanos creían que usar esta piedra podría evitar que sus parejas se perdieran. Los soldados romanos la usaban como amuleto protector cuando iban a una batalla.

Los hebreos creían que la amatista era una piedra virtuosa que podía inducir sueños benéficos. La amatista era la novena piedra de la armadura de Aarón. Los sacerdotes de la Edad Media la usaban para simbolizar su virtud. También acentuaba sus hábitos sobrios.

Camilo Leonardo, el médico italiano del siglo XVI de César Borgia, escribió que la amatista aumentaba la astucia y la inteligencia, al igual que removía los pensamientos negativos.

Se cuenta que San Valentín usaba la amatista, por lo que se la llama en ocasiones la "piedra del amor". También por eso es un regalo popular entre amantes. Otros nombres para la amatista son "Piedra de obispo", "Piedra curativa" y "Piedra de la paz".

Los amuletos grabados de amatista se utilizan como protección contra pesadillas, infidelidad, plagas, dolores de cabeza, la gota y otros padecimientos. La amatista es igualmente un amuleto efectivo para cuidarse del mal. Se utiliza comúnmente para limpiar otros cristales antes de que sean usados para curaciones o adivinación.

Ver *Acuario, adivinación, alfiler, amuleto, aniversarios de boda, Capricornio, Día de San Valentín, dolor de cabeza, gemas.*

Ámbar:

El ámbar es la resina fósil traslúcida de pinos extintos. Se puede encontrar en varios colores, desde los muy claros y blanquecinos al amarillo, marrón y rojo. En ocasiones contienen insectos atrapados. La leyenda dice que el ámbar representa las lágrimas de las aves que eran hermanas del héroe griego Meleagro. En tiempo de los romanos, se utilizaba para asegurarse de que los niños se mantuvieran sanos. Siempre se le ha considerado de buena suerte y se usa como amuleto para protegerse de las pesadillas, la brujería y el mal de ojo.

Si el ámbar es frotado vigorosamente presenta cualidades magnéticas que le permiten levantar objetos ligeros. Por esta razón, los griegos llamaban al ámbar blanco *electrum*.

Ambulancia:

Las ambulancias son invención relativamente moderna, pero las supersticiones sobre ellas datan al menos de 1908. Ver una ambulancia hacía temer a la gente de que pronto pudieran estar en una de ellas.

Es posible ayudar a una persona que la necesita a entrar a una de ellas, si mantienes el aliento y te pellizcas la nariz hasta ver a un perro negro o café (con el tiempo el perro se cambió por cualquier animal de cuatro patas). También puedes evitar la necesidad de ir en ambulancia al decir estos versos:

Toca tus pies, toca tu nariz,
Nunca vayas en una así,
No tragues, aprieta el cuello
hasta que veas a un perro.

Amén:

"Amén" simboliza la confirmación, el acuerdo y la afirmación, y se dice al final de una oración. Significa "así sea". La gente creía que si toda la congregación lo decía con fuerza, las puertas del paraíso permanecerían abiertas.

William Shakespeare era obviamente consciente de esta superstición. Hizo decir a Macbeth:

¿Por qué no pude
pronunciar "Amén"?
Necesitaba más que nunca
la bendición
y el "Amén"
en mi garganta se atoró.
(*Macbeth*, acto 2, escena 2).

Ver *Macbeth*.

Amigos:

Usa un adorno de topacio si quieres tener más amigos.

Si quieres mantener a tus amigos, no se laven las manos al mismo tiempo en el mismo lavabo y no compartan después la misma toalla. Esto es signo de que la amistad se acabará pronto. Si accidentalmente haces esto, puedes conservar la amistad haciendo el signo de la cruz con ambos pulgares.

Ver *cruz, topacio*.

Amor:

Hay innumerables supersticiones sobre atraer y retener el amor.

Se piensa que si siembras caléndulas en el piso donde tu anhelada pareja ha caminado, su amor por ti crecerá mientras florecen las plantas.

Si un joven arranca una ramita de laurel de un árbol cuando camina con su novia, y luego la divide en partes iguales con ella, el amor continuará creciendo mientras ambos guarden su mitad.

Las cartas de amor siempre deben escribirse con tinta. Escribir una carta de amor con lápiz o en computadora indica una relación a corto plazo. Las cartas de amor nunca se deben enviar en domingo. Es de mala suerte destruir las cartas de amor mientras dure la relación. Si se termina la relación se pueden destruir las cartas, pero solamente si se rompen en pedacitos.

Ver *caléndula, chícharos, Día de San Valentín, espejo, flores, milhojas, rosa, turquesa*.

Ampolla:

Una superstición que dice que reventar una ampolla puede ser fatal surgió en 1924 cuando al hijo del presidente de Estados Unidos, Calvin Coolidge, le salió una ampolla en el pie al jugar tenis. La ampolla se reventó y murió.

Amuleto:

Los amuletos, como los talismanes, son objetos que se llevan o se visten para atraer la buena suerte. El objetivo principal de un amuleto es proteger de la enfermedad, el infortunio, el peligro y el mal de ojo. Originalmente, los amuletos eran objetos naturales como los tréboles de cuatro hojas o las patas de conejo. Sin embargo, no tardó mucho para que se utilizaran materiales producidos por el hombre. La joyería probablemente se originó en forma de amuletos que se usaban para otorgar una protección simbólica.

Ver *abracadabra, ámbar, amatista, alejandrita, anillo, azabache, bahía, bellota, Biblia, búho, catarina, coral, corazón, cornerina, dientes, escarabajo, garra, gema, gris-gris, imán, jade, lapislázuli, madera petrificada, malaquita, mal de ojo, marinos, nudo, ojo de tigre, pastel, pata de conejo, piedra lunar, rana, San Cristóbal, serbal, serpiente, suerte, tijeras, trébol, turquesa.*

Anillo:

Los antiguos egipcios fueron los primeros que usaron anillos. En un principio los anillos fueron hechos de cordones anudados o de alambre y se utilizaban como amuletos protectores más que como adornos. El nudo confundía a cualquier enemigo potencial ya que simbólicamente estaban atados al nudo.

Anillos de hierro eran comunes en la época de los romanos. Originalmente los senadores eran los únicos que tenían permitido llevar anillos de oro, pero para el siglo III d. C. todos los hombres libres podían llevar un anillo de oro. Las mujeres aparentemente no tenían restricciones de este tipo y todas las damas de bien usaban anillos de oro.

Plutarco (circa 46-120 d. C.) se refería al uso supersticioso de los anillos de sello en su *Vida de Timoleón*, un famoso general griego. En una ocasión, Timoleón y sus tropas tuvieron que vadear un río para atacar al enemigo. Los oficiales de Timoleón comenzaron a discutir sobre quién sería el primero en entrar al río. Timoleón juntó todos los anillos de los oficiales en su capa. Los anillos se mezclaron y se sacó uno. Este anillo llevaba el dibujo de un trofeo. Esto se consideró de tan buen augurio que la riña fue olvidada y lo soldados cruzaron el río y derrotaron al enemigo.

En el medioevo, los magos crearon anillos mágicos que funcionaban como amuletos y talismanes. Cornelio Agripa (1486-1535) incluyó las instrucciones sobre cómo elaborarlos en sus *Tres libros sobre filosofía oculta*.

Los anillos sujetadores también se hicieron populares a partir de que el rey Edward II (1284-1327) trajo uno de Jerusalén. Se usaban con propósitos terapéuticos y ganaban poder al ser consagrados por el rey, comúnmente en Viernes Santo.

Un anillo es un círculo que no tiene principio ni fin. Por consiguiente, se consideraba un signo de vida eterna. Un anillo también encerraba la buena suerte y se podía decir que era un círculo mágico en miniatura. Los anillos de bodas simbolizan la continuidad y la plenitud.

Ésta es la razón por la cual los marineros tradicionalmente usan un arete que atraviesa el lóbulo de sus orejas. Pensaban que esto les daría buena suerte y una larga vida. Perforar la oreja también permitía que los malos espíritus que estaban atrapados dentro del cuerpo tuvieran la oportunidad de salir.

Los anillos grandes, como los que usaban los clérigos, simbolizaban autoridad.

Ver *amuleto, anillo de boda, boda, círculo, cólico, compromiso, elefante, hierro, magia, marineros, nudo, oreja, oro, presagio, serpiente, serpentina, suerte, talismán, topacio, Viernes Santo.*

Anillo de boda:

El anillo de boda simboliza la eternidad. El anillo se pone en el dedo anular de la mano izquierda porque los antiguos egipcios creían que una vena del amor corría directamente del corazón hasta este dedo. Si se quitaba el anillo, el amor se escapaba. Por lo mismo, nunca se debe quitar un anillo de bodas a menos que lo estés usando para protegerte de una bruja.

Es de mala suerte tirar un anillo de bodas durante la ceremonia nupcial. Si el novio lo tira, él morirá antes que su novia. Si ella lo tira, ella lo hará antes.

Si giras un anillo de bodas tres veces mientras pides un deseo, tu deseo se hará realidad.

Fueron los egipcios quienes hicieron por primera vez anillos de boda de oro. Esto demostraba que el marido confiaba a su esposa sus valiosas posesiones.

En una época era raro que un hombre llevara anillo de bodas. Sin embargo las modas cambian y ahora la mayoría lo usa.

Ver *anillo, bruja, corazón, dedo, deseo, mano, ojo, oro, pastel de boda.*

Aniversarios de boda:

Los aniversarios de boda son hitos en la vida y brindan una buena razón para las celebraciones familiares. Varios objetos se han vinculado gradualmente a cada aniversario y con ellos se hacen regalos con motivo de cada celebración.

Aniversario 1: papel.
Aniversario 2: algodón.
Aniversario 3: lino o piel.
Aniversario 4: libro o flores y frutas.
Aniversario 5: madera.
Aniversario 6: hierro.
Aniversario 7: cobre o bronce.
Aniversario 8: piel.
Aniversario 9: cerámica.
Aniversario 10: hojalata o aluminio.
Aniversario 11: acero.
Aniversario 12: seda o lino.
Aniversario 13: piedra lunar.
Aniversario 14: ágata musgosa.
Aniversario 15: cristal de roca o vidrio.
Aniversario 16: topacio.
Aniversario 17: amatista.
Aniversario 18: granate.
Aniversario 19: jacinto.
Aniversario 20: porcelana.
Aniversario 21: latón.
Aniversario 22: cobre.
Aniversario 23: zafiro.
Aniversario 24: música o instrumento musical.
Aniversario 25: plata.
Aniversario 26: zafiro estrella.
Aniversario 27: escultura.
Aniversario 28: orquídeas.
Aniversario 29: muebles.
Aniversario 30: perla.
Aniversario 31: reloj.

Aniversario 32: vehículo.
Aniversario 33: amatista.
Aniversario 34: ópalo.
Aniversario 35: coral.
Aniversario 36: marfil.
Aniversario 37: alabastro.
Aniversario 38: berilo o turmalina.
Aniversario 39: ojo de gato.
Aniversario 40: rubí.
Aniversario 45: alejandrita.
Aniversario 50: oro.
Aniversario 52: rubí estrella.
Aniversario 55: esmeralda.
Aniversario 60: diamante.
Aniversario 65: zafiro estrella, gris.
Aniversario 67: zafiro estrella, púrpura.
Aniversario 70: platino.
Aniversario 75: diamante.

Resulta interesante que todos los aniversarios que se reducen a trece (13, 26, 39, 52 y 65) tienen gemas con una apariencia de luz móvil. Esto contrarresta los efectos negativos del trece.
Ver *trece*.

Anj (cruz egipcia):
El anj es un símbolo del antiguo Egipto que tiene la forma de una cruz con un asa en la parte superior. Era un amuleto extremadamente popular en la época de los egipcios. Lo usaban para prote-

gerse de la enfermedad, de la esterilidad y de los malos espíritus. Con frecuencia ahora es utilizado como una atractiva opción para la cruz cristiana estándar. Mientras los cristianos lo usan para proclamar su fe, a muchos otros les sirve solamente como un talismán.

En Wicca, el anj es conocido como la cruz ansata, y se usa en conjuros relacionados con la salud y la fertilidad.

Ver *amuleto, conjuro, Wicca.*

Año bisiesto:

Los años bisiestos ocurren cada cuatro años. Tienen un día adicional que corresponde a un día intercalado, el cual le permite al calendario seguir de acuerdo con el orden cósmico.

Se cree que todo lo nuevo que empiece en un año bisiesto tendrá bastantes probabilidades de tener éxito. Los niños que se conciben y nacen en un año bisiesto tienen altas probabilidades de alcanzar un éxito significativo en la vida.

Tradicionalmente, las mujeres intentan proponerle matrimonio a los hombres en los años bisiestos.

Ver *febrero 29.*

Año nuevo:

El año nuevo marca un momento importante en el calendario. Es importante tener mucha comida y bebida en la despensa ya que eso muestra simbólicamente que tendrás mucho que comer y beber en el año venidero. Algunas personas se rehúsan a deshacerse de cualquier cosa en la víspera del año nuevo ya que temen tirar accidentalmente la buena suerte de la familia en la basura. Es buena idea usar ropas nuevas en el año nuevo ya que es muestra de que recibirás más ropa nueva durante el año.

Todas las deudas atrasadas deberán pagarse antes de la víspera de año nuevo para asegurarse de que no aparecerán deudas inesperadas durante el siguiente año. Es de mala suerte trabajar mucho en el año nuevo, pero se considera de buena suerte pensar en el trabajo y en la profesión en ese día.

Esperar la media noche para darle la bienvenida al año nuevo es una diversión popular en la actualidad. Esta costumbre se solía llamar "dar las campanadas" del año nuevo, ya que las campanas de la iglesia sonaban a la media noche. Originalmente, estar de fiesta hasta que llegara el año nuevo se hacía para alejar a los malos espíritus. Por lo mismo, se suponía que tenía que ser una ocasión ruidosa y llena de alegría. Para asegurar que esto pasara, cualquier botella de alcohol que se abría tenía que ser consumida totalmente.

Los niños nacidos en el año nuevo siempre estarán rodeados de buena suerte y fortuna.

Ver *bebé, calendario, campana, Día de los tontos en abril, ropas.*

Apretón de manos:

Es común que la gente se dé un apretón de manos con la mano derecha. Esto genera buena suerte para ambos. Se piensa que es de mala suerte saludar con la mano izquierda. Hace muchos años, conocí a un hombre que había perdido su brazo derecho en un accidente. Rehusaba saludar con su mano izquierda ya que creía que le causaría mala suerte a cualquiera que saludara.

También se consideraba de mal augurio que cuatro personas se dieran la mano cruzándose al mismo tiempo. Si esto ocurría accidentalmente, las cuatro personas tenían que cruzarse ellos mismos para evitar cualquier infortunio

que se hubiera provocado. Sin embargo, otra superstición dice que habrá una boda si cuatro personas se dan la mano cruzándose entre ellos.

Ver *lado izquierdo.*

Apuntar:

Apuntar a alguien se considera actualmente una grosería. Esto viene de una antigua creencia de que apuntar a la gente es una manera sobrenatural de matarla. Aún hoy apuntar con un hueso a alguien es una sentencia de muerte en muchas partes del mundo.

Dicho hueso o es un hueso real, con una longitud entre las seis y las nueve pulgadas, o es un trozo de madera de la misma longitud; con él se apunta a alguien mientras se canta un conjuro. La persona embrujada al creer en el conjuro morirá. Comúnmente la víctima muere en el transcurso de una semana. En el pasado, apuntar con el índice ensalivado era una forma de hechizar a alguien.

El índice y el dedo medio de la mano derecha se usan cuando se bendice. Pueden usarse para revertir una maldición o un conjuro. Si apuntas con esos dos dedos a la persona que te está maldiciendo podrás evitar que la maldición tenga efecto.

Ver *dedo, hechizo*.

Aquelarre:

Aquelarre es el término dado a un grupo de brujas que trabajan juntas para desarrollar rituales y ceremonias mágicas. Normalmente hay trece brujas en un aquelarre, como hay trece lunas llenas en un año.

Ver *bruja, luna, trece, viernes*.

Araña:

Ver una araña es por lo general señal de buena suerte. En Inglaterra indica dinero. Por lo mismo, si una araña se encuentra en un lugar inapropiado, como en una mesa o entre tu ropa, se recoge y se lleva a un lugar más adecuado. Si la araña se muere en el proceso, se perderá todo el dinero. Por el contrario, se ganará dinero si la araña sobrevive. La tradición de asociar a las arañas con dinero data de la época de los romanos, cuando la gente usaba amuletos de araña para atraer el éxito en los negocios. Con frecuencia se llama a las arañas pequeñas "arañas de dinero" y se considera de muy mala suerte matarlas.

Las arañas siempre han sido bienvenidas dentro de las casas, ya que atrapan moscas con sus telarañas, lo que ayuda a prevenir enfermedades. Una vieja canción dice "si quieres vivir y prosperar, deja a la araña viva rondar".

Las arañas también brindan protección y existen muchas leyendas que sustentan esto. Una es de la tradición cristiana y dice que Jesús, José y María se escondieron de los soldados de Herodes en una cueva. Entonces una araña tejió una telaraña en la entrada y los soldados no buscaron dentro ya que supusieron que nadie se había metido ahí por un buen tiempo. Se cuentan historias similares sobre el Rey David, Mahoma y Federico el Grande.

Árbol:

El folclor de los árboles tiene numerosas supersticiones. Los árboles perennes simbolizan la inmortalidad, mientras que los árboles que cambian con las estaciones representan la vida, la muerte y el renacimiento. Esto hace que los árboles parezcan sobrenaturales, por lo que no nos sorprende que la gente creyera que los dioses vivían en los árboles. Las religiones paganas creían que cada árbol tenía su propio espíritu.

La veneración a los árboles era común alrededor del mundo y se usó la pena de muerte para asegurarse de que nadie cortara ninguno.

Los árboles también fungían como oráculos. Dos de los oráculos más famosos fueron los robles de Dodoma y los laureles de Delfos. Los laureles se marchitaron y predijeron correctamente la muerte de Nerón.

Tocar madera es una de las supersticiones más comunes actualmente.

Es común plantar un árbol para conmemorar el nacimiento de un niño o como un homenaje a los logros vitales de alguien.

Ver *abedul, árbol de Navidad, florecer, fresno, hadas, hoja, laurel, madera, madera petrificada, manzana, menstruación, relámpago, roble, serbal, tierra, tocar madera.*

Árbol de Navidad:

Los árboles de Navidad son una invención relativamente reciente, aunque los árboles se usaban en los festivales de invierno, mucho antes del inicio de la cristiandad. Tal vez el origen de los árboles de Navidad fue la costumbre de decorar pinos con manzanas para simbolizar el Árbol del conocimiento del jardín del Edén. Estos árboles se usaban para representar el bien y el mal en las obras morales alemanas del siglo xv. Adquirieron popularidad en Alemania en la época de Martín Lutero, el reformista protestante del siglo xvi, quien decoraba un abeto con velas para su familia.

Las tropas hessianas introdujeron el árbol de Navidad en Estados Unidos durante la revolución. Aparentemente, como extrañaban su casa recrearon una costumbre que disfrutaban en su tierra natal.

Fue el príncipe Alberto, el esposo de la reina Victoria, quien introdujo el árbol de Navidad en la Gran Bretaña. Después de esto, el árbol de Navidad se volvió muy popular alrededor del mundo.

La secuoya "General Grant", que está en el Parque Nacional de Kings Canyon en California, se instituyó como el árbol de Navidad oficial en Estados Unidos en abril de 1926.

Ver *árbol.*

Arco iris:

El arco iris es de buena suerte y mucha gente pide un deseo cuando ve uno. Todos los niños saben la vieja historia acerca de la olla de oro que se encuentra al final del arco iris. Como Noé vio un arco iris cerca del final de su vida en el arca, algunas personas creen que es un signo de que Dios no volverá a provocar un diluvio de nuevo. Leyendas de los primeros cristianos cuentan que el arco iris es de hecho el arcángel Uriel, quien cuida los truenos, relámpagos y las tormentas. Los arco iris son en ocasiones utilizados para predecir el clima. Ver un arco iris en la tarde es señal de que el siguiente día estará bien. Sin embargo, un arco iris en la mañana significa un clima húmedo al día siguiente. Un arco iris a la hora de la comida indica un aguacero repentino. Es indicio de buen clima ver un arco iris perfecto después de la lluvia. Nunca debes apuntar a un arco iris ya que eso es una solicitud simbólica de más lluvia.

Es especialmente de buena suerte ver ambos extremos de un arco iris.

Ver *clima, deseo, oro, ópalo, relámpago, tormenta, trueno.*

Ardilla:

Mucha gente considera que las ardillas son una plaga, pero aparentemente es de buena suerte que una se atraviese por tu camino de izquierda a derecha. Por supuesto que es de mala suerte que se atraviese de derecha a izquierda. Se puede evitar la mala suerte permaneciendo en el área hasta que otra ardilla se cruce en tu camino de izquierda a derecha. También puedes tronar tus dedos y decir "pan con mantequilla".

Ver *diciembre, pan con mantequilla.*

Aries:

Aries es el primer signo del zodiaco. Su símbolo es el carnero. Su elemento es el fuego y su gema es el diamante. Sus palabras son: "yo soy".

A los nacidos en Aries les gusta la responsabilidad y disfrutan dirigir y organizar a los demás. Tienen personalidad magnética y extrovertida, inspiran a los demás con su empuje y entusiasmo. Los nacidos en Aries pueden ser a veces faltos de tacto e impacientes. Les gusta tomar riesgos y muchas veces encuentran este tipo de estimulación en actividades extremas al aire libre.

Ver *astrología, diamantes, elemento, fuego, gema, zodiaco.*

Arroz:

Comúnmente se echa confeti a la pareja de recién casados, pero hasta hace poco se tiraba arroz. El arroz simboliza fertilidad y prosperidad; expresa los sentimientos y buenos deseos de los amigos de la pareja y de la familia. El arroz brinda comida a los malos espíritus que pudieran privar a la pareja de la felicidad. Se pensaba que durante el tiempo en el cual los malos espíritus se comían el arroz, la pareja se habría ido a otro lado. Los antiguos romanos lanzaban nueces y dulces al novio y a la novia, mientras que otras culturas arrojaban otras cosas. El simbolismo de estos objetos es siempre el mismo: fertilidad y felicidad.

Ver *nuez*.

Anuncio:

Se considera de mala suerte anunciar un proyecto hasta que no se lleve a cabo.

Los escritores, por ejemplo, usualmente se rehúsan contarle a alguien acerca de la trama del libro en el que están trabajando. Si lo hacen, probablemente nunca terminarán el proyecto.

Asesinato:

Dado que el asesinato es el más grave de todos los crímenes, no es de sorprender que un gran número de supersticiones rodeen el tema. Se considera extremadamente desafortunado presenciar un asesinato o descubrir a la víctima. La gente solía creer que el cuerpo sangraría si el asesino lo tocaba. Otra creencia común era que los ojos de la víctima retenían la imagen del asesino mucho tiempo después de que la muerte había ocurrido.

Ver *diamante, hoyuelo*.

Astrología:

La astrología es el estudio de la posición de varios planetas en el momento en el que ocurre un suceso particular, normalmente el momento del nacimiento de alguien. La astrología data de unos diez mil años, desde las civilizaciones antiguas de Sumeria, Babilonia, Egipto y Asiria. Ptolomeo (127-145 d. C.), el astrónomo griego que trabajó en la gran biblioteca de Alejandría, escribió el primer libro de astrología. Cuando la cristiandad se volvió más y más influyente, la astrología se hizo menos popular, aunque nunca desapareció por completo. En el pasado era difícil construir una carta astrológica, pero ahora, gracias a las computadoras, con un software astrológico se puede componer una carta en segundos. Esto, combinado con la popularidad de los pronósticos dominicales de periódicos y revistas, significa que más gente que nunca está explorando e investigando la astrología.

Para elaborar un horóscopo o una carta astral, se necesita la hora exacta, la fecha y el lugar de nacimiento. El horóscopo es el mapa que muestra la posición del sol, la luna y los planetas al momento de nacer. Una vez construida la carta, el astrólogo puede determinar el carácter de la persona, incluyendo sus fortalezas, debilidades y aptitudes, así como las tendencias de la vida del individuo. También aparecen en la carta los retos y aprendizajes que se necesitan en esta encarnación. Además de que revela las influencias astrológicas existentes en la vida del individuo, aunque éste mantenga la libertad de elección, la carta solamente puede predecir tendencias futuras.

La gente involucrada en la magia usa las posiciones de los diferentes planetas, en especial del Sol y la Luna (considerados planetas en la astrología) para determinar el mejor momento para preparar hechizos o ejecutar un ritual.

Las predicciones que aparecen en las revistas y periódicos son generales y se basan en la posición del sol. Aunque son muy populares, éstas deben ser vistas más como un entretenimiento que como astrología seria. Los doce signos solares son Aries, Tauro, Géminis, Cáncer, Leo, Virgo, Libra, Escorpión, Sagitario, Capricornio, Acuario y Piscis.

Ver *Acuario, adivinación, agua, aire, Aries, Cáncer, Capricornio, Escorpión, fuego, gemelos, Géminis, Leo, Libra, Luna, magia, Piscis, Sagitario, Sol, Tauro, tierra, Virgo, zodiaco.*

Ataúd:

Se considera altamente peligroso para cualquiera acostarse en un ataúd cuando aún se está vivo. Se cree que esto acelera el propio fallecimiento. El cadáver no debe ser cremado usando las ropas de alguien que todavía está vivo. Como las ropas en el ataúd se deterioran, así sucederá con la salud del dueño de ellas.

Es de mala suerte tener ataúdes miniatura en la casa. Un sorprendente número de adornos supuestamente humorísticos tienen forma de ataúd. Debes de arrojarlos de tu casa, en caso de que tengas alguno, ya que producen energía negativa y mala suerte.

Se piensa también que es de mala suerte para la familia del difunto si el ataúd se transporta hacia el cementerio por un camino recién hecho.

Ver *boda, cadáver, cementerio, cólico, funeral, hierro, muerte, romero, sombra, testamento, tormenta.*

Atletas:

Los atletas son reconocidos por sus supersticiones y muchos tienen hábitos particulares, prendas que usan o una mascota que llevan para asegurar la suerte en las competencias. Pueden rehusarse a lavar sus calcetines después de un juego o querer caminar en el campo durante ciertos minutos antes de que comience el partido. Dichos rituales les dan confianza ya que creen que las supersticiones los ayudarán en su desempeño.

Los jugadores de béisbol consideran de buena suerte llegar a segunda base. Un *pitcher* zurdo se considera con frecuencia como un talismán para el equipo. A los jugadores no les gusta tocar la línea de *foul* o tocar la base antes de empezar a jugar.

Algunas supersticiones deportivas resultan complicadas. Frank Viola, quien participara tres veces en el Juego de Estrellas, limpiaba el montículo antes de cada entrada. Durante este proceso, pateaba el polvo exactamente cuatro veces. Sin embargo, si algo iba mal durante el juego, cambiaba a tres o cinco veces.

El ex jugador de los Red Sox y de los Yankees, Wade Boggs, era muy supersticioso. Le decían el "Hombre pollo" porque comía pollo antes de cada juego. Además, exactamente dieciséis minutos antes del juego, empezaba a practicar arranques. Antes de batear, escribía la palabra hebrea *chai*, que significa vida, sobre la tierra del cajón del bateador. Si estaba jugando a la defensiva, entre cada pichada barría el polvo con su pie izquierdo, se ajustaba la gorra y tocaba su guante dos o tres veces.

Ver *béisbol, carrera de caballos, jaspe, talismán.*

Avión:

La mayoría de las supersticiones son extremadamente antiguas, pero siempre se inventan nuevas. Las supersticiones sobre los aviones son reflejo del miedo subconsciente de las personas a volar. Es de mala suerte usar cualquier palabra que recuerde a un accidente aéreo. Palabras como "choque", "evacuación" o "aterrizaje forzoso" son ejemplos de lo anterior.

También se considera de mala suerte llevar flores a bordo del avión. Las flores son usadas para toda clase de celebraciones, pero también se usan en los funerales, por lo cual no son bienvenidas a bordo.

Ver *flores, funerales, palabras*.

Avispa:

Es de buena suerte que se meta una avispa a tu casa. Si es necesario, dirige con cuidado a la avispa para que salga después de que haya dado algunas vueltas por ella. Una superstición común dice que las avispas son capaces de matar a una vaca.

Ver *vaca*.

Azabache:

El azabache no es como las demás gemas, ya que no es un cristal mineral. Es una forma endureci-

da del carbón. El azabache y el ámbar pueden ser considerados como los primeros dos minerales que se usaron como amuletos o talismanes. Ejemplos de amuletos de azabache se han encontrado en las cuevas paleolíticas en Francia y Suiza, al igual que en las antiguas ruinas indias de Anasazi. Los primeros ejemplos son redondos y están perforados.

Plinio el Viejo (23-79 d. C.), el historiador romano, decía que el azabache podía curar la histeria, revelar la predisposición a la epilepsia y hasta determinar si alguien era virgen.

La Iglesia católica temprana alentaba a usar el azabache en cruces y rosarios. Se creía que eliminaba las alucinaciones y pesadillas provocadas por el demonio.

El azabache se utilizaba en Italia para hacer amuletos con el símbolo del higo o con el del cuerno para repeler el mal de ojo. El color negro, con los signos, duplicaba la eficiencia de estos amuletos.

La reina Victoria (1819-1901) usó el azabache en los últimos cuarenta años de su vida como muestra de su largo duelo. El azabache llegó a ser conocido como la joya de las viudas y se hizo una piedra de uso popular entre éstas.

El azabache siempre se ha empleado para curar la depresión. Los que curan con cristales hoy todavía lo usan para esto y también para ayudar a curar los problemas de los órganos reproductores femeninos.

Ver *amuleto, cuerno, diablo, gemas, higo, mal de ojo, talismán.*

Azadón:

Un azadón es una herramienta de mango largo con una hoja delgada de metal. Se usa para arrancar la hierba, aflojar la tierra y extraer la cosecha. Como es un implemento que se usa en el exterior, se considera de mala suerte meterlo en la casa.

Azúcar:

Se considera de mala suerte tirar el azúcar. El azúcar solía ser un producto caro y, por eso, si se tira afecta la propia situación financiera. El remedio a esto era limpiar el desorden inmediatamente y tocar madera tres veces.

Ver *tocar madera.*

Azucena:

Se cree que la azucena surgió de las lágrimas de Eva cuando dejó el Jardín del Edén. En la tradición cristiana, la azucena simboliza la castidad, la inocencia y la pureza. El arcángel Gabriel se representa comúnmente sosteniendo una rama de azucena en los cuadros de la Anunciación. José a veces también lleva una, representando la virginidad de su esposa.

Dadas todas estas asociaciones, es de mala suerte dañar las azucenas. Si lo haces, te arriesgas a lastimar a todas las vírgenes de tu familia.

Se pensaba que las azucenas daban protección contra el demonio. También alejaban a los fantasmas y a las brujas. Las azucenas se usan con frecuencia en los funerales y en las bodas para simbolizar pureza. Sin embargo, mucha gente se rehúsa a tenerlas dentro de sus casas dado que su fuerte olor es visto como augurio de muerte.

Ver *blanco, boda, bruja, fantasma, flores, funeral, pústula.*

Azul:

El color azul siempre se ha asociado con la pureza del alma. Esto es porque el azul es puro y el cielo espiritual está más allá de él.

Alrededor del mundo, los bebés varones se visten de azul. Esto se origina por la creencia de que los espíritus malignos se congregan en torno a los recién nacidos. Afortunadamente estos espíritus detestan el color azul pues los priva de su poder. Por consecuencia, vestir a un bebé de azul le da protección en un momento en el que es muy vulnerable. El azul también se consideraba antes una forma efectiva de evitar el mal de ojo. En ese entonces, a las niñas bebés no se las consideraba tan importantes como a los niños y no se les daba ninguna protección. Finalmente, cuando la gente se dio cuenta lo discriminante que esto era, a las niñas se les asignó el color rosa.

Ver *mal de ojo.*

Banshee (hadas irlandesas):

Una *banshee* es un alma en pena que augura infortunios y muerte. De acuerdo con el folclor escocés e irlandés, la *banshee* aparece normalmente bajo la forma del fantasma de una mujer de limpieza que llora y te llama por tu nombre. Entonces te pide que formules tres deseos. Desafortunadamente, estos deseos tienen un resultado mixto, y la gente a la que se le cumplen generalmente muere poco tiempo después.

Ver *fantasmas*.

Barba:

Mucha gente, incluyendo los judíos, los turcos y los persas, consideran la barba como un símbolo de virilidad. Los musulmanes juran por la barba del Profeta. Los primeros cristianos pensaban que era algo impío, mientras que los sikhs la consideraban un símbolo importante de su fe.

Una superstición común dice que los hombres con barba no son de fiar. Tocar la barba de alguien ofende al tocado y trae mala suerte al que la toca.

Ver *pan, silbido*.

Barco:

Los marineros son muy supersticiosos y esto se extiende a las embarcaciones en las que navegan. Las supersticiones comienzan cuando se bautiza el barco. En la actualidad se rompe una botella de champaña contra la proa. Se considera, sin embargo, de mala suerte si la botella no se rompe en el primer intento. En el pasado se hacían sacrificios animales y humanos. Los vikingos llegaban a aplastar a sus prisioneros contra las quillas de sus grandes embarcaciones cuando las bautizaban. Los griegos y los romanos, en cambio, usaban vino tinto. También le daban a los barcos nombres femeninos para que los barcos pudieran realmente convertirse en novias de los dioses del mar, Neptuno y Poseidón. Los barcos se siguen considerando femeninos.

Se cree que un clérigo o un miembro del clero tendrá mala suerte si se une a una tripulación. Esta creencia data desde la historia de Jonás, el profeta que tomó un barco que iba al oeste cuando debió ir hacia el este, a Nínive. Dios creó una tormenta para castigar a Jonás. El barco y toda la tripulación hubieran naufragado si Jonás no hubiera pedido a los marineros que lo arrojaran por la borda. Tan pronto como lo hicieron, la tormenta cesó.

Gradualmente los marineros relacionaron a Jonás con todos los miembros del clero. Pensaron que el demonio abordaría con entusiasmo un bote que llevara a un clérigo, ya que lo podría ahogar con facilidad una vez que estuviera lejos de la costa. Además, una vez a bordo del barco, no se sabía que otra tropelía cometería el demonio. Por lo mismo, era mucho mejor para todos que los clérigos permanecieran en la costa.

Otra superstición es que las mujeres no son bienvenidas a bordo de un barco, ya que pueden causar celos entre la tripulación masculina. El origen de esto reside en una creencia antigua de que la mujer puede ser una bruja capaz de producir problemas enormes para la embarcación y la tripulación.

Los conejos tampoco se deben subir a bordo. Llama la atención que los huevos se puedan subir en el día, pero es de mala suerte subirlos después del atardecer.

Los mascarones de proa se usan para dar buena suerte a los barcos. Los grandes ojos que se pintaban a los lados de la proa protegían al barco de los espíritus maliciosos. Se pensaba que el gato del barco traía buena suerte.

El nombre del barco nunca se debía cambiar. Esto siempre arrastraba a algún tipo de desastre.

Nunca debes silbar a bordo de un barco, a menos que quieras viento. La mayoría de las veces, los silbidos generan tormentas.

Se considera de mala suerte desmantelar un barco o un viejo bote. Ésta es la razón por la cual todavía hoy podemos encontrar carcasas destrozadas de viejos barcos por las costas, especialmente cerca de los pueblos de los pescadores.

Ver *bruja, clérigos, conejo, diablo, fuego de San Elmo, gato, huevos, marineros, moneda, mujer, nombres, ojo, rata, silbido, tormenta, viento, vino.*

Bastardo:

Hasta hace poco, se consideraba un estigma haber nacido fuera del matrimonio. Igualmente, desde los tiempos de los romanos, estas personas se han considerado "bastardos suertudos". Esto posiblemente tenga relación con el hecho de que bajo la ley romana, la autoridad de sus padres no los restringía.

Bautizo:

Se considera de buena suerte llamar a un bebé por el nombre con el que se pretende bautizarlo antes de que se consume el bautizo. También es de buena suerte bautizar al niño el mismo día de la semana en que nació, al igual que si el niño llora después de que se moja con agua bendita.

Es de mala suerte para el niño que se bautiza que su mamá esté embarazada. Esto también pone en riesgo la suerte de la madrina del niño que está por nacer.

De acuerdo con la superstición, si un niño y una niña se bautizan al mismo tiempo, es importante bautizar al niño antes. Si se bautiza primero a la niña, al niño nunca le crecerá la barba, pero a la niña, sí.

Si un extraño visita una casa que tiene a un bebé sin bautizar, especialmente una niña, es importante que coma o beba algo antes de salir. Si no lo hace, se llevará la belleza del bebé consigo cuando se vaya.

Ver *pastel de bodas.*

Bebé:

Pocos eventos son tan emocionantes como el nacimiento de un

bebé. Por eso no nos sorprenden las miles de supersticiones que se han generado alrededor de este suceso y los meses precedentes. En la mayor parte de Europa se creía que una mujer embarazada estaba en constante peligro de ser atacada por brujas, demonios y espíritus malignos. Por lo tanto, tenía que usar una gama de amuletos y talismanes para protegerse.

Inmediatamente antes del nacimiento, la partera tenía que desatar todos los nudos y abrir todas las puertas de la casa. Esto era porque las brujas podían hacer que el bebé naciera muerto al atar los nudos de la casa. Una precaución adicional era rodear el lecho de la madre con amuletos de buena suerte. Era aún mejor arreglar que se tocaran las campanas de la iglesia al momento del parto.

Es importante para construir una carta astral saber el día y la hora del nacimiento. Abundan las supersticiones sobre el día del nacimiento y con frecuencia se recita la vieja canción:

El lunes el niño tiene buena cara,
el martes el niño es muy
gracioso,
el miércoles el niño es muy
desdichado,

el jueves el niño tiene mucho que andar,
el viernes el niño ama y es amado,
el sábado el niño trabaja duro para ganarse la vida,
pero el niño que nace
en el día de Sabbath,
¡será justo y sabio,
alegre y bueno!

La hora del nacimiento es igualmente importante. Se cree que los niños nacidos durante las "campanadas" de las tres, seis, nueve y doce en punto tienen habilidades psíquicas naturales y son capaces de ver fantasmas.

A la gente le interesaba saber el sexo del niño que iba a nacer. Un método antiguo para predecir el sexo era limpiar un "hombro" de un carnero y ponerlo al fuego hasta que se quemara lo suficiente para traspasarlo con los pulgares. Después se le atravesaba un hilo para colgarlo de un clavo en la puerta trasera de la casa inmediatamente antes de que sus habitantes se fueran a acostar. La primera persona que llegara a la casa al día siguiente sería del mismo sexo que el bebé.

También había que inspeccionar las manos del bebé inmediatamente después de nacer para ver si estaban abiertas o apretadas. Si estaban abiertas, el niño sería de una naturaleza optimista y generosa. Si estaban cerradas, el niño sería reservado y malicioso. Una superstición asociada a ésta decía que la mano derecha del niño debería mantenerse sin lavar por lo menos un mes después de nacer. Si se lavaba esta mano se perdería la buena suerte del niño. Las manos del niño deberían observarse con cuidado para determinar su suerte en la vida. Si el niño usaba la mano derecha en primer lugar para agarrar algo, sería afortunado en la vida. Lamentablemente, si usaba la mano izquierda, se pensaba que estaría condenado a la decepción y al infortunio.

En Escocia se creía que las hadas mantenían a los bebés recién nacidos bajo un hechizo hasta que éstos estornudaban. Por consiguiente, en ocasiones se usaba rapé para hacer que el niño estornudara. Después de esto, se hacía el signo de la cruz sobre la frente del bebé para confirmar la liberación del niño.

Se decía que las uñas del bebé no deberían cortarse con tijeras hasta que cumpliera un año. Cortarlas antes lo volvería ladrón. De igual forma, las primeras uñas deberían ser quemadas en las raíces de un fresno, ya que esto daría al niño una bella voz para cantar.

Se pensaba que un niño que nacía sin pelo iba a ser inteligente y que aprendería rápido. Una superstición común dice que si se le corta el pelo a un niño antes de que cumpla un año, morirá.

Todos los visitantes de una casa con un recién nacido necesitan beber y brindar por el niño y comer algo. Esta costumbre a veces se alarga hasta su bautizo.

Tradicionalmente se piensa que besar a un varón recién nacido traerá buena suerte. Se desconoce la razón de por qué no sucede lo mismo al besar a una niña. Actualmente, besar a un bebé de cualquier sexo trae buena suerte.

En algunas culturas no se permite comentar sobre qué tan bonito está el bebé. Esto es porque el cumplido puede atraer el mal de ojo. De la misma forma, no puedes llamar a un bebé "un ángel", ya que es visto como si pidieras que el bebé fuera transportado al cielo.

La ropa de los bebés es igualmente importante. Los varones

deben vestirse de azul. El azul se asocia con la Virgen María y se cree que brinda protección al niño. Vestir a las niñas de rosa, vino mucho después. Se considera de mala suerte poner la ropa de los bebés sobre su cabeza.

Después de nacer, se deben subir escaleras cargando al bebé. Si el bebé nació en el piso más alto o en una casa de un solo piso, pararse en una silla o en algún mueble puede simbolizar llevarlo hacia arriba. Esta costumbre refleja la creencia de que al niño le será extremadamente difícil progresar en la vida si su primer viaje es hacia abajo.

Se considera de mala ventura llevar una carriola a la casa antes de que nazca el bebé. La cuna de un niño que está por nacer no debe ser mecida, ya que aparentemente le traerá mala suerte en su vida futura.

Si meces una cuna vacía, simbólicamente meces a otro niño. En el siglo XIX, C. W. J., un colaborador de *The Book of Days*, describió la mirada alarmada de una madre cuando cruzó apresuradamente el cuarto, con su décimo bebé en sus brazos, para detener a otro de sus hijos que estaba meciendo la cuna.

Finalmente, si un niño sonríe cuando duerme es un signo de que se está comunicando con los ángeles.

Ver *amuleto, ajo, astrología, bautizo, Biblia, brindis, brujas, búho, campanas, cuna, duendes, embarazo, espejo, fantasmas, fuego, gato, hada, influencias prenatales, lagartija, malaquita, mal de ojo, mano, marineros, niño, nudos, pelo, péndulo, perejil, perla, ropas, talismán, Viernes Santo.*

Beisbol:

Los deportistas profesionales son muy supersticiosos y los jugadores de beisbol son más supersticiosos que la mayoría. De hecho, el beisbol ha sido llamado el deporte más supersticioso de todos. Muchos jugadores poseen una variedad de rituales que ejecutan antes de jugar. Deben escupir en sus guantes para tener buena suerte. A veces bajan los guantes a fin de que sus dedos apunten hacia su propia banca cuando es su turno de batear. Muchos creen que solamente pueden hacerse una cierta cantidad de hits con un mismo bat. Por lo tanto, no les gusta compartir un bat con sus compañeros de equipo. Y es importante para todos, tanto jugadores como espectadores, que se abstengan de ponerse a comentar cuando un picher no ha permitido que se le conecte un hit.

Los jugadores de beisbol tienen sus propias idiosincrasias, como llevar una gorra "de la suerte" o rehusarse a jugar cierto día de la semana. Casi todos los jugadores de béisbol tratan de evitar pisar la línea de *foul*, ya que creen que trae mala suerte.

Las mascotas de los equipos son algo común y los *batboys* a veces funcionan como mascotas del equipo. Una de las mascotas más raras ha sido un hombre llamado Charles Victor Faust, quien ofreció sus servicios a los Gigantes de Nueva York en 1911. Le dijo al manager del equipo, John McGraw, que estaba destinado a ayudar a los Gigantes a ganar el galardón de la Liga Nacional. El señor McGraw inmediatamente lo puso a prueba y se dio cuenta de que Charles Faust no tenía habilidades para el juego. Sin embargo, se le ocurrió una idea. Le dijo a los jugadores que iba a probar a Faust y que deberían asegurarse que conectara un *home run*. Todos los jugadores cooperaron. Deliberadamente dejaron caer la bola y le permitieron a Faust que hiciera su primer *home run*. Los jugadores apodaron a Faust "Victoria" y lo hicieron parte de su alineación extraoficial. Calentaba en cada juego, pero nunca pichó. Constantemente le recordaba a los jugadores que estaba ahí para ayudarlos con el galardón. El entusiasmo y la fe de Charles "Victoria" Faust tuvo su recompensa. Los Gigantes ganaron el galardón ese año y los siguientes dos. Charles Faust murió en 1914 y los Gigantes perdieron el título.

Otra mascota interesante fue el gato negro que rondaba en el área de prácticas de los Broncos de Denver un viernes 13 de 1987. La mayoría de la gente consideró esto como una doble combinación de mal agüero, pero los Broncos ganaron su siguiente juego.

Ver *alfiler, atletas, gato, mascota, viernes 13.*

Bellota:

Como la bellota es el fruto del sagrado roble, se piensa que tiene poderes protectores. Los amuletos de bellota siempre han sido populares ya que se cree que protegen a la persona de las enfermedades y los padecimientos. Las bellotas fueron uno de los primeros alimentos y se suponía que la gente que las comía adquiría fecundidad y longevidad.

Una tradición antigua en Bretaña dice que una mujer puede mantenerse joven para siempre si lleva una bellota consigo. Esto obedece a que los robles son longevos.

Otra superstición es la creencia de que una casa nunca será alcanzada por un relámpago mientras se tenga una bellota en el alféizar de una ventana. Esta idea se deriva de la historia escandinava acerca de Thor protegiéndose de una tormenta eléctrica bajo un roble.

Una bellota es un amuleto que puedes llevar para atraer la buena suerte y una larga vida.

Ver *amuletos, hechizos, paraguas, roble.*

Beso:

El acto de besar a algo o a alguien es un gesto de amor y afecto. Besar un amuleto o un talismán también da buena suerte y fortuna. Los jugadores besan billetes de lotería y boletas de apuesta esperando que esto aumente su suerte.

Es de mala suerte besar a alguien en la nariz ya que puede provocar una discusión. De igual forma, asomarse por la espalda de alguien para besarlo en la mejilla es de mal agüero ya que te arriesgas a ser apuñalado por la espalda. También se consideraba riesgoso que una soltera besara a un hombre en el bigote. Si un bigote se le pegaba en los labios, nunca se casaría.

Todos los niños saben que el dolor desaparece cuando el padre besa la herida.

Se considera de muy buena suerte si un niño te besa espontáneamente en el momento de conocerte. Esto es un signo de que gozarás de una vida larga y saludable. Sin embargo, un beso a la fuerza de un niño es de mala suerte. Si los padres obligan a un niño a besarte, inmediatamente debes cruzar los dedos para evitar la mala ventura.

Ver *amuleto, billete de dos dólares, Día de San Valentín, encantamientos, jugar, labios, muérdago, nariz, niños.*

Biblia:

La Biblia era un libro que estaba en todas las casas. Los nacimientos, las bodas y las muertes se registraban en la Biblia de la familia. Sin embargo, la Biblia también se ha usado para muchos otros propósitos.

Puedes llevar una Biblia contigo como un amuleto protector. Muchos soldados llevan una Biblia con ellos por esta razón.

Una Biblia abierta puede ser puesta en la cuna de un bebé para protegerlo durante la noche. Los adultos pueden colocar una Biblia bajo su almohada para protegerlos durante el sueño.

Poner una página de la Biblia bajo el tapete de entrada a una casa hace que los ladrones se tropiecen, alertando a sus dueños acerca del peligro.

La adivinación con la Biblia ha tomado una gran variedad de formas. Se le preguntaban cosas a un péndulo formado por una llave que colgaba de una cadena o un cordel, suspendido sobre una Biblia. En Cornwall, era común abrir una Biblia al azar en el Año Nuevo y permitir que el índice de la mano derecha indicara el renglón de la página. Esta línea sería estudiada para determinar lo que sucedería el año siguiente.

Una Biblia y una llave podrían ser utilizadas para determinar la identidad de un ladrón. Se ataba un cordón a la llave, el cual se ponía en la página del Salmo cincuenta. Después la Biblia se cerraba y se amarraba fuertemente para evitar que la llave cayera, para después colgarla de un gancho o un clavo. Entonces la Biblia se inclinaría para indicar a la persona culpable una vez que su nombre se repitiera tres veces.

La Biblia también se puede usar para hechizar a la gente. Esto se hace al recitar cualquier verso de la Biblia tres veces seguidas. El nombre de la persona que estás hechizando tiene que estar incluido en cada ocasión. Ésta es una operación de alto riesgo que cae dentro de la magia negra.

Ver *amuleto, bebé, bibliomancia, campana, libro y vela, cumpleaños, llave, magia, trébol.*

Bibliomancia:

La bibliomancia es el arte de predecir el futuro al abrir un libro al azar y leer el mensaje revelado. Normalmente se hace usando la Biblia o algún otro libro sagrado.

La bibliomancia se usó muchísimo entre el siglo IV y el XIV. Los reyes, los líderes de la Iglesia, los santos y la gente educada practicaron la bibliomancia. Es menos popular actualmente, pero aún es practicada por algunas sectas religiosas e individuos cuya práctica les da tranquilidad y guía.

Ver *Biblia.*

Billete de dos dólares:

Probablemente fueron los tahúres quienes comenzaron con la superstición de que los billetes de dos dólares eran de mala suerte. Esto es porque el dos es la carta más baja en un mazo de cartas y "par" es un nombre que el caló le da al diablo.

Una manera de evitar la mala suerte si recibes un billete de dos dólares es romper una de sus esquinas. La siguiente persona que lo reciba deberá también romper una esquina. Cuando las cuatro esquinas estén rotas, el billete deberá destruirse. Un método alternativo y menos caro, es besar el billete. Esto es porque la saliva es efectiva para alejar al demonio.

Ver *beso, diablo, jugar.*

Bizco:

Los actores y actrices creen que los bizcos traerán mala suerte a cualquier escenificación. Esto aplica a los tramoyistas o a cualquier otro que trabaje en el teatro.

Es peligroso que los niños pequeños hagan bizcos porque se pueden quedar así permanentemente.

Ver *actores y actrices, marinos, mineros, mujeres, pata de conejo.*

Blanco:

El blanco simboliza pureza, inocencia, virginidad, santidad y esperanza. También se considera un color protector, lo que explica en parte por qué es una opción tan popular para los vestidos de novia. El blanco es el color de duelo en buena parte del Oriente. Esto se debe a que se piensa que los muertos se van a un mejor mundo.

A pesar de estos significados positivos, existen algunas supersticiones relacionadas con el color blanco. Debes, por ejemplo, siempre escupir cuando veas a un gato, un perro, liebre o caballo blancos. Debes también chuparte uno de los pulgares y estamparlo en la palma de tu otra mano. Esto estampa al demonio y te permite evitar cualquier infortunio potencial.

Las lilas y los lirios no se deben mantener intramuros pues se asocian con los funerales. Los puedes meter a la casa siempre y cuando estén acompañados por flores de otro color, con excepción del rojo.

te solía creer que el pelo se podía volver blanco o gris de la noche a la mañana. Largos periodos de estrés o de preocupación te pueden poner el pelo gris, pero siempre toma algún tiempo.

Ver *caballo, diablo, funeral, gato, liebre, lila, lirio, mano, pelo, perro, pescar, pulgar, rojo, vestido de novia.*

Boda:

La palabra inglesa *wedding*, que quiere decir boda, viene de la palabra anglosajona *wed* o promesa. En la época anglosajona, en ocasiones se comprometía a niños pequeños. El futuro novio daba una promesa o *wed*, a la novia, prometiéndole casarse con ella. Como parte de esta promesa, él le daba un anillo que ella llevaría en su mano derecha hasta la boda, allí se lo cambiaría a la mano izquierda.

Los romanos consideraban a junio el mejor mes para casarse, especialmente si la boda coincidía con la luna llena o con la unión de la luna con el sol. Mayo se consideraba el peor mes ya que los espíritus relacionados con él no favorecían las relaciones felices. Mayo también era el mes en el que se honraba a los muertos.

En el medioevo se consideraba de mala suerte para la boda que se cruzara un monje, un sacerdote, un perro, una liebre, una lagartija o una serpiente en el camino a la iglesia. Sin embargo, era de buena suerte que lo hiciera una araña, un sapo o un lobo.

Todas las novias saben la vieja superstición sobre lo que se debe usar:

Algo viejo,
algo nuevo,
algo prestado,
algo azul.

Muy poca gente sabe las razones de este dicho. Pero la magia es extremadamente poderosa cuando se vincula a una ocasión tan relevante como una boda. Por lo mismo, la ropa que usa la novia tiene que seleccionarse con gran cuidado ya que puede afectar todo su futuro. Casarse significa dejar todo atrás y entrar a otra etapa en la vida.

La novia tiene que llevar algo viejo ya que le da una sensación de seguridad. Ponerse algo nuevo le dará buena suerte y felicidad ya que la gente es feliz comprándose algo nuevo. Lo prestado tiene que pertenecer a una mujer que ha usado el objeto en una época de gran felicidad. La magia simpática asegura que tal felicidad se transferirá a la novia. La magia protectora tiene que ver con lo azul. Se considera que el paraíso está en el cielo y que un buen día es azul. Por lo mismo, el azul se asocia con la pureza y lo divino. Llevar algo azul protege a la novia de los celos y otras formas negativas en ese día especial.

Los *bouquets* que llevaban las novias romanas tenían ajo, cebollín y otras hierbas. Simbolizaban fertilidad y además espantaban a malos espíritus.

Gradualmente, los ramos se convirtieron en algo sólo ornamental, pero la selección de las flores sigue siendo importante. La hiedra o el arrayán aseguran buena suerte, las flores de la mañana significan felicidad y las rosas representan el amor imperecedero.

Los victorianos creían que era de buena suerte casarse el mismo día de la semana en que había nacido el novio. También creían que la ceremonia nupcial se debía llevar a cabo entre la media hora y la hora. El minutero creciente simbolizaba un aumento en la suerte de la pareja.

Se consideraba de buen agüero si la fiesta de la boda tenía un número de invitados par. Otra vieja superstición dice que "una novia feliz es a la que le brilla el sol". En una época, las bodas se llevaban a cabo afuera de la iglesia, en lugar de adentro. Naturalmente, bajo estas condiciones, la novia sería muy feliz si se casaba en un día soleado. Las bodas se hicieron al aire libre hasta el reinado del rey Eduardo VI (1537-1553).

Los novios deben salir de la iglesia después de la ceremonia por la misma puerta por la que entraron. Se cree que es de mala suerte salir por otra puerta porque los ataúdes salen de la iglesia por una puerta distinta.

Ver *ajo, anillo, araña, ataúd, caléndula, cielo, compromiso, cuchara, cuchillo, dormir, espejo, flores, gato, hiedra, iglesia, lagartija, liebre, lobo, magia, niños, novia, perro, plato, rosa, trece, vela, víbora, vidrio, viuda.*

Bola de cristal:

La adivinación con una bola de cristal es la capacidad de ver el futuro usando una superficie reflejante como una bola, un espejo, un vaso con líquido o un estanque. El adivino ve la superficie hasta que entra en una especie de trance que le permite que se le aparezcan pensamientos, imágenes o escenas del futuro. Michel de Notredame (1503-1566), mejor conocido como Nostradamus, es sin duda el adivino más conocido de todos los tiempos. El doctor John Dee (1527-1608), astrólogo de la reina Elizabeth I, empleaba adivinos que usaban bolas de cristal para comunicarse con las órdenes angelicales.

Ver *adivinación, espejo.*

Bollos de cruz:

Los bollos con forma de cruz son bollos pequeños, marcados con una cruz que se hacen en Pascua para conmemorar la crucifixión. Los bollos se comían originalmente en festivales paganos antiguos. La cruz se agregaba para tener un elemento cristiano y ahuyentar a malos espíritus. Los bollos de cruz se hacían tradicionalmente la mañana del Viernes Santo y algunos se colgaban en la casa para darle buena suerte a sus habitantes durante el siguiente año.

Ver *cruz, Pascua, Viernes Santo.*

Bolsa amniótica:

La bolsa amniótica es el saco que rodea al feto y contiene el fluido que protege al bebé que está por nacer. El saco se revienta y libera el líquido poco antes de que nazca el bebé. El saco se vuelve parte de la placenta.

A veces un niño nace con la bolsa colgando de su cabeza. Esto se considera un buen augurio. El niño tendrá una vida particularmente afortunada y feliz, además, no morirá ahogado.

Dado que el saco protege al feto en el vientre, no es de sorprenderse que la gente creyera que lo protegería en su vida subsecuente. Tampoco era raro que la gente vendiera las bolsas amnióticas y que los marineros las buscaran mucho, pues creían que los protegerían de los naufragios y de morir ahogados.

Ver *ahogarse, marineros, profecía.*

Bolso:

Es bueno poner una moneda en cualquier bolso que quieras regalar. Esto asegura que la persona que lo recibe tendrá buena suerte y nunca se quedará sin dinero.

Ver *dinero, moneda.*

Bostezo:

La gente cubre su boca cuando bosteza. La mayoría no tiene idea de que este ejemplo de buenas maneras se deriva de una antigua creencia de que los malos espíritus pueden entrar al cuerpo cuando una persona bosteza. Cubrir la boca lo evita. Bostezar durante mucho tiempo también se considera peligroso ya que permite que el alma salga del cuerpo. La respiración siempre ha jugado un papel importante en la magia y esta superstición se deriva de ésto.

Ver *magia, respirar.*

Botas:

La expresión "morir con las botas puestas" refleja la idea de que a los hombres les resulta difícil morir en la cama. Por lo mismo, a lo largo de Europa y en algunas partes de Asia, a los enfermos terminales se les saca de sus camas y se les acuesta en el piso para ayudar a sus almas a que abandonen el cuerpo.

Botella:

Las botellas están hechas de vidrio y se piensa que es mala suerte romper una. Afortunadamente, la mala suerte es menor comparada con la generada al quebrar un espejo. El remedio es trozar un cerillo en tres partes. Esto alejará la mala suerte y evitará futuros rompimientos.

Ver *espejo, vidrio.*

Botón:

La mayoría de la gente sabe que es de mala suerte abotonarse incorrectamente. Afortunadamente, el remedio es sencillo. Sólo necesitas desabotonarte, quitarte la prenda, volvértela a poner y abotonarla correctamente.

Es de buena suerte abotonar un número impar de botones. Si tu prenda tiene tres botones, por ejemplo, puedes abotonarte uno o tres. Sin embargo, si tu prenda tiene dos botones, debes abotonarte el superior solamente, o dejar tu prenda sin abotonar.

Es de buena suerte que te regalen un botón. Encontrar un botón cuando estás realizando tus actividades diarias es signo de que harás un nuevo amigo.

Una canción del siglo XVII se usaba para contar huesos de cereza, pétalos de margarita y otros pequeños objetos que servían como botones. Las mujeres jóvenes iban nombrando los botones en su ropa para determinar con quién se casarían: hojalatero, sastre, soldado, marinero, rico, pobre, mendigo, ratero.

Ver *vestido*.

Brezo:

Se considera que el brezo es una planta de buena suerte y en ocasiones los gitanos venden sus espigas para tal efecto. El brezo blanco es la variedad que tiene la mejor suerte, pero en Escocia la gente duda al respecto. Esto es porque se dio a Bonnie Prince Charlie (1720-1788) una espiga de éste en 1745 y no le hizo nada bien.

Brindis:

La palabra inglesa que se refiere a brindis es "toast", que quiere decir "tostada" y data de la época de la reina Elizabeth, cuando una pequeña rebanada de pan tostado se ponía en una jarra antes de que se sirviera allí la cerveza o el vino. La tostada absorbía los sedimentos y la gente sentía que mejoraba el sabor.

Se consideraba afortunado derramar sin querer una pequeña cantidad de líquido cuando se brindaba. En cambio, es de mala suerte que se rompa una copa al brindar. Esto significa que alguien presente morirá pronto.

Se piensa que el sonido que produce el choque de las copas ahuyenta a las fuerzas del mal que pudieran no estar de acuerdo con el brindis.

No todo mundo está a favor de los brindis. En *Cartas a su hijo*, Lord Chesterfield (1694-1773) comentó sobre la costumbre de beber a la salud de alguien:

> Como por ejemplo, la muy absurda aunque casi universal costumbre de beber a la salud de alguien. ¿Puede haber algo menos relacionado con la salud del hombre que beber una copa de vino? Definitivamente el sentido común nunca lo señaló, pero aún así el sentido común me dice que me tengo que conformar con ésto.

Ver *copa, orgía, pan, perla, vino.*

Bruja:

Chamanes, médicos brujos, brujas y hechiceros fueron las primeras personas que intentaron apaciguar a los dioses y darle sentido al mundo. La palabra *witch*, "bruja" en inglés, viene del sajón *wica*, que significa "sabia".

Siempre han existido las brujas. Los antiguos asirios, los babilonios, los hebreos, los griegos y los romanos, todos las mencionan en sus escritos. En la época grecorromana, las brujas eran conocidas por tener poderes curativos usando hierbas y pociones mágicas. Sin embargo, aún entonces, no todo el mundo aprobaba a las brujas. Plinio, Ovidio y Plutarco escribieron en forma negativa acerca de ellas.

Las brujas se mencionan en la Biblia: "No deberás tolerar a una bruja" (Éxodo 22,18). Sin embargo, las brujas que se mencionan en la Biblia son más adivinas que como las brujas que conocemos.

Desafortunadamente, con el tiempo las brujas fueron vistas como gente indeseable que hechizaba y lastimaba deliberadamente a los demás. La persecución de las brujas inició cuando la Iglesia comenzó a albergar la creencia de que estaban asociadas con el demonio. También se decía que copulaban con los demonios, practicaban orgías y tenían una conducta diabólicamente complaciente y depravada.

Esta creencia derivó en muchas injusticias horribles e innumerables hombres y mujeres fueron acusados de practicar brujería y quemados en la hoguera. La locura de las brujas comenzó a mediados del siglo xv y duró casi 250 años. Entre 1484 y 1685, cerca de mil personas fueron colgadas o quemadas por brujería en Gran Bretaña. En Norteamérica, más de treinta personas fueron condenadas por brujería en los famosos juicios de Salem, Massachussets, en 1692.

Se creía que las brujas eran capaces de hacer conjuros, cambiar de forma a voluntad y transmitir el mal de ojo a cualquiera que les disgustara. Como se pensaba que las brujas no tenían alma, no producían reflejo alguno en un espejo. Las brujas también podían decir el Padre Nuestro al revés y eran confrontadas con el hierro. La gente creía que las brujas poseían "marcas del diablo" como verrugas, lunares y otras marcas en la piel, normalmente cerca de las axilas.

Se consideraba que las brujas eran responsables de todos los males que ocurrían en una comunidad. Si un becerro moría o las cosechas eran malas, o si un niño moría antes de nacer, una bruja debía haberlo generado. Hasta las tormentas y los asesinatos eran su culpa. Una gran variedad de amuletos y otras formas de protección se usaban para defender de las brujas a la gente, a los hogares y a las propiedades.

Las brujas no podían dañarte a menos que tuvieran una pequeña parte de ti con la que pudieran trabajar. Por lo mismo era muy importante desechar cuidadosamente las uñas y el pelo que cortabas, la sangre, la orina y la saliva a fin de evitar que cayeran en manos de una bruja.

Incluso hoy, mucha gente tiene miedo de las brujas. Esto no es raro si piensas en el estereotipo de la bruja. Las películas y los libros infantiles han perpetuado la imagen de la terrible arpía, con una nariz deforme, barba puntiaguda y sombrero negro, viviendo sola con un gato negro y emitiendo conjuros.

Las brujas actualmente practican una religión pagana y se consideran siervas de la Diosa (y a veces del Dios con cornamenta). Son curanderas naturales y creen en la santidad de todas las formas de vida.

Ver *agua, agua bendita, ajo, amuleto, aquelarre, barcos, bebé, brujería, catarina, cebolla, chimenea, crucero, diablo, espejo, gato, hierro, hechizo, iglesia, lado derecho, liebre, lunares, Macbeth, mal de ojo, mujeres, orina, pan, pata de conejo, pelo, romero, sangre, sauce, serbal, tormenta, uña, verrugas, viernes, Wicca, zorro.*

Brujería:

La brujería es tanto el arte como las prácticas que ejerce una bruja. Debido a que la brujería se interpreta de formas diferentes depende la cultura, es imposible dar una definición sencilla. También se le llama el Oficio, el Camino de la sabiduría y la Vieja religión y se declara que tiene una línea directa con la religión prehistórica de la fertilidad.

Hasta el siglo xx, el término brujería se refería a un grupo de elementos que no estaban incluidos en la Wicca moderna. En su famoso libro *El descubrimiento de la brujería*, Reginald Scot (1538-1599) cubrió temas como la alquimia, la astrología, la magia ceremonial y la demonología, indicando que las brujas de su tiempo practicaban diferentes tipos de magia. Para la mayoría de la gente, el término "brujería" representaba una forma negativa de magia que se utilizaba para lastimar al enemigo. Por lo mismo, se usaban diferentes tipos de protección, como los amuletos, contra estas fuerzas negativas.

En el siglo xx, una nueva forma de brujería conocida como Wicca creció en popularidad. La Wicca declara tener su origen en las religiones paganas precristianas. La Wicca es una de las religiones con más rápido crecimiento en el mundo.

Ver *acebo, astrología, bruja, encantamientos, escupir, hechizo, Macbeth, magia, oración, Wicca.*

Brujo:

En la tradición inglesa, a los brujos varones se les llamaba *warlocks.* Sin embargo la palabra viene de *waerloga,* una palabra del inglés antiguo que quiere decir "el que rompe un juramento". Por lo mismo, en la Wicca moderna, un *warlock* es alguien que ha roto un juramento o traicionado el "oficio" de alguna forma.

Búho:

Comúnmente el búho es percibido como sabio ya que es de cabeza larga y ancha, con ojos hacia el frente que lo hacen verse inteligente. Por lo mismo, el búho es con frecuencia considerado un símbolo de sabiduría.

Los búhos tienen una historia interesante desde el punto de vista de la superstición. A los antiguos griegos les gustaban los búhos, pero a los romanos, no. Éstos pensaban que los hábitos nocturnos de los búhos eran sospechosos y sentían que debían tener vínculos con el demonio y los malos espíritus. Creían que el canto del búho significaba la muerte, ya que el canto de un búho predijo especialmente las muertes de Julio César, César Augusto y Agripa. Los romanos también suponían que las brujas podían tomar la forma de los búhos y de esta manera beber la sangre de los bebés. También se les asocia con las brujas debido a sus hábitos nocturnos y a su chillido obsesivo.

Es de mala suerte oír el ulular del búho durante el día. Ver un búho durante el día es aún peor, ya que es un presagio de muerte o una desgracia mayor. Si un búho canta cerca de tu casa, debes echar algo de sal al fuego para alejar la mala suerte. En el folclor galés, un búho ululante es un signo de que una de las jóvenes del pueblo ha perdido su virginidad. Si le das vueltas a un árbol en el que está un búho, éste te mirará. Si sigues dando vueltas en círculo, el búho eventualmente hará que su cabeza gire en círculos.

Se pensaba que un búho posado en el tejado de una casa durante el día era señal de que uno de los habitantes de la casa moriría pronto.

Se puede hacer un amuleto protector muy efectivo con una pluma de búho. Si encuentras una, guárdala en un lugar seguro y úsala cuando sea necesario.

Ver *amuleto, bebé, bruja, diablo, fuego, muerte, pluma, sal, sirviente.*

Buitre:

Tal vez por comer animales muertos, los buitres son vistos como un presagio de muerte en Occidente. Tienen una misteriosa capacidad para detectar la muerte, incluso a veces con días de anticipación. Por lo mismo, solamente ver un buitre puede causar pánico y preocupación. Sin embargo, los buitres eran adorados en el antiguo Egipto y la gente todavía cree que tienen poderes de clarividencia.

Los buitres se unen a una pareja de por vida y comparten las responsabilidades del nido. También son padres dedicados.

La leyenda dice que el dios Júpiter envió a seis buitres con Remo y doce con Rómulo para señalarles el futuro sitio de Roma.

En Sudáfrica, la gente local come carne de buitre creyendo que les dará clarividencia. En Zimbabwe, los votantes comen carne de buitre con la idea de que eso les permitirá escoger al partido ganador en una elección. Desgraciadamente, como resultado de esto, los buitres son actualmente una especie en extinción.

Ver *muerte.*

Burro de planchar:

Los burros de planchar tienen un uso muy valioso, pero son signo de muerte si se caen y obstruyen parcialmente una puerta abierta.

Si una plancha se cae al piso cuando estás planchando, es signo de que un miembro de la familia dejará la casa en los siguientes doce meses.

Si una prenda recién planchada tiene una arruga con forma de rombo en el centro al extenderla, alguien de la familia se casará.

Caballo:

Por miles de años, los caballos representaron la forma más conveniente de viajar, sin cansarse, largas distancias. Por lo mismo, eran posesiones muy preciadas y valiosas; protegidas con amuletos, encantamientos y adornos de latón para los arneses. Las colas de caballos se trenzaban frecuentemente con listones para ahuyentar a las brujas. Los caballos son altamente intuitivos y mucha gente cree que pueden ver fantasmas.

Se pensaba que inhalar el aliento de un caballo era una forma efectiva de curar una gran cantidad de dolencias menores, incluyendo la tosferina.

Es de mala suerte cambiarle el nombre a un caballo. Es de buena suerte ver inesperadamente un caballo gris.

Tu fortuna mejorará si escupes en tu dedo meñique y lo frotas contra un caballo.

Ver *adornos de latón, aliento, amuleto, blanco, bruja, encantamientos, escupir, fantasma, fisonomía, muerte, turquesa.*

Cadáver:

Los ojos de un cadáver se deben cerrar lo antes posible después de la muerte. Esto se debe a que se dice que tienen el poder de hacer que a cualquiera que vean lo acompañará a la tumba. El poner monedas sobre los ojos del difunto evita que se abran accidentalmente. No se debe permitir que caigan lágrimas sobre el cadáver ya que esto puede molestar al alma del fallecido. Sin embargo, se considera de buena suerte tocar al cadáver, lo que también evita que el muerto se aparezca en forma de pesadillas o inquiete a los vivos.

Es importante que el cadáver sea cargado con los pies para adelante. Esto asegura que su fantasma no regresara a buscar a los vivos. Si el cadáver se saca de una casa, los escalones de la puerta delantera deben ser limpiados a conciencia de inmediato para eliminar cualquier resto de mala suerte que pueda haber quedado.

Ver *embarazo, hombre lobo, lluvia, moneda, muerte, ojo, suicidio, zombi.*

Café:

Las burbujas que aparecen en una taza de café son signo de buena suerte, especialmente si se atrapan con una cucharilla y se comen. Esto es muy difícil de hacer ya que las burbujas desaparecen con rapidez. Sin embargo, quien lo logra recibirá un beneficio inesperado.

El movimiento de cualquiera de las burbujas en la superficie de una taza de café puede ser interpretado. Es señal de que viene dinero si se mueven hacia quien bebe. Desafortunadamente, significa lo opuesto si flotan alejándose del bebedor.

Es de mala suerte revolver el café con un tenedor.

El sedimento del café puede ser leído de la misma forma que las hojas de té. Esta forma de leer la fortuna comenzó en Italia hace unos doscientos años y rápidamente se difundió por Europa y finalmente alrededor del mundo. Se bebe la taza de café dejando unas dos cucharaditas del líquido en el fondo de la taza. La taza se revuelve rápidamente y se voltea. Cuando se pone hacia arriba nuevamente, se interpretan los patrones que producen los asientos.

Los musulmanes creen que el arcángel Gabriel inventó el café. Un día, cuando Mahoma estaba extremadamente cansado, Gabriel le llevó una taza de café. Esto fortaleció tanto a Mahoma que después de beberlo derrotó a cuarenta jinetes y satisfizo a cuarenta mujeres.

Ver *hojas de té*.

Calabaza:

El pay de calabaza que se come en el Día de Acción de Gracias es para recordar cómo los nativos norteamericanos enseñaron a cultivar calabazas a los colonizadores, pero también se relaciona con los días cuando la calabaza era símbolo de la cosecha. Los primeros inmigrantes irlandeses probablemente llevaron esta tradición a América.

Con frecuencia, a las calabazas se les talla una horrible cara durante el *Halloween*. Además, si es iluminada con una vela, espanta a los malos espíritus que andan sueltos en esta noche especial.

Las linternas con astas hechas de calabaza se les llama en inglés *jack-o'-lanterns*, en honor al héroe de una leyenda irlandesa. Jack burló con inteligencia al demonio para evitar que robara su alma, pero no fue capaz de entrar al cielo debido a tener vida poco respetable. Fue condenado a vagar por el mundo en la oscuridad. El diablo aligeró su carga, dándole un pedazo de carbón del infierno para alumbrar su linterna.

Por estar asociado con alejar el mal, el Viernes Santo se considera el mejor día para plantar calabazas.

Una superstición de Maine dice que las calabazas son buenas para los ojos.

Ver *carbón, diablo, Halloween, ojo, vela, Viernes Santo*.

Calcetín de Navidad:

Una vieja leyenda dice que San Nicolás supo de tres bellas hermanas que eran tan pobres que tenían que prostituirse. Él lanzó tres trozos de oro por su chimenea. Los trozos cayeron en las calcetas que estaban secándose frente al fuego. Con ello comenzó la tradición de colgar calcetines sobre el hogar de la chimenea en la Navidad.

Ver *fuego, Santa Claus*.

Calcetines:

Es de buena suerte ponerte por accidente un calcetín al revés. También lo es ponerte sin querer calcetines que no combinan. Sin embargo, en ambos casos necesitas llevarlos así el resto del día para mantener la buena suerte.

Es de mala suerte tirar unos calcetines viejos antes de lavarlos. Esto es porque los calcetines sucios están impregnados de tu energía personal y no quieres que ésta desaparezca. Peor aún, alguien que no te quiere puede usar tus calcetines viejos para elaborar un conjuro que te haga daño.

Ver *hechizo.*

Calendario:

Es de mala suerte colgar un calendario antes del Año Nuevo. De igual forma, algunos creen que es de mala suerte cambiar al siguiente día, semana o mes el calendario antes de que llegue la fecha.

Algunos días son considerados de mala suerte. En 1565, Richard Grafton, un astrólogo e historiador, fabricó una lista de sesenta y un días que creía de mala suerte. Hay tres lunes que tradicionalmente se consideran de mala fortuna: el primer lunes de abril, ya que era el cumpleaños de Caín y de igual manera el día que mató a Abel; el segundo lunes de agosto, ya que es el día en el cual se destruyó a Sodoma y Gomorra; y, sorpresivamente, el último lunes de diciembre, ya que se pensaba que era el día en que Judas había traicionado a Jesús. Sin embargo, éste parece estar algunos meses adelantado, a menos que Judas traicionara a Jesús en varias ocasiones.

Ver *Año Nuevo.*

Caléndula:

El nombre inglés de la caléndula, *marigold*, viene de la Virgen María, pues se creía que llevaba una en el pecho. Las caléndulas son atractivas flores de color dorado y deben ser tratadas con cuidado, al menos en la campiña oeste de Inglaterra, donde se les llama "flor de los borrachos". Aparentemente, si te les quedas viendo mucho tiempo o si las cortas, te harás adicto al alcohol.

Las caléndulas se encuentran a veces en los *bouquets* de boda, ya que simbolizan la fidelidad, la lealtad y el amor perdurable.

Las cabezas de la flor de la caléndula se pueden usar para frotar las picaduras de avispa o abeja y así quitar el dolor. Se dice que inhalar el aroma de la caléndula aleja las infecciones y quita el dolor de cabeza.

Ver *abeja, amor, boda, dolor de cabeza, flores.*

Callo:

Un callo es una pequeña zona áspera, a veces suave, en la piel de los pies o en los dedos de los pies. Se genera por presión o por fricción. Los callos solían ser un gran problema para nuestros ancestros ya que muchos de ellos no podían pagar unos zapatos que les quedaran bien y debían usar los zapatos viejos de alguien más.

Un remedio popular era aplicarse el jugo de un poro en el callo. También se podían usar hojas de hiedra que se hubieran remojado en vinagre. Un método más extraño era enterrar un trozo de bistec; se creía que los callos desaparecerían conforme se pudriera la carne.

Ver *hiedra*.

Calvicie:

La repentina caída del cabello indica una pérdida de salud o de posesiones o la llegada de un niño en el futuro próximo. Si cortas tu cabello durante el cuarto menguante, corres el riesgo de perderlo permanentemente. Es importante evitar que los pájaros usen mechones de pelo en sus nidos. Si usan tu cabello de esta forma, sufrirás dolores de cabeza y luego te quedarás calvo.

Un remedio muy conocido para la calvicie es frotar vigorosamente el cuero cabelludo con media cebolla cruda. Una vez que la parte calva se ponga roja, la persona debe untarle miel.

En Nueva Inglaterra, el remedio recomendado para la calvicie era lavar el cuero cabelludo con té de salvia.

Ver *cabello, romero, ron, salvia*.

Cama:

La cama es donde suceden algunas de las actividades más importantes del hombre. Por consiguiente, no nos sorprende el gran número de supersticiones asociadas que hay.

La más común de entre éstas es la noción de que si alguien está de mal humor, se levantó del lado incorrecto de la cama. Esto se relacionaba con la creencia de que el lado izquierdo de la cama era el incorrecto. El lado izquierdo es el lado del diablo y se asociaba con el mal y la mala suerte. Si la disposición de la cama te obligaba a levantarte del lado izquierdo, podías evitar la mala suerte poniéndote tu calcetín y tu zapato derechos antes de levantarte de la cama. Si olvidabas hacerlo, podías evitar el desastre poniéndote calcetín y zapato derechos antes de ponerte los izquierdos.

Más allá de por cuál lado de la cama te levantas, asegúrate de poner tu pie derecho en el piso antes del izquierdo.

El lugar de la cama es igualmente importante. Los rayos de la luna no deben caer sobre la cama. La cama no debe estar bajo la luz de las lámparas del techo. Los pies de la cama no deben estar frente a la puerta directamente, ya que así se disponen los ataúdes (los ataúdes salen con los pies por delante).

Barrer bajo la cama de una persona enferma se considera una forma segura de acelerar su muerte. Es peligroso sentarse en la cama de una persona enferma, ya que te puedes enfermar también.

Para mantener la buena suerte, no debes hacer la cama en la que ha dormido un huésped sino hasta al menos una hora después de que se ha ido.

Hay que hacer la cama de un tiro. Es de mala suerte bostezar mientras se hace la cama pero se remedia persignándose. Se considera altamente peligroso que tres o más personas tiendan la cama ya que se cree que una de ellas morirá en los próximos doce meses.

Se piensa que voltear los colchones de una cama en viernes o sábado es de mala suerte.

Es buena idea ver bajo la cama antes de dormir, para asegurarse de que el mal no se esconde ahí. Sin embargo, las solteras no deben de hacer esto. Si lo hacen, nunca se casarán.

Ver *cruz, diablo, lado derecho, lado izquierdo, luna, muerte, paraguas, pastel de bodas, viernes.*

Camafeo:

Un camafeo es una pequeña pieza de ónix o de alguna otra piedra que tiene grabado un relieve contra un fondo de diferente color. Se usa normalmente como joya, pero también funciona como talismán.

Un camafeo debe tenerse y amarse durante siete años para que adquiera toda su efectividad como amuleto. Después de este tiempo, seguirá trabajando como talismán durante las generaciones sucesivas de la misma familia.

Ver *talismanes.*

Caminar:

La superstición más famosa de todas es la que aconseja que no debes caminar debajo de una escalera.

Esto data de la época de los antiguos egipcios, cuando la gente creía que podrías ver a Dios subiendo o bajando por la escalera, al caminar debajo de ella.

Cuando caminas con un amigo, ambos deben caminar del mismo lado si hay una obstrucción en el camino. Si se separan y caminan a ambos lados, tendrán mala suerte. Afortunadamente, la mala suerte se puede evitar si cualquiera de los dos dice las palabras mágicas "pan con mantequilla".

También es malo tropezarte en una esquina o con cualquier cosa que se cruce por tu camino. Nuevamente, la mala suerte se puede evitar si desandas el camino y vuelves a pasar por el lugar sin tropezarte.

A mucha gente le disgusta pisar las grietas del pavimento ya que piensan que les dará mala suerte. Esto viene de la antigua creencia de que las grietas te llevan directamente a la tumba. Una canción infantil surgió de esta superstición:

Pisas una grieta,
se rompe la espalda de tu madre;
pisas una raya,
se rompe la espina de tu madre.

También atrae la mala suerte caminar de espaldas. Caminar sobre una tumba se considera extremadamente peligroso y siempre atrae la mala suerte.

Ver *escalera, pan con mantequilla, tumba*.

Campana:

Las campanas de la iglesia protegen a la gente de los malos espíritus y era una buena señal vivir a una distancia tal que permitiera oír las campanadas. Si las campanas de la iglesia se tocaban durante una tormenta, el clima mejoraría inmediatamente. Una vieja canción resume algunos de los beneficios que dan las campanas de la iglesia:

La muerte de un hombre, la anuncio con un triste tañido;
rayos y truenos, me hago pedazos;
durante todo el Sabbath, llamo a la iglesia;
a los dormilones los levanto de la cama,
a los vientos intensos yo los disperso,
a la ira cruel de los hombres yo la apaciguo.

Las campanas de la iglesia también a veces predicen la muerte. Si las campanas del reloj de la iglesia suenan en el himno, antes del sermón o durante éste, uno de los parroquianos morirá la semana siguiente.

En muchas partes del mundo se considera un presagio de muerte escuchar dos campanas tocar al mismo tiempo.

Ver *Año Nuevo, bebé, clima, muerte, relámpago, Santa Claus, tormenta, trueno.*

Campana, libro y vela:

La campana, el libro y la vela son tres implementos utilizados por la Iglesia católica romana cuando se excomulga a alguien. El sacerdote le dice al desafortunado individuo que es excomulgado y entonces cierra la Biblia, lanza la vela al piso y toca la campana. Hay un poderoso simbolismo en todo esto. El libro representa el "libro de la vida", la vela extinta simboliza el alma que ha sido perdida por toda la eternidad y la campana es tañida como si la persona estuviera muerta.

En la Antigüedad, la excomunión era equivalente a la muerte y los efectos psicológicos en la gente que la sufría debieron de haber sido profundos.

Ver *campana, muerte, vela.*

Canario:

Los canarios, como otras mascotas, traen buena suerte a la casa. Sin embargo, un canario extraño volando dentro de la casa es un signo de mala suerte que puede representar la muerte de un familiar.

Tendrás dos años de mala suerte si un gato extraño mata a tu canario.

Ver *gato, pájaros.*

Cáncer:

Cáncer es el cuarto signo del zodiaco. Su símbolo es el cangrejo, su elemento es el agua y su piedra el rubí. Las palabras clave para Cáncer son: "Yo siento."

Los Cáncer son regidos por la luna, lo cual acentúa su naturaleza sensible y emotiva. Los nacidos en Cáncer aman la seguridad de la casa y la familia; gozan la responsabilidad de la paternidad; disfrutan comprando cosas para sus casas y muchos de ellos hacen colecciones de objetos que les gustan. Los nacidos en Cáncer son amigos leales y siempre están dispuestos a dar su hombro como sostén de los demás cuando lo necesitan. Los cancerianos son altamente intuitivos y pueden leer a la gente con un solo vistazo.

Ver *agua*, *astrología*, *elemento*, *gema*, *luna*, *rubí*.

Candelaria:

Originalmente, el 2 de febrero era el segundo de cuatro festivales de fuego que celebraban los celtas. La Iglesia cristiana se adueñó de esta festividad y la dedicó a la Virgen María. De acuerdo con esta tradición, ella presentó a Jesús en el templo un 2 de febrero. Las velas se bendicen cada día de la Candelaria. Este día es tradicionalmente un día femenino pues las velas se encienden alrededor de las madres jóvenes y sus hijos para simbolizar su protección espiritual.

En la Wicca, el 2 de febrero es Imbolc, uno de los 8 sabbats, o fiestas de estación, del año wiccaniano. Se celebra el inicio de la primavera con su promesa de renacimiento y renovación. "Imbolc" significa "en leche" y las vacas usualmente comienzan a producir leche nuevamente en esa época.

Se considera de mala suerte que cualquier decoración de Navidad permanezca puesta después de esta fecha. Las decoraciones navideñas que estén puestas en una iglesia después del 2 de febrero traen mala suerte a toda la congregación. Se cree que esto puede traer la muerte de uno de los integrantes de la congregación.

La Candelaria es también conocida como el popular Día de la Marmota en Estados Unidos. De acuerdo con esta tradición, la marmota sale de su madriguera a la superficie el 2 de febrero para ver cómo está el clima. Si ve su propia sombra, hibernará un poco más y será un signo de que el clima seguirá mal al menos dos semanas más. Si el día está nublado, permanecerá en la superficie, con lo cual supone que la primavera está a punto de empezar. Por consiguiente, el clima en el Día de la Marmota predice cómo será el clima en las siguientes seis semanas. Se piensa que los osos y los lobos también salen de sus madrigueras el 2 de febrero para calcular el clima.

Los primeros colonizadores de Estados Unidos instituyeron el Día de la Marmota, en Europa habían usado al erizo, pero como no lo encontraron en el Nuevo Mundo, cambiaron a la marmota.

Los marineros son renuentes a zarpar en el día de la Candelaria, creen que cualquier viaje que empiece el 2 de febrero está condenado y terminará en desastre.

Ver *Día de la Marmota, febrero, marineros, Wicca.*

Cantar:

Probablemente la superstición más común relacionada con cantar es la creencia de que si cantas antes del desayuno, llorarás antes de que termine el día. Esta superstición surgió con la idea de que puedes estar tentando al destino si te muestras demasiado feliz al inicio del día. La felicidad se tiene que ganar. Por lo mismo, debes al menos trabajar algo antes de comenzar a cantar.

También se considera de mala suerte cantar en la cama, cuando se juega a las cartas o cuando se hornea pan. Si cantas en la mesa, tendrás una decepción en los negocios o en el amor. Sin embargo, es de buena suerte si resulta que cantas inconscientemente cuando te estás bañando. Y es extremadamente afortunado que dos personas comiencen a cantar involuntariamente la misma canción en el mismo momento.

Capricornio:

Capricornio es el décimo signo del zodiaco. Su símbolo es el chivo. Su elemento es la tierra, y su gema es el ónix. Su frase clave es: "Yo uso."

Los nacidos en Capricornio son gente sólida, práctica y trabajadora que de forma lenta, pero segura, alcanzará sus metas. Son decididos y ambiciosos, pero mantienen sus pies sobre la tierra. Son cautelosos, conservadores, lógicos y justos. A las personas nacidas en Capricornio les resulta difícil expresar sus emociones, pero con la pareja adecuada, pueden ser muy románticos.

Ver *astrología, chivo, elemento, gema, ónix, tierra.*

Caracol de jardín:

Hay 2 supersticiones concernientes a los caracoles. La primera es la creencia de que es de mala suerte que entre un caracol a tu casa. La segunda dice que es de buena suerte recoger a un caracol por sus cuernos y arrojarlo por encima de tu hombro izquierdo.

Carbón:

El carbón es considerado de buena suerte ya que se asocia con el fuego. Aún ahora, mucha gente lleva un pedacito de carbón como amuleto. En el siglo XIX, los ladrones llevaban consigo carbón en el entendido de que los cuidaría de ser atrapados. Los marinos creían que llevar un pedazo de carbón los protegería de ahogarse. Consideraban que un montón de carbón encontrado en una playa era la protección más efectiva que había.

Las mujeres jóvenes ponían un pedazo de carbón bajo sus almohadas, creyendo que las haría soñar con su futuro esposo. John Aubrey menciona esta superstición en sus *Misceláneas* (1696):

El verano pasado, en la víspera de San Juan Bautista, en 1694, estaba casualmente caminando en el prado que está detrás de la casa Montague, a las doce en punto. Vi a veintidós o veintitrés mujeres jóvenes, la mayoría de ellas de buen ver, muy ocupadas, de rodillas, como si estuvieran desyerbando. No podía entender de qué se trataba el asunto; al fin un joven me dijo que estaban buscando un trozo de carbón bajo la raíz del platanar para ponerlo bajo sus cabezas esa noche y así pudieran soñar con quiénes serían sus ma-

ridos: tenía que ser buscado ese día y a esa hora.

Si encuentras un trozo de carbón cuando estés paseando, debes pedir un deseo, luego recogerlo y llevártelo a tu casa.

Ver *ahogarse, calabaza, fuego, ladrón, marineros, matrimonio, virginidad.*

Carne:

Se considera un signo de mala suerte si una pieza de carne se encoge en el horno. De modo contrario, si la pieza se hincha es un signo de un futuro exitoso y feliz.

La carne cruda que se pone sobre un ojo morado reducirá la inflamación y la hinchazón.

No lo he notado personalmente pero de acuerdo con la superstición, comer carne roja aumenta la presión sanguínea y causa mal humor.

Ver *cocinar, ojo.*

Carreras de caballos:

Los entrenadores y los *jockeys* son muy supersticiosos, ya que la suerte juega un papel muy importante en sus carreras. Los caballos ganan frecuentemente las carreras por fracciones de segundo, lo cual es suficiente para hacer supersticioso a cualquiera.

Como los demás atletas, los jockeys tienen sus prendas de ropa de la suerte favoritas, como la ropa interior de determinado color. Los entrenadores colgaban comúnmente una herradura sobre la puerta del establo. Saben que es de mala suerte enviar un costal de sal abierto a otra pista o comer cacahuates en la pista.

Es de buena suerte recoger una moneda en la pista si está con el lado del sol hacia arriba, pero de mala suerte si el águila está arriba.

La frase "rómpete una pierna" de los actores significa buena suerte. Sin embargo, decírselo a un jockey antes de una carrera es de mala suerte.

Ver *actores y actrices, atletas, herradura, moneda, sal.*

Carroza fúnebre:

Alguna gente cree que es de mala suerte ver una carroza fúnebre. Para la mayoría de la gente, ver o rebasar a una carroza fúnebre no es bueno ni malo. Sin embargo, es de mala suerte encontrarte inesperadamente con una carroza fúnebre que viene hacia ti. Este augurio es varias veces peor si la carroza está vacía.

Ver *ataúd, funeral.*

Cartas de cadena:

Una cadena es una serie de cartas que le dicen a quien la recibe que envíe copias a un número específico de nuevos destinatarios.

La mayoría de la gente ignora los exhortos de las cadenas para que sean enviadas. Sin embargo, dados los textos de esas cartas, algunas personas siguen creyendo que es de mala suerte romper la cadena y de buena suerte continuarla.

Cartas:

Una carta está por llegar si estornudas un miércoles, si te pica la nariz o una araña cuelga de su telaraña justo enfrente de ti.

Es de mala suerte que las cartas se crucen en el correo. La única excepción a la regla son las tarjetas de Navidad.

Si envías una carta a tu amante, asegúrate de que la recibe con su mano derecha. Tu amor terminará si se la ponen en la mano izquierda.

Si escribes regularmente a tu amor, usa una pluma especial para esto. Utiliza una pluma distinta para pagar cuentas o para escribir otras cartas.

Ver *araña, comezón, estornudo.*

Cartas, jugar:

Los jugadores con frecuencia usan cartas y muchas se han asociado con buena o mala suerte. Se cree que la gente que tiene suerte en las cartas es desafortunada en el amor y viceversa. Si a alguien le tocan manos con muchas cartas negras (tréboles y bastos) sucesivamente, es signo de muerte inminente de algún familiar. El cuatro de bastos se considera de mala suerte porque simboliza la cama de cuatro postes del diablo. El as de espadas siempre ha sido considerada la carta de más mala suerte, ya que significa la muerte. En 1692, el conde de Stair usó el nueve de diamantes para dar la señal en la masacre de Glencoe. Como resultado, se le conoce como la "maldición de Escocia".

Se piensa que muy probablemente no ganarás una mano si tienes un par de ases y un par de ochos. Esto se conoce como la "mano del muerto". Aparentemente, un legendario héroe del oeste americano tenía esta mano cuando uno de sus enemigos le disparó y lo mató.

Se considera de extremada mala suerte robar un mazo de cartas. Los ladrones que roban cartas siempre son capturados. También es de mal agüero jugar cartas con un perro en el cuarto. No debes cruzar las piernas cuando barajas las cartas, ya que esto genera mala suerte y perderás dinero. Debes tomar las cartas con la mano derecha, ya que es tu mano de la suerte.

Puedes cambiar tu suerte soplando las cartas cuando las barajas. Puedes también caminar alrededor de la silla o la mesa. Del mismo modo, puedes voltear tu silla 180° y sentarte con el respaldo por delante. Un método más sencillo de cambiar la suerte es sentarte en tu pañuelo.

Si tienes una carta de la suerte, tócala con el índice de tu mano derecha antes de empezar a jugar. Esto mejorará tu suerte.

Es de mala suerte usar el mismo mazo de cartas para jugar y para leer la suerte. El remedio es tener dos juegos de cartas, cada una dedicada a un propósito distinto.

Las mesas de cartas están usualmente cubiertas con fieltro. Esto es porque es de mala suerte jugar en una mesa desnuda.

La cartomancia es una forma de adivinación que usa tanto cartas de juego como de Tarot. Cada carta tiene un significado específico susceptible de interpretación. En un mazo de cartas de juego, los bastos representan los asuntos de negocios; los diamantes, el dinero y el estatus; los corazones, amor y romance, y las espadas obstáculos y dificultades.

Ver *adivinación, lado derecho, ladrón*.

Castidad:

Se pensaba que el zafiro alentaba la castidad. Esta creencia era tan fuerte que el papa Inocencio III (1160-1217) ordenó que todos sus obispos llevaran anillos de zafiro. Actualmente, los obispos siguen usando anillos de zafiro, aunque es más probable que sea por tradición que por superstición.

Ver *unicornio, zafiro*.

Catarina:

La catarina es un pequeño escarabajo rojo con puntos negros. Es un insecto útil para cazar plagas de jardín. La catarina es estimada como un buen talismán alrededor de todo el mundo y es de mala suerte matarlas. Cuando ves una, se supone que debes ponértela en un dedo y decir:

Catarina, catarina,
vuela lejos de tu casa,
tu casa está en llamas
y se fueron tus hijos;
todos excepto una,
que es la pequeña Ana
que se ha deslizado
bajo la sartén.

Después de recitar la canción de cuna, sóplale y la catarina volará. Esto te traerá buena suerte. Canciones similares se pueden encontrar en los diferentes idiomas.

La casa en llamas ha intrigado a los investigadores, ya que la gente le dice esto a las brujas para deshacerse de ellas. En Alemania se pensaba que la canción era originalmente un encantamiento para ayudar a que el sol cruzara por los peligros del atardecer. La casa en llamas simbolizaba el cielo escarlata del crepúsculo.

Es de buena suerte si una catarina se posa en ti. Cuando vuelve a volar, se llevará contigo todos tus problemas y preocupaciones. Es importante que la catarina vuele cuando tenga ganas de hacerlo.

Toda la buena suerte se irá si la sacudes o le soplas para que se vaya (a menos, por supuesto, que recites la canción antes de soplar al escarabajo).

La catarina se ha asociado con la Virgen María desde la Edad Media. El nombre en inglés *ladybird*, que equivale a "ave señora", viene de "Nuestra Señora de las Aves".

Los amuletos de catarinas se siguen usando para atraer la riqueza y el éxito. También se cree que las muchachas jóvenes pueden contar el número de puntos que tiene una catarina para saber cuántos hijos tendrán. Por lo mismo, también se usa como un amuleto para la fertilidad.

Ver *amuleto, bruja, dolor de muelas, encantamientos, fuego, sol.*

Cebolla:

Existen muchas supersticiones relacionadas con las cebollas. Si quieres ver a tu futura pareja en tus sueños, sólo necesitas poner una cebolla bajo tu almohada.

Si estás tratando de decidir entre dos prospectos de matrimonio, debes escribir sus nombres en dos cebollas, ponerlas en el alféizar y ver cuál germina primero.

Se creía que el olor picante de la cebolla alejaba a las brujas y a los malos espíritus. También brindaba una protección general.

Se dice que llevar una cebolla contigo es bueno para tu salud y te asegura de no pescar un resfriado. Durante la plaga, muchas veces se colgaron cebollas en los cuartos para conservar la salud. Aun ahora, algunas personas todavía ponen una cebolla en los cuartos de los enfermos, creyendo que eso los ayudará a deshacerse de la enfermedad.

Mantener un pedazo de papa cruda en tu boca mientras cortas cebollas evitará que te lloren los ojos. También funciona sostener un cerillo con los dientes.

Una vieja superstición dice que comer cebolla es bueno para tu corazón. Esto nuevamente es un ejemplo de magia simpática, dado que las cebollas tienen un sabor ácido, necesitas estar fuerte para comerlas.

Aparentemente, las cebollas pueden funcionar incluso para pronosticar el tiempo:

Si la piel de la cebolla es muy delgada,
un invierno suave viene en camino.

Si la piel de la cebolla es gruesa y dura,
el invierno que viene es fuerte y rudo.

Ver *bruja, clima, comer, papa, resfriado, sueños.*

Cementerio:

Se cree de mala suerte arar en la tierra que ha sido anteriormente usada como cementerio. También es una pérdida de tiempo ya que cualquier cosecha que crezca ahí, crecerá atrofiada.

Todo lo que está dentro de un cementerio es sagrado y es de mala suerte interferir o entrometerse con cualquier cosa que se encuentre allí. Es particularmente de mala suerte usar piezas de tumbas rotas para los senderos y los caminos. Como resultado ocurrirán accidentes frecuentemente.

Ver *agujetas, ataúd, dolor de cabeza, muerte, serbal, tejo.*

Cenizas:

Las cenizas simbolizan transformación, regeneración y fertilidad. Se creía que las cenizas esparcidas en el campo aseguraban una buena cosecha. Las cenizas también protegen a la gente de la brujería.

Las cenizas de los fuegos del primer día de mayo[10] se ponen comúnmente en los zapatos para proteger del infortunio a quien los usa.

Se cree que las cenizas de los muertos tienen cualidades mágicas ya que simbolizan el rito del tránsito de la persona de una vida a la siguiente. Por consecuencia, han sido utilizadas para la protección y la suerte durante miles de años. En el antiguo Egipto las cenizas de una persona pelirroja se esparcían en los campos para asegurar una buena cosecha. En África, las cenizas de los muertos se comían a veces mezcladas con la comida para asegurar que los sobrevivientes recibieran las cualidades positivas del difunto.

Soñar con cenizas significa que es el momento de reconsiderar ciertos aspectos de la vida. A lo mejor hay algo que debes dejar ir o estar consciente de la naturaleza transitoria de la vida.

Ver *Día de mayo.*

---

[10] En el *May Day* o primer día de mayo se celebra el inicio del buen clima en algunos países europeos. La tradición viene de los países germanos con la noche de *Walpurgis.*

Cercas:

Las cercas entre vecinos necesitan mantenerse en buen estado. Si no se mantienen correctamente, se generarán problemas entre las dos familias.

Cerdo:

Sobre los cerdos se piensa de diferente manera en las distintas partes del mundo. Eran adorados por los antiguos egipcios y se consideraban de buena suerte en China. Los antiguos cretenses los tenían por sagrados ya que una cerda amamantó a Júpiter.

Sin embargo, los judíos y los árabes se rehusaban a comer cerdo ya que lo consideraban "sucio". Hasta la Biblia desprecia a los cerdos:

Y el marrano, aunque divida su pezuña y tenga la pata hendida y no sea rumiante es sucio para ti. No comerás de su carne y sus restos no tocarás; son sucios para ti (Levítico 11, 7-8).

En la mayor parte del mundo también se considera de mala suerte que un cerdo se cruce en tu camino.

Muchos marineros tienen un miedo profundo a los cerdos y se niegan a llamarlos por su nombre, prefieren referirse a ellos como puercos, cola retorcida o gruñidores. La palabra cerdo es tabú. Si un marinero se cruza con un cerdo cuando se dirige a su barco, inmediatamente se dará media vuelta y regresará a su casa. Esto parece ser una superstición particularmente extraña y puede derivarse de los marranos de Gadareno, con los cuales se relaciona directamente a los cerdos con ahogarse. Cuando Jesús llegó a Gadareno, conoció a un hombre con "espíritu sucio". Jesús le ordenó a la legión de espíritus impuros que salieran del hombre y que entraran en un rebaño de unos dos mil cerdos que estaban pastando cerca de ahí. Los cerdos "corrieron violentamente por la ladera hasta llegar al mar (eran como dos mil) y se ahogaron en el mar" (Marcos 5, 13).

Afortunadamente para los pobres cerdos, algunas personas los han respetado. Sir Winston Churchill, quien era muy supersticioso, dijo:

Un gato mirará a un hombre hacia abajo.

Un perro lo mirará hacia arriba.
Pero un cerdo te mirará directamente a los ojos
y verá a su igual.

Ver *ahogarse, marineros, tabú*.

Chícharo:

El humilde chícharo siempre se
ha considerado de buena suerte.
Encontrar una vaina que tenga
un solo chícharo se considera extremadamente afortunado. Las vainas que tienen nueve chícharos
también son igualmente afortu-
nadas. Se pueden echar sobre el
hombro derecho mientras se pide
un deseo. Se pensaba que las vainas con nueve chícharos curaban
las verrugas. Se frotan contra la
verruga y luego se tiran diciendo
"verruga, verruga, sécate".

El chícharo es también una
planta muy útil para la gente que
busca amor. Si una mujer soltera
encuentra una vaina con nueve
chícharos, puede ponerla sobre
el dintel de su puerta principal. El
primer soltero que cruce la puerta
será su marido. (Una variante de
esto dice que el hombre que cruce
la puerta tendrá el mismo nombre que su último marido).

Ver *amor, nueve, verrugas*.

Chimenea:

Se cree que las brujas viajan por
el aire con la ayuda del diablo. La
gente también cree que salen de
sus casas por la chimenea.

Ver *bruja, diablo, duendes, hollín,
hoz, Santa Claus*.

Chivo:

El chivo ha sido relacionado con
el libertinaje, la lujuria y el demonio por miles de años. Una vieja
leyenda dice que el diablo creó al
chivo. El diablo también se representa con frecuencia como un
chivo, con las patas hendidas y la
cabeza de chivo. Mi suegro siempre tenía un chivo en su granja de
ovejas. Se debía a que él creía que
el chivo absorbería cualquier enfermedad o problema que pudiera
dañar al resto de su ganado.

Al "Padre Tiempo" se le representa con la barba del chivo. Esto
es porque el chivo fue consagrado a Saturno, padre del tiempo.
Por eso, el chivo simboliza el signo astrológico de Capricornio, re-
gido por Saturno.

Se considera de buena suerte encontrarte a un chivo mientras via-
jas a una junta importante.

Ver *diablo, sirvientes*.

Cielo:

El cielo rojo en la noche es signo de buen clima al día siguiente. El cielo rojo en la mañana es señal de mal clima durante el día. Un cielo azul oscuro presagia viento inminente. Un cielo azul claro indica buen clima.

Un cielo amarillo brillante al atardecer es signo de viento. Un cielo amarillo claro al atardecer augura lluvia.

En el invierno, es un signo de heladas si el cielo nocturno aparece lleno de estrellas. Pero en el verano, un cielo estrellado significa buen clima al día siguiente.

Ver *boda, clima, contrario, estrella, julio, lluvia, nubes, sentido, trueno, turquesa, viento.*

Cigüeña:

Cada año, las cigüeñas vuelven para construir un nido en el mismo lugar en el que lo hicieron el año anterior. Como las cigüeñas viven cerca de setenta años, regresan al mismo lugar muchas veces. Las cigüeñas traen buena suerte a quien sea el dueño de la propiedad en la cual construyen el nido. Esta creencia data del tiempo de los romanos. La cigüeña estaba consagrada a la diosa Venus y cuando las cigüeñas construían el nido en el tejado de tu casa, recibías la bendición del amor de Venus. Cuando una cigüeña vuela sobre una casa, es signo de nacimiento inminente.

De esta creencia se derivó la costumbre de decirle a los niños que las cigüeñas traen a los recién nacidos a sus nuevas casas. La gente todavía dice "vino la cigüeña" para indicar un nuevo miembro en la familia.

Ver *nacimiento, pájaros.*

Cinco:

El cinco es un número mágico por muchas razones. Tenemos cinco dedos en las manos y en los pies. Mucha gente, negando la existencia de un sexto sentido, creen que los humanos poseen solamente cinco sentidos: gusto, tacto, olfato, vista y oído. Jesucristo sufrió cinco heridas.

El cinco estaba inscrito en portales del antiguo Egipto y de Grecia para alejar a malos espíritus. El pentagrama, la estrella de cinco puntas, se usa como amuleto para proteger a quien lo porta de las influencias malignas. Un cuadrado mágico, que usa todos los números del 1 al 9, pone al 5 en el centro:

4 9 2
3 5 7
8 1 6

Éste es el cuadrado mágico o *kamea* de Saturno.

Ver *números*.

Cinturón:

Se cree que llevar un cinturón protege de las brujas a quien lo usa. Por consiguiente, es peligroso deshacerse de un cinturón, ya que una bruja lo puede usar para afectar a su antiguo dueño. Si accidentalmente tuerces un cinturón mientras te lo estás poniendo, es señal de que estás enamorado.

Ver *brujas*.

Círculo:

A lo largo de la historia, el círculo se ha considerado un símbolo de buena fortuna. Significa plenitud, totalidad y perfección. Su connotación de buena suerte puede venir de la observación del aparente círculo solar alrededor de la Tierra.

La gente también sentía que ya que el círculo era de buena suerte, los espíritus malignos no podrían cruzarlo. Como resultado de lo anterior aparecieron las coronas de flores y otras decoraciones y adornos circulares. Hasta el lápiz labial se inventó por el círculo. Dado que la gente pensaba que los malos espíritus podían entrar al cuerpo por la boca, comenzaron a pintar un círculo rojo alrededor de la boca.

Ver *anillos, sol*.

Círculo de las hadas:

Es un círculo de hongos o de pasto. La gente creía que eran lugares mágicos donde las hadas bailaban y socializaban entre sí. Se decía que si corrías en el sentido de las manecillas del reloj alrededor del círculo nueve veces, podrías ver a las hadas dentro de él. Si te sentabas en medio, en una noche de luna llena y pedías un deseo, éste se haría realidad. Sin embargo, no debías bailar con las hadas porque te podrían encantar.

Los círculos de las hadas se conforman de hongos. El hongo del círculo de las hadas se alimenta de materia orgánica en descomposición y los anillos se expanden hacia fuera hasta que el alimento se agota o el suelo se hace muy húmedo. Las circunferencias o anillos de las hadas varían en tamaño, desde unas pulgadas hasta más de cincuenta pies de diámetro. Se habla de que un anillo de setecientos años en Francia tenía casi media milla de diámetro.

Ver *deseo, hada, luna.*

Cisne:

Es de mala suerte matar a un cisne, aunque sea sin querer. Cualquiera que mate a un cisne morirá en un año. Los cisnes se encuentran comúnmente en parejas. Por lo mismo, un cisne solitario es un signo de muerte inminente.

Se cree que los cisnes solamente son capaces de poner sus huevos durante una tormenta. También, si parecen dormir durante el día, es indicio de que viene una tormenta. Si los cisnes vuelan, es señal de que una tormenta violenta vendrá en las próximas veinticuatro horas.

Se decía que Apolo, el dios griego de la música, había dado su alma a un cisne. Por esto se creía que los cisnes cantaban ya que pensaban en las cosas maravillosas que Apolo había arreglado para ellos cuando murieran. Ésta es la razón por la cual al trabajo final de una persona creativa se le llama su "canto de cisne".

Ver *huevos, tormenta.*

Clavo:

Debido a que los clavos están hechos de hierro, se cree que tienen propiedades mágicas. El primer amuleto que vi en mi vida era un anillo hecho con el clavo de una herradura. Los clavos de las herraduras sirven como amuletos poderosos que alejan a las brujas. Se decía que podías probar si alguien practicaba la brujería clavando un clavo de hierro en la huella que hubiera dejado esa persona. Si se trataba de un brujo, éste regresaría a sacar el clavo.

Se pensaba que clavar clavos en las paredes, especialmente en el dintel de una puerta, protegía a la casa al alejar a los malos espíritus. La protección aumenta si los clavos son viejos y oxidados. Encontrar un clavo cuando estás fuera es signo de buena suerte y llevarlo contigo te protege del mal de ojo.

Es especialmente de buena suerte encontrar un clavo oxidado. Debes clavarlo en el marco que rodea la puerta de tu cocina para protegerte. El mejor lugar para colocarlo es al nivel de la vista. Además se debe clavar de una forma especial. Pon el clavo en posición y clávalo en el marco con cuatro golpes de tu martillo. Di en voz alta, "uno para la suerte", después del primer golpe; "uno para la salud", "uno para el amor" y "uno para el dinero", después de cada golpe sucesivo.

Los clavos se usaban para curar una gama de padecimientos. El clavo se pone en contacto con la parte afectada del cuerpo y luego se clava en el piso. Se pensaba que el padecimiento se transferiría a la siguiente persona que caminara sobre el clavo.

Ver *amuleto, bruja, dolor de muelas, herradura, hierro, imán, mal de ojo, pesadillas, Viernes Santo.*

Clérigo:

Es de mala suerte toparte con un sacerdote o un clérigo. Esto no tiene que ver con las personas sino con la función que desempeñan. Los clérigos están frecuentemente asociados con situaciones tristes: funerales e inconscientemente llevan consigo la energía negativa producida en esos momentos. Esto no aplica si ya conoces al clérigo o lo ves en la iglesia o en el atrio.

El remedio contra esto es cruzar los dedos o tocar algo hecho de hierro.

Ver *barcos, funeral, hierro, iglesia, monjas.*

Clima:

Anteriormente, la gente era muy dependiente del clima e importaba mucho que pudieran predecir las épocas de buen o mal clima. Además del efecto que tenía en las cosechas, la gente quería que el clima fuera soleado cuando una pareja se casaba y lluvioso en los funerales. Por lo mismo, una serie de conjuros mágicos y rituales se ejecutaban para tratar de influir en él. Uno de los más famosos es la antigua canción infantil:

Lluvia, lluvia, vete lejos
y regresa otro día.

Los presagios y los signos se observaban para predecir el clima. Casi todo mundo conoce la vieja canción:

Cielo rojo de noche,
alegría del pastor.
Cielo rojo en la mañana,
advertencia al pastor.

Es signo de lluvia si las arañas dejan sus telarañas y se esconden buscando cobijo. El clima está por empeorar si las golondrinas comienzan a volar bajo.

Se dice que puedes determinar la temperatura contando el número de chirridos que un grillo hace en quince segundos. Si sumas treinta y siete a este total, tendrás la temperatura en grados Fahrenheit.

Mucha gente predice el clima viendo a las marmotas en el Día de la Marmota (el 2 de febrero). Si la marmota puede ver su sombra, se vuelve a dormir otras seis semanas, ya que esto es signo de que no ha terminado el clima frío.

Ver *abril, agosto, ahogarse, araña, arco iris, campana, cielo, Día de la Marmota, diciembre, enero, febrero, funeral, golondrina, grillos, hormigas, julio, junio, lluvia, marzo, mayo, nieve, noviembre, nueve, octubre, pasto, relámpago, septiembre, Pascua, trueno.*

Cobija:

Es de mala suerte lavar las cobijas en mayo, junio, julio o agosto ya que esos meses no incluyen "r" en sus nombres.

Cobre:

Mucha gente que padece artritis usa un brazalete de cobre para aliviar el dolor de esta aflicción incapacitante. No hay evidencia científica de que este encanto funcione. Sin embargo, la gente ha usado brazaletes de cobre des-

de la Edad Media y parecen ser aún muy populares.

Ver *aniversarios de boda.*

Coche:

A pesar de su breve historia, los coches han atraído un buen número de supersticiones. Muchos conductores se rehúsan a manejar automóviles con placas cuyas cifras sumen trece. Se cree que algunos coches que están de alguna manera "salados" es muy probable que participen en un accidente. Algunos caminos también están salados. Muchas personas decoran sus coches con amuletos como las medallas de San Cristóbal para protegerse mientras manejan.

Nunca hables de accidentes o de sus riesgos antes de conducir tu coche. También es de mala suerte discutir qué tan rápido manejas, antes de salir de viaje.

Una superstición interesante de mucha gente que dice no ser supersticiosa es: "si lavo el coche es señal de que va a llover."

Ver *ajo, amuleto, funeral, salado, San Cristóbal, talismanes, trece.*

Cocinar:

La cocina es uno de los lugares más importantes de la casa y muchas veces representa el corazón del hogar. Es importante que el cocinero revuelva la comida en el sentido de las manecillas del reloj. Además, también debe dejar un utensilio en el horno cuando no lo use. Esta vieja superstición judía dice que un horno totalmente vacío es un destino tentador y que terminarás finalmente sin nada que comer.

Ver *carne, huevos, pan, sal, té.*

Coco:

Se pensaba que el coco era una forma de duende. A los niños se les decía que tuvieran cuidado del coco ya que los castigaría si se portaban mal. En algunas zonas, se creía que el coco se llevaba a los niños malos.

Ver *duende.*

Codo:

Una vieja superstición dice que si besas tu codo, inmediatamente cambiarás de sexo.

Si tienes comezón en el codo significa que pronto vas a estar durmiendo con otra persona que no es tu pareja.

Siempre es doloroso pegarte o chocar con tu "huesito" del codo. Se piensa que ésta es una adver-tencia de que la mala suerte está por llegar. El remedio, aunque es doloroso, es golpearlo inmediatamente en el otro codo.

Ver *comezón.*

Col:

La gente creía que la col era difícil de digerir. Por lo tanto, se la cocinaba varias horas creyendo que eso la haría más digerible. Afortunadamente esa superstición ha desaparecido.

Aparentemente, de acuerdo con una superstición de Pensilvania, el Día de San Patricio (17 de marzo) es el mejor día del año para plantar coles.

Ver *Viernes Santo.*

Cólico:

Un cólico o calambre es una contracción repentina, dolorosa e involuntaria de un músculo o un grupo de músculos, en ocasiones causada por el frío o por un esfuerzo. La cura para los calambres en las piernas es poner tus zapatos boca abajo, de cada lado y bajo tu cama. Amarrar una cuerda o cordón rojo alrededor del cuerpo puede curar los cólicos estomacales. Parte del hilo necesita ir sobre la parte afectada. Se dice que amarrar una cinta de algodón alrededor del tobillo también cura los cólicos.

Otro remedio es llevar un "anillo de calambres". Estos anillos están hechos de metal robado de una tumba. Se creía que esta conexión simbólica con los muertos le daba fuerza a los vivos. El mejor metal era la plata aunque cualquier metal que haya sido utilizado en un ataúd funciona.

Se pensaba que los corchos también ayudaban y mucha gente usaba jarras de corcho para aliviar o eliminar los cólicos. Los corchos también se ponían bajo los colchones para proteger a la gente que sufría de cólicos durante la noche.

Ver *anillo, ataúd, hiedra, plata, tumba, zapatos*.

Comer:

Es de mala suerte no atinarle a tu boca y tirar la comida cuando comes. Esta superstición aplica sin importar qué cubierto uses.

Si eres soltero, permanecerás así a menos que te comas hasta el último bocado de tu plato.

Puedes evitar la indigestión cortando cebollas y poniendo los pedazos en una olla con agua.

Ver *cebollas, comida*.

Comezón:

La comezón es con frecuencia una advertencia de que las cosas no son lo que parecen. Comezón en el lado derecho de tu cuerpo es signo de un resultado favorable. Comezón en el lado izquierdo indica problemas y dificultades.

Si alguien está diciendo mentiras sobre ti, te picará la oreja izquierda. Si están diciendo buenas cosas sobre ti, te dará comezón en la oreja derecha.

Si te da comezón en la palma de tu mano derecha, pronto recibirás dinero. Estarás pronto pagando dinero si tienes comezón en tu mano izquierda.

La comezón en el ojo derecho indica buenas noticias, pero la comezón en el lado izquierdo es signo de decepción o de sentirse defraudado.

Pronto estarás enojado si tu nariz te empieza a picar.

La comezón en el pie derecho es un síntoma de viajes futuros.

Si tu cuerpo te empieza a dar comezón cuando estás a punto de tomar una decisión importante, toma nota en qué lado la sientes. Sigue con tus planes si la comezón es del lado derecho, pero piénsalo de nuevo si es en el lado izquierdo.

Ver *cartas, codo, dinero, labios, lado derecho, lado izquierdo, nariz, oído, ojo, viaje.*

Comida:

La comida es esencial para nuestra supervivencia. En una época se consideraba mágica y se hacían ofrendas a las diferentes diosas de la fertilidad para asegurar la continuidad de la comida. La comida es una bendición de los dioses y nutre tanto al alma como al cuerpo.

La comida simbolizaba a la vida misma y la gente se regocijaba y ofrecía banquetes cuando era posible. Los rituales de la comida son aún populares. Comemos ganso y pavo rostizado en Navidad, huevos en pascua y pasteles en las fiestas de cumpleaños, sin darnos cuenta de que al hacerlo estamos llevando a cabo una antigua tradición.

Como es de esperarse, crecieron las supersticiones sobre el tema de la comida. Hace poco tiempo traté a un hombre que había estado en la cárcel. Me dijo que los internos siempre comían todo lo que se ponía en sus platos; creían que si no lo hacían regresarían a la prisión posteriormente para terminarse la comida.

Es de mala suerte dejar los restos de comida en la mesa de un día para otro, ya que esto funciona como una ofrenda al demonio y otros espíritus malignos.

Algunos pescadores se rehúsan a regalar pescado ya que esto destruye su suerte en el futuro.

Se considera de mala suerte tirar la comida mientras se come, ello es signo de una enfermedad inminente.

Ver *comer, diablo, huevos, Pascua, pastel, pescado.*

Compromiso:

Un compromiso o el anuncio sobre los planes de matrimonio está más cargado de supersticiones de lo que uno se imagina. Algunas piedras en el anillo de compromiso, por ejemplo, traen mejor suerte que otras. Los diamantes, las esmeraldas, los rubíes y los zafiros son los que se consideran de mejor suerte. Es extremadamente desafortunado usar perlas en un anillo de bodas, ya que simbolizan lágrimas. El ópalo es otra elección desafortunada, aunque se puede convertir en afortunada si quien lo usa nació en octubre.

Se considera de mala suerte si el anillo no queda correctamente y se tiene que ajustar el tamaño. De peor suerte será si el anillo de compromiso se pierde o se daña antes de la boda. Los amigos de la futura novia pueden poner el anillo de compromiso en la punta de su dedo y pedir un deseo, el cual siempre será concedido. Sin embargo, es de extrema mala suerte si se mete el anillo por completo en su dedo.

No es necesario que un hombre se arrodille para proponerle matrimonio a su pareja. Sin embargo, él no debe proponerle matrimonio a su novia en un lugar público o mientras viajan en transporte popular.

Se debe de tomar en cuenta el día de la semana en el que se hace la propuesta de matrimonio. La pareja tendrá una vida azarosa si el hombre lo propone un lunes. Tendrán una vida de pareja armoniosa si la propuesta se hace en martes. Nunca se pelearán si la propuesta se hace en miércoles. Ambos alcanzarán sus objetivos si se hace en jueves. Necesitarán trabajar mucho si se hace en viernes. Disfrutarán una vida compatible y placentera si la propuesta se hace en sábado. Nunca se debe proponer matrimonio en domingo ya que es el día del Señor.

Ver *amorío, anillo, boda, diamante, días de la semana, ópalo, perla.*

Concha:

Las conchas se han utilizado como talismanes durante miles de años. Se puede escuchar el sonido de las olas golpeando la playa cuando se pone una concha en el oído. La gente pensaba que esto demostraba que había una conexión entre la gente que estaba en tierra con la que estaba en el mar, lo que esto las convertía en un talismán que aseguraba un seguro retorno de los marineros.

Ver *encantamientos, marineros, oído.*

Conejo:

Se considera de mala suerte que un conejo se cruce en tu camino. En el siglo XIX, los mineros se regresaban a casa si esto ocurría, ya que creían que indicaba un desastre en la mina.

Algunas personas usan conejos para predecir la buena y la mala suerte. Creen que es de buena suerte que un conejo se cruce en tu camino de izquierda a derecha, pero es de mala suerte si corre de derecha a izquierda.

Para asegurar un mes afortunado, las primeras palabras que debes decir en el primer día de cada mes son "conejos blancos".

Ver *barcos, liebre, marineros, mineros, Pascua.*

Copa:

Una superstición curiosa se puede encontrar al final de las bodas judías, cuando el novio rompe una copa costosa. En ese momento los invitados dicen *Mazal tov*, que significa "buena suerte". Esto es porque el sonido del cristal rompiéndose y los gritos, con el gasto de la copa, distrae la atención de cualquier espíritu maligno que pudiera estar en la recepción y los aleja de la pareja recién casada. Si no se hace esto, los espíritus malignos celosos podrían vencer la felicidad del novio y de la novia y darles mala suerte.

Hoy se han propuesto varios significados alternativos para explicar la ceremonia de la ruptura de la copa. Puede simbolizar por ejemplo, alegrías temporales, las cuales pueden ser destruidas, en contraste con el amor eterno, que no puede aniquilarse. Otra sugerencia es que como marido y mujer usan la copa para consagrar el matrimonio, tiene que romperse

para que no pueda utilizarse para nada más.

Muchos cantineros creen que las copas y vasos deben ser usados solamente para un tipo de líquido. Un tarro de cerveza, por ejemplo, nunca debe ser usado para beber otro tipo de líquido. Esto es porque se cree que el vaso contiene el espíritu del líquido original.

Ver *aniversarios de boda, boda, botella, brindis, foto.*

Coral:

El coral funciona bien como amuleto protector. Funciona mejor cuando se usa como collar, anillo o brazalete. Te protegerá de problemas de la piel y enfermedades de la sangre.

Ver *amuleto, gemas, sangre.*

Corazón:

El corazón es el recinto tradicional del alma. Los antiguos egipcios creían que también era el hogar de la mente.

Los amuletos y talismanes con forma de corazón son regalos populares que expresan el amor de una persona por otra. Además de proteger, estos talismanes dan buena suerte a todo el que los usa. Los amuletos con forma de corazón, con una frase grabada del santo Corán, se usan aún en el Medio Oriente para protegerse del mal de ojo.

Ver *alejandrita, amuleto, anillo de bodas, encantamientos, escarabajo, ladrón, mal de ojo, serpentina, tatuaje, vampiros.*

Cordero:

El cordero es un símbolo importante del cristianismo. En el Evangelio según San Juan, capítulo 1, versículo 29, leemos: "He aquí al Cordero de Dios, que quita el pecado del mundo." San Juan Bautista es representado casi siempre llevando o acompañado por un cordero. Debido a estas asociaciones, las brujas no se pueden disfrazar de corderos.

Los corderos siempre han sido considerados de buena suerte. Si el primero que ves en la primavera es negro, puedes pedir un deseo y estar seguro de que se te concederá. Donde crecí, los granjeros estaban contentos si el primer nacimiento de la temporada era un cordero negro o dos corderos gemelos blancos. Ambos indican un feliz y próspero año. En la mayoría de los lugares, un rebaño de ovejas que tenga un cordero negro es símbolo de extremada buena suerte (aunque algunas personas piensan que es de mala suerte si el cordero negro es el que nació primero). Y dado que se considera de mala suerte que un rebaño tenga más de un cordero negro, se ve como desastroso que una oveja dé a luz a dos corderos gemelos negros. Para remediar esta situación, los corderos negros tienen que matarse antes de que den su primer balido.

El primer cordero que veas en la primavera te dirá cómo será el resto del año. Si su cabeza está viendo hacia ti, el resto del año será bueno, pero será un mal año si su cabeza está viendo en dirección opuesta.

Tu fortuna mejorará si tienes dinero en tu bolsillo cuando veas al primer cordero en la primavera. Doblar ese dinero una vez, asegurará que no te falte en el año venidero.

Ver *bruja, dinero, paloma.*

Cordón umbilical:

Se consideraba que cordón umbilical era una parte integral del recién nacido. Por esto habría que desecharlo cuidadosamente ya que era importante que no cayera en manos de alguien que pudiera hechizar al niño. El cordón umbilical no se debía quemar porque podría causar que el niño muriera en un incendio. Tampoco podía tirarse al agua ya que esto ocasionaría que el niño se ahogara. La solución era enterrarlo bajo un rosal, lo que le daría al niño una complexión rosácea. Si el cordón umbilical del niño se enterraba bajo una viña, crecería con una afición por las buenas cosas de la vida. En lugar de desecharlo, el cordón umbilical se podía secar y ser colgado en el cuello del niño en una pequeña bolsa. Esto lo convertía en un amuleto protector.

Se aconsejaba a las mujeres estériles que no hilaran o cosieran mientras estaban embarazadas ya que esto podía causar que el bebé se estrangulara con el cordón umbilical.

Ver *agua, amuleto, coser, encantamientos, fuego, influencias prenatales, niños, rosa.*

Corneja:

La corneja casi siempre ha sido vista con miedo y normalmente predice enfermedad y muerte. Se dice que el origen de esto está en una leyenda griega. Apolo, el dios de la profecía, tenía una corneja blanca como compañía. Apolo se enamoró de una joven ninfa llamada Coronis. La corneja le dijo a Apolo que ella le era infiel. En su furia, Apolo mató a la ninfa y a la corneja la volvió negra. Sin embargo, la corneja mantuvo su clarividencia y su capacidad de predecir el futuro. En consecuencia se convirtió en la emisaria de los malos tiempos. Desafortunadamente para la pobre corneja, esta mala reputación aún vive.

Hay muchas supersticiones relacionadas con las cornejas y los cuervos. Una típica dice que cuando un cuervo comienza a graznar cerca de una casa, es signo de que alguna desgracia está a punto de caer sobre los habitantes. Esto se puede evitar haciendo una reverencia al cuervo o quitándote el sombrero si llevas uno.

Las cornejas son atraídas por los objetos brillantes como los botones de metal, la joyería y otros pequeños objetos. Esto, unido a su desconcertante hábito de dañar las cosechas y atacar a pájaros más pequeños, no ha ayudado a su prestigio. Las cornejas son muchas veces señaladas como sirvientes de las brujas.

Si resulta que ves una corneja volando solitaria, debes pedir rápidamente un deseo. Si desaparece de tu vista antes de agitar sus alas, tu deseo se hará realidad. Sin embargo, si agita sus alas, debes voltearte durante diez segundos. Si la corneja ha desaparecido de tu vista en ese tiempo, tu deseo probablemente se cumplirá.

Una vieja canción dice que ver una corneja es de mala suerte, pero tu suerte cambiará si ves a más de una:

Una corneja: tristeza,
dos cornejas: regocijo,
tres cornejas: una boda,
cuatro cornejas: un nacimiento,
cinco cornejas: plata,
seis cornejas: oro,
siete cornejas: un secreto
que nunca debe ser dicho.

Ver *bruja, muerte, negro, ornitomancia, pájaros, sirviente.*

Cornerina:

La cornerina es una variante roja de la calcedonia. Es fácilmente reconocible dado que la roca es traslúcida.

La cornerina se ha usado como amuleto desde la época de los antiguos egipcios, quienes crearon muchos amuletos a partir de ella, incluído el escarabajo. Napoleón adquirió una cornerina en Egipto que llevaba en la cadena de su reloj como amuleto protector.

Los árabes usan la cornerina como amuleto para evitar la envidia. Mahoma llevaba un anillo de plata que contenía un sello cilíndrico de cornerina en su meñique. Los musulmanes creen que la gente que tiene un sello cilíndrico de cornerina nunca podrá ser separada de Dios. También creen que quien lleve cornerina tendrá todas sus necesidades resueltas y será tratado con respeto por todos los que se encuentre.

La cornerina se sigue usando como amuleto para ayudar a la gente a hablar con franqueza. Por consiguiente, los actores, los oradores, los moderadores de subastas y demás gente que necesita expresarse con frecuencia, la usan como talismán. También se utiliza para aliviar la depresión, la ansiedad y el estrés.

Ver *actores y actrices, amuleto, escarabajo, gema.*

Coser:

Se cree que es de mala suerte comenzar a coser una prenda en viernes. Sin embargo, esta superstición no se aplica si la prenda se comienza y se termina el mismo día. Sábado y domingo no son buenos días para coser. Se considera igualmente desafortunado usar una prenda cuando alguien la está cosiendo. Es una señal de pelea si los hilos de la costurera se anudan al coser.

Se dice que si la costurera se pica el dedo y permite que la sangre manche la prenda en la que trabaja, el futuro usuario de la prenda corre el riesgo de tener una muerte prematura.

Afortunadamente, también hay buena suerte relacionada con coser. Es signo de buena suerte si tiras accidentalmente la aguja al piso. Sin embargo, es de mala suerte si se clava en el piso. Si una aguja se rompe cuando se está confeccionando un vestido, quien lo vista recibirá por esa razón un beso. Si quien cose pierde un dedal cuando hace la prenda, el último usuario tendrá buena suerte. Pero éste no es el caso si quien cose es quien viste la prenda.

Ver *aguja, cordón umbilical, dedal, muerte, nudo, sangre, viernes, viernes 13.*

Crucero:

Hasta hace poco, los suicidas y los criminales ejecutados no podían ser enterrados en tierra sagrada. Esto era porque sus actos eran considerados tan ofensivos que Dios no los quería sepultados en una tierra que había sido bendita con su nombre. Como resultado de esto, los desdichados eran enterrados en cruceros, territorio tradicional del diablo.

Se creía que también las brujas se reunían en los cruceros. Esta creencia data de hace miles de años. En la mitología, Artemisa, la diosa griega, se asociaba con la luna, que era Diana en la mitología romana. Éstas eran continuamente confundidas con Hécate, diosa de la noche y protectora de las brujas y los magos, y con Hades, vinculado a la hechicería, la brujería y los cruceros. Dado que Hécate se relacionaba con la brujería, se le invocaba regularmente en ritos mágicos y estatuas de ella y Artemisa se ponían en cruceros. Algunas de estas estatuas mostraban a la diosa con tres caras (Artemisa, Deméter y Hécate), simbolizando las tres etapas (doncella, madre y vieja) de esta diosa triple. (Otra razón posible de que Hécate aparezca en los cruceros era que sus tres cabezas podían mirar en tres direcciones simultáneamente). Por eso, las brujas y los muertos se reúnen en los cruceros. Naturalmente, los cristianos consideraban los cruceros como lugares malignos y los evitaban lo más posible.

Sin embargo, las razones originales que apoyan esta creencia fueron gradualmente olvidadas y se sugirió otra explicación. La gente sentía que los cruceros confundirían el alma de quien fuera enterrado ahí, haciendo imposible que encontrara su camino de retorno a la casa que tenía cuando estaba vivo. Obviamente, si llegaba a casa, asustaría a la gente que vivía ahí. Para evitar que eso ocurriera, a mucha gente enterrada en los cruceros se le atravesaba el corazón con una estaca para asegurarse que ninguna de sus partes escapara.

Ver *bruja, diablo, fantasma, suicidio.*

Cruz:

La cruz precede a la cristiandad por muchos años. Los escandinavos usaban cruces rúnicas para marcar límites y también las ponían sobre las tumbas de los reyes y los héroes. Los egipcios consideraban a la cruz como un símbolo sagrado. Dos bollos momificados marcados con una cruz se descubrieron en Herculano.

El día de hoy, la cruz simboliza la cristiandad, pero también es fuente de fascinación para la gente supersticiosa. Se cree que aleja al mal y protege cuando es necesario. No siempre se necesita una cruz física. Cruzar las piernas o los dedos funciona igual si de pronto necesitas protección. Muchos jugadores cruzan sus piernas para tener suerte.

La gente iletrada firma con una cruz. En efecto, ponen un signo protector en el papel para evitar que cualquier mal que provenga del documento los dañe.

Se considera de mala suerte poner cuchillos, tenedores o zapatos en forma de cruz, pues se piensa que insultan a Dios. Para evitar la mala suerte que resulte de esto, alguien más tiene que deshacer la cruz en dichos objetos.

Cualquier alimento que se marca con una cruz, como los bollos con una cruz caliente, está protegido de los malos espíritus.

Ver *agua, amigos, anj, bollos calientes en cruz, cama, cuchillo, gorrión, jugar, madera, mandrágora, margarita, pesadillas, quiromancia, serbal, silla, tatuajes, tocar madera, trébol, zapatos.*

Cuarzo:

El cuarzo se puede encontrar casi en todos lados, siendo uno de los minerales más comunes. Se hallaron grandes cristales de cuarzo en el templo egipcio de Luxor, lo que muestra que la humanidad ha usado este cristal por lo menos los últimos mil años.

Los antiguos griegos creían que cualquiera que tuviera un trozo de cuarzo en sus manos mientras rezaba recibiría respuesta a sus plegarias. Ello se debía a que los dioses no podrían rechazar una plegaria que tuviera el poder mágico del cuarzo.

Se dice que el cuarzo aumenta la concentración mental, lo cual explica por qué se usa para las bolas de cristal. También ha sido utilizado para curaciones y magia durante miles de años y sigue siendo popular en la actualidad. Se cree que una pieza de cuarzo puesta al lado de la cama elimina los sueños desagradables.

El cuarzo es conocido como la "piedra del poder" ya que amplifica los campos de energía y es una excelente fuente de purificación. El cuarzo cristalino da energía y vigor. El cuarzo rosa tiene un color rosa pálido y alivia los celos y el temor, además de promover la fertilidad. También se cree que atrae a la gente y es usado con frecuencia en hechizos para conseguir el amor.

A mucha gente le gusta "bañar" sus cristales de cuarzo a la luz de la luna llena, ya que creen que así aumenta el poder protector del cristal y sus cualidades para atraer la suerte.

El cuarzo lechoso se usa como protección contra cualquier forma de negatividad.

El cuarzo ahumado elimina sentimientos de duda, desesperación y depresión. Crea sentimientos positivos y de bienestar. También se usa para curar heridas, tanto psíquicas como físicas.

El cuarzo rosa es una piedra alegre que genera sentimientos de lealtad y amor.

Ver *gemas, luna, oración.*

Cuarzo citrino:

El cuarzo citrino es una variedad amarilla del cuarzo. El nombre citrino viene del francés *citron*, que significa limón. En ocasiones se conoce como la "piedra del comerciante" o la "piedra del dinero", dado que se cree que trae prosperidad y abundancia a cualquiera que la posea o la use. Frecuentemente, los cristales de cuarzo citrino se guardan en una caja fuerte o de dinero para aumentar la fortuna de su dueño. Al cuarzo citrino también se le conoce como el "cuarzo del abrazo" porque genera sentimientos de calidez, esperanza, amor y demás emociones positivas. También se piensa que purifica el cuerpo de toxinas y negatividad. Para que esto suceda, el cristal se pone en agua pura durante una hora o dos. Después se bebe el agua.

Ver *gemas.*

Cuatro:

Los antiguos consideraban al cuatro como número divino y la mayoría de sus deidades tenían nombres con 4 letras. El hebreo *Ihoh* es un buen ejemplo. Otros ejemplos son: Adad de los asirios, Amon de los Egipcios, Syre de los persas y Esar de los turcos. Muestras más recientes serían el *Deus* en latín, *Dieu* en francés y *Gott* en alemán.

El cuatro también se consideraba el número par más afortunado y muchas cosas importantes se dan en cuatros. Hay cuatro elementos, cuatro estaciones, cuatro puntos cardinales, cuatro evangelios, cuatro evangelistas y cuatro palos en el Tarot (cada uno conteniendo cuatro cartas de la corte).

Ver *elementos, números, trébol.*

Cubiertos:

Dado que los cubiertos están hechos de hierro, hay muchas supersticiones ligadas a ellos.

Se cree que si dos cucharitas aparecen accidentalmente en la misma taza son indicador de un próximo matrimonio. Dos cuchillos cruzados son signo de una pelea o desacuerdo y algunas personas lo consideran presagio de muerte. Para evitar esto, se debe levantar el cuchillo de abajo antes que el de arriba.

Las visitas inesperadas son anunciadas por una caída accidental de cubiertos. Un cuchillo indica un hombre, un tenedor una mujer y una cuchara un bebé.

Ver *cuchara, cuchillo, hierro, matrimonio, muerte, óxido, profecía.*

Cuchillo:

El hecho de que los cuchillos se hicieran originalmente de hierro y que puedan ser usados para el bien o para el mal, ha generado un buen número de supersticiones.

Nunca se deben cruzar dos cuchillos, ya que esto genera peleas y puede atraer al demonio. Mientras estaba en una casa en Devon, me sorprendió cuando la mujer de la casa tomó un cuchillo y golpeó la mesa tres veces con el mango. Se había dado cuenta de que dos cuchillos se habían cruzado accidentalmente mientras estaba recogiendo los platos y cubiertos al final de la comida. Al pegar con el mango, repelió la mala suerte que de otra manera hubiera llegado a ella.

Los cocineros nunca deben utilizar un cuchillo para revolver la comida, ya que "cuando revuelves con un cuchillo, cocinas un conflicto".

No levantes un cuchillo que te encuentres cuando no estés en tu casa. Déjalo donde está ya que le dará mala suerte a quien lo recoja.

Es una costumbre común darle una moneda a alguien que te regala un cuchillo o unas tijeras. Así es como si quien los recibe los compra y quien los regala se vuelve responsable de cualquier daño que surja como resultado del uso del cuchillo o las tijeras.

Es de mala suerte dar como regalo de bodas un cuchillo, ya que tiene el poder de cortar los lazos del matrimonio.

Es de mal agüero abrir una navaja antes de dársela a alguien. Esto provoca discusiones. Si ya está abierta, ponla en la mesa para que el otro la pueda levantar.

Los cuchillos tienen que ser manejados con mucho cuidado inmediatamente después de que alguien en la familia haya muerto. Esto para evitar apuñalar accidentalmente el alma del muerto.

Se considera una buena idea mantener una jarra de agua con un cuchillo detrás de las puertas delantera y trasera de un granero. Esto espanta al demonio y a los malos espíritus, ya que se ven reflejados en el agua con el cuchillo.

Ver *agua, boda, cubiertos, cuchara, diablo, hierro, moneda.*

Cuchara:

Hace apenas unos cientos de años, las cucharas y los cuchillos se estimaban como posesiones personales preciosas. Los cuchillos se consideraban masculinos y las cucharas femeninas.

Es un signo de recibir una agradable sorpresa si dejas caer una cuchara y ésta cae boca arriba. Si cae boca abajo, pronto serás decepcionado.

Es presagio de boda si dos cucharas están puestas en una taza involuntariamente.

Ver *boda, cubiertos, cuchillo, romance.*

Cucú:

En Europa se originan la mayoría de las supersticiones acerca de los cucús, sin embargo, éstos han viajado por todo el mundo. Los cucús americanos, por ejemplo, son diferentes de los europeos, aunque las supersticiones siguen siendo las mismas.

El nombre del cucú se deriva de su canto, el cual es esperado por la gente como el anuncio del comienzo de la primavera. Si el sonido viene por la derecha, puedes esperar un buen año. Tendrás mala suerte si lo oyes por la izquierda. Si quieres un año feliz, es importante que veas a un gorrión antes de ver a un cucú.

Lo que hagas cuando oigas al primer cucú de la primavera predice lo que pasará en los próximos doce meses. Si estás haciendo algo activo, tendrás un año con progreso y éxito. Si estás acostado en la cama, probablemente experimentarás pobreza y estancamiento.

Ver *golondrina, pájaros.*

Cuerda:

El lumbago es un fuerte dolor reumático en los músculos de la espalda baja. La gente que tiene una ocupación sedentaria es más proclive a esto, pero puede afectar a cualquiera. El remedio es deshacerte de tu cinturón y remplazarlo por una cuerda de cáñamo.

Ver *nudo.*

Cuerno:

En la antigüedad los cuernos eran emblemas de fertilidad. Se creía que protegían del demonio, quien es, por supuesto, el "dios cornudo". Es de mala suerte tener un cuerno en la casa.

Un gesto conocido como "hacer cuernos" protege del mal de ojo, pero también se mira como algo muy ofensivo. Por lo mismo, debe ser usado solamente como el último recurso cuando alguien te ha insultado o ha tratado de sacar ventaja injustamente. Los cuernos son siempre hechos con la mano derecha. Haces el gesto doblando tu dedo medio y anular hacia la palma y sosteniéndolos con el pulgar. El dedo índice y el meñique deben quedar extendidos.

Ver *azabache, diablo, mal de ojo, unicornio*.

Cuervo:

Los cuervos siempre han tenido una mala reputación y se cree que saben por anticipado acerca de los desastres, tragedias y, particularmente, sobre la muerte. Se considera señal de enfermedad o muerte si un cuervo hace un canto diferente mientras vuela sobre una casa. Su canto es muchas veces oído como si dijera "cadáver, cadáver", lo cual no es un mensaje alentador para nadie que esté enfermo en cama.

La superstición más famosa sobre los cuervos concierne a las aves que viven en la torre de Londres. Se cree que si se van, la familia real morirá y el Reino Unido se colapsará. A principios de los años veinte, solamente quedaba un cuervo en la torre de Londres y se tuvieron que capturar nuevos cuervos para instalarlos en ella. En la actualidad, los cuervos de la torre de Londres tienen cortadas las alas para asegurarse de que no escaparán. La gente todavía cree que quien mate a alguno de estos cuervos, morirá.

Ver *pájaros, muerte, sirviente*.

Cumpleaños:

Las felicitaciones de cumpleaños que se hacen a primera hora de la mañana dan a quien las recibe buena suerte. En el caso de un niño, éstas se deben dar tan pronto se despierte.

Una Biblia y el conocimiento del cumpleaños de una mujer se pueden utilizar para ayudar a un hombre a escoger esposa. Después de descubrir la fecha de cumpleaños de la mujer, él tiene que leer la última página del libro de los Proverbios para adquirir conocimiento de su carácter y naturaleza. El verso que corresponde a su edad es el más importante y hay que estudiarlo con detenimiento. Éste le dirá la verdadera naturaleza de la mujer y le permitirá decidir si le debe proponer matrimonio.

Ver *Biblia, días de la semana*.

Cuna:

Una superstición muy conocida dice que si meces una cuna vacía la encontrarás ocupada al año siguiente. Sin embargo, en algunas partes de Europa, mecer una cuna vacía pone en riesgo la vida del último niño que durmió ahí.

Ver *bebé, hierro, malaquita, niños, pata de conejo.*

Curandero:

Los curanderos son gente capaz de hacer desaparecer verrugas, fuegos y otros problemas por medio de conjuros o embrujos.

Los curanderos hacen mucho bien, pero no les gusta que les agradezcan pues creen que esto revertirá el conjuro.

Ver *verrugas, hechizo.*

Dados:

Se han encontrado dados de marfil, metal, madera y vidrio en excavaciones de Egipto, Grecia y Roma, lo que muestra el antiguo uso que han tenido para la humanidad. De acuerdo con Robert Graves, el emperador romano Claudio, decidió invadir Bretaña a partir de que los dados le dijeron que tendría éxito.

Todavía se tiran los dados en el Tibet para ayudar a interpretar los oráculos. Un ejemplo reciente ocurrió en 1955, cuando se tiraron los dados para determinar quién de los veinte niños era la reencarnación del Panchen Lama.

Se considera de buena suerte llevar dados en tus bolsillos. Si te encuentras un dado, toma nota del número de puntos que están boca arriba. Un punto significa que pronto tendrás una noticia importante, probablemente en forma de carta. Dos puntos indican un viaje placentero en el futuro próximo. Tres puntos aluden a una agradable sorpresa. Cuatro puntos advierten mala suerte; debes de estar pendiente de los problemas en el futuro próximo. Cinco puntos dicen que tu pareja te será desleal. Seis puntos son extremadamente afortunados y avisan sobre dinero inesperado.

Los dados no deben de ser tirados en lunes, en miércoles o mientras haya tormenta.

Los jugadores de dados regularmente soplan o escupen en los dados para atraer la buena suerte. Muchos también les hablan. A algunos jugadores les gusta frotar los dados en un amigo antes de tirarlos. Es común que los jugadores de dados crucen los dedos de una mano cuando tiran los dados con la otra.

Si truenas los dedos puedes evitar tirar un par de unos, tirada conocida como "ojos de serpiente". Éste es el número más bajo posible en los dados.

Cantar "ven siete, ven siete" te ayudará a ganar con los dados.

Ver: *dedos cruzados, jugar.*

Dama de boda:

La costumbre de las damas (y los padrinos de boda) data de los días en que la gente que se oponía a un matrimonio trataba de raptar a la novia. La tarea de las damas era asegurarse de que esto no pasara.

Se considera de mala suerte ser dama tres veces ya que significa que estás destinada a ser una solterona. El remedio para esto es ser dama otras cuatro veces (siete en total) y entonces se elimina la mala suerte.

Es muy afortunado para una novia tener una matrona de honor en su fiesta de bodas. Esto es porque una mujer felizmente casada simboliza la unión bendita entre dos personas.

Se espera que una dama reciba una propuesta de matrimonio al cabo de un año. Sin embargo, se volverá una solterona si se tropieza durante la procesión en el pasillo de la iglesia.

Dedal:

Los dedales se regalaban con frecuencia para dar buena suerte. Sin embargo, es de mala suerte dar tres ya que quien los reciba se volverá una solterona y no se casará.

Es de buena suerte para el dueño de una prenda si la costurera pierde un dedal cuando está trabajando en ella. Sin embargo, esto no se cumple si la costurera está trabajando en su propia prenda.

Ver *árbol, coser.*

Dedos:

Cruzar el índice y el medio es un signo universal para protegerse de la mala suerte. Casi igual de común es cruzar los dedos tras la espalda mientras se dice una mentira. Se cree que hacerlo protege a la persona de la mala suerte que sigue después de decir algo que no es cierto.

La gente que tiene dedos largos es paciente y detallista. La gente con dedos cortos es impaciente e inquieta. Un dedo meñique torcido se considera comúnmente signo de que la persona morirá rica, pero que su riqueza se conseguirá de forma dudosa.

El índice de la mano derecha es llamado en ocasiones el "dedo del veneno". Por esto, nunca debe ser utilizado para poner ungüento en una herida. Los mejores dedos para untar ungüentos son el anular y el medio. El anular también se considera el mejor dedo para rascarse.

Los griegos y los romanos creían que un nervio corría del dedo anular hasta el corazón. A este dedo lo llamaban el "dedo médico" y se usaba para revolver la comida, ya que se creía que alertaría al corazón si encontraba algo tóxico. Los anillos de boda se usan en este dedo por la creencia de que tiene un nervio conectado con el corazón.

Ver *anillo de bodas, dedos, hilo, palabras, quiromancia, señalar, sig-* *no de la V, tronar los dedos, vino, cruzados.*

Dedos cruzados:

La forma usual de cruzar los dedos es poner el dedo medio sobre el índice. Esto se conoce como la cruz de San Andrés y se hace para atraer la buena suerte y protegerse. Hay otra versión menos conocida llamada la cruz griega. Esta se hace poniendo el nudillo del primer dedo de una mano sobre el primer nudillo de la otra mano en ángulo recto.

Puedes aumentar tu suerte cruzando tus dedos después de hacer una apuesta. Debes también cruzar tus dedos para evitar la mala suerte de cualquier tipo. Un buen ejemplo de esto es hacerlo si sientes que alguien te está viendo con mal de ojo.

Todo mundo miente alguna vez. A veces es necesario hacerlo para evitar lastimar los sentimientos de alguien. Puedes impedir el daño cruzando los dedos cuando dices una mentira piadosa.

Si dos personas dicen exactamente las mismas palabras al mismo tiempo deben cruzar los dedos y pedir un deseo.

Ver *dado, mal de ojo.*

Dedos de los pies:

Todo mundo se ha pegado en el dedo gordo del pie alguna vez. Sin embargo, muy poca gente sabe que es de buena suerte pegarte en el dedo gordo del pie derecho, pero es de mala suerte pegarte en el dedo gordo del pie izquierdo.

Ver *pie*.

Delantal:

Es signo de buena suerte ponerse accidentalmente un delantal al revés. Es de mala suerte si el delantal cae. En caso de que a una joven casada se le caiga un delantal significa que tendrá un bebé en un año. Si el delantal se le cae a una soltera quiere decir que está pensando en su amado. Los pescadores creen que ver a una mujer con un delantal blanco en camino a su barco trae mala suerte. Se evita este mal augurio si retrasan el viaje hasta la siguiente marea.

Ver *pescadores*.

Deseo:

Cuando pides un deseo estás demandando que la fortuna te sonría y te dé lo que estás solicitando. Hay momentos mejores que otros para pedir deseos. Cuando tienes comezón en la palma de la mano es un buen momento para pedir un deseo. También puedes pedir un deseo al revolver el pudín de Navidad o al ponerte ropas nuevas por primera vez. Debes pedir un deseo al arrojar monedas a un pozo de los deseos o al jalar un hueso de la suerte. Cuando ves el primer lucero de la noche, es otro buen momento y debes pedir el deseo inmediatamente después de decir:

> Estrella luminosa, estrella brillante,
> primera estrella que veo esta noche.
> Quisiera poder, quisiera poder,
> pedir el deseo que deseo
> esta noche.

El momento más popular para pedir un deseo es cuando estás apagando las velas de tu pastel de cumpleaños.

Ver *agujetas, anillo, anillo de bodas, arco iris, estrella, hada, hueso de la suerte, moneda, Navidad, petirrojo, pozo de los deseos, ropas, salvia, vela*.

Deshollinador:

Se cree que los deshollinadores transmiten la buena suerte a todo el que se vincula con ellos. Esta tradición comenzó en el siglo XVIII en Inglaterra cuando un deshollinador salvó a un rey, con un caballo, para que escapara. Antes de que el rey tuviera tiempo de agradecerle, el deshollinador había desaparecido entre la gente. Otra versión de la historia dice que fue el rey Jorge III quien fue salvado por un deshollinador.

Darle un apretón de manos o besar a un deshollinador da muy buena suerte y asegura un matrimonio feliz.

Ver *matrimonio*.

Destino:

El destino es un futuro que está predeterminado y no se puede alterar o evitar. Los antiguos griegos y romanos creían en tres destinos llamados Cloto, Láquesis y Átropos. A veces se les llamaba "destinos crueles" ya que controlaban los misterios del nacimiento, la vida, la muerte y, aparentemente, de una forma descuidada y azarosa. Hasta los dioses eran incapaces de alterar sus decisiones.

Hay muchas supersticiones relacionadas con el destino. Se creía que si la persona alardeaba o se volvía demasiado orgullosa de sus logros, tentaba al destino, el cual

fácilmente la regresaba a donde estaba inicialmente. Si le dices a alguien detalles personales de ti, de nuevo arriesgas tu destino, ya que esta información puede ser usada en tu contra.

Ver *muerte*.

Día de la Ascensión:

Se considera de mala suerte trabajar en el día de la Ascensión. Si lo haces, probablemente tengas un accidente. En Lincolnshire se creía que colgar las sábanas para secarlas al aire en ese día indicaba que alguien en la familia moriría antes de que terminara el año.

Día de la Marmota:

El Día de la Marmota celebra la creencia de que las marmotas salen de su hibernación el 2 de febrero cada año. Si ven su sombra al mediodía, regresarán a hibernar a su madriguera, ya que les esperan otras seis semanas de invierno.

El Día de la Marmota se ha festejado en Estados Unidos desde 1898. Ese año, siete hombres de Punxsutawney, 100 millas al noreste de Pittsburg, subieron una colina llamada Gobbler's Knob para beber cerveza y comerse una marmota. Se la pasaron tan bien que decidieron hacer lo mismo cada año. Se les llamó el "club de la marmota".

Ver *Candelaria, clima.*

Días de la semana:

Cada día de la semana tiene su propio carácter y sus supersticiones específicas. Los astrólogos antiguos relacionaban cada día a un planeta, lo cual determinaba su naturaleza elemental.

Las diferentes culturas, en diferentes momentos, han considerado diferentes días en que se tiene suerte o se es desafortunado. Los astrólogos medievales consideraban el lunes, miércoles, jueves y domingo, días de suerte. Esto significaba que el martes, viernes y sábado eran de mala suerte.

En la tradición folclórica, el día de la semana en que alguien nace determinará su destino:

El lunes, el niño tiene buena cara,
el martes, el niño es muy gracioso,
el miércoles, el niño es muy desdichado,
el jueves, el niño tiene mucho que andar,
el viernes, el niño ama y es amado,
el sábado, el niño trabaja duro para ganarse la vida,

pero el niño que nace
en el día de Sabbath,
¡será justo y sabio, alegre y bueno!

Hay diferentes versiones de esta canción, otorgado a diferentes destinos en los diferentes días. Sin embargo, todos concuerdan con que el mejor día para nacer es el domingo.

Hay canciones acera de los días laborables de la semana. He aquí una de Maine:

Lunes por la salud,
martes por la riqueza,
y miércoles, el mejor de todos los días.
jueves por las cruces,
viernes por las pérdidas,
y sábado, sin ninguna fortuna.

El lunes se rige por la Luna. Aunque mucha gente sufre por la depresión de la mañana del lunes, se considera un día de paz y felicidad. En Irlanda, muchos lo consideran el día más afortunado de la semana. Sin embargo, hay tres lunes de mala suerte cada año. El primer lunes de abril se considera el cumpleaños de Caín. Sodoma y Gomorra fueron destruidos el segundo lunes de agosto. El cumpleaños de Judas Iscariote fue el último lunes de diciembre (algunos dicen que Judas traicionó a Jesús ese día).

El martes se rige por Marte. Marte es el dios guerrero, por lo cual es el día en el que más probablemente tengas una discusión y una pelea. Se considera de mala suerte si la persona con la que te encuentras en un martes es zurda. El martes es un buen día para cerrar negocios.

El miércoles se rige por Mercurio. Es un buen día para los negocios. Mercurio gobierna la comunicación, lo que lo convierte en un buen día para escribir cartas o tener conversaciones importantes. También es bueno para cualquier intervención médica.

El jueves se rige por Júpiter. Es un día de valor, expansión e ideas progresistas. El jueves es día afortunado para la mayoría de la gente. Es un buen día para casarse. Sin embargo, en el siglo XVII, algunas personas consideraban el jueves desafortunado, ya que el rey Enrique VIII y sus hijos Eduardo VI, María y Elizabeth murieron en jueves. El jueves también es tenido como un mal día en Alemania.

El viernes se rige por Venus. El viernes simboliza la pasión de Cristo, siendo un día difícil y desafortunado. Sin embargo, si sueñas un viernes en la noche y le cuentas a la gente tu sueño el sábado, éste se hará realidad. Se considera de mala suerte comenzar un viaje en viernes. Dado que Adán y Eva fueron expulsados del Jardín del Edén en viernes, la gente que se casa en este día experimentará muchas altas y bajas en el matrimonio. Un viejo proverbio dice que si te ríes en viernes, llorarás en domingo. Los niños nacidos en viernes se convierten en curadores naturales y son altamente intuitivos.

El sábado se rige por Saturno. Es un día de peligro, restricciones y mala salud. El sábado es el día de Sabbath para los judíos, lo que lo hace un día sagrado. La gente que nace en sábado tiene la capacidad de ver fantasmas. Es de mala suerte dejar un hospital en sábado. Si la luna nueva cae en sábado indica mala fortuna y tiempo húmedo. En Cornwall, a esta luna se le conoce como la "maldición del marino".

El domingo se rige por el Sol. Es el día del Señor, lo que lo hace el día más santo y afortunado de todos. Las ropas nuevas duran el doble si se usan por primera vez en domingo. Es de mala suerte cortarte las uñas en domingo, pero es de buena suerte levantarte de la cama después de una enfermedad en domingo. Es también un buen día para empezar las vacaciones o un viaje de cualquier tipo.

A pesar de lo anterior, una superstición antigua dice que el día de la semana en que naciste es el día más afortunado de la semana para ti.

Ver *boda, compromiso, fantasma, luna, miércoles, relámpago, ropas, sábado, uñas, viernes*.

Día de los tontos de abril:[11]

El día de los tontos de abril se celebra el primero de abril y da la oportunidad a la gente de jugarle bromas a los demás. La costumbre comenzó en Francia, a finales del siglo XVI, cuando se adoptó el calendario gregoriano. Con el cambio, el inicio del año cambió del 25 de marzo al primero de enero.

Como el 25 de marzo coincidía con la Semana Santa, el Año Nuevo se celebraba tradicionalmente el primero de abril. Cuando cambió la fecha, muchos aldeanos llegaron de sorpresa a visitar a sus vecinos el primero de abril para hacerles pensar que era el inicio del nuevo año. Gradualmente, la costumbre se difundió en el mundo y la gente esperaba este día como una ocasión para hacer bromas a sus amigos y colegas.

Se considera de mala suerte intentar hacerle una broma a alguien después del mediodía del primero de abril. Se cree que los niños nacidos el primero de abril son afortunados, excepto cuando entran en juegos de azar. Si un hombre se casa el primero de abril, su esposa lo dominará.

También se considera de mala suerte enojarse cuando alguien te hace una broma.

Si una joven le hace una broma a un soltero el primero de abril, es un signo de que se casarán.

En su libro *Supersticiones populares* (1925), Charles Platt escribió que el Día de los tontos de abril estaba "muriendo rápidamente". Sin embargo, a la gente le encanta divertirse y más de ochenta años

---

[11] Este tipo de celebración equivale en países de habla hispana al Día de los Inocentes, el 28 de diciembre, cuya fecha tiene una correspondencia con la persecución y muerte de los primogénitos por orden de Herodes (N. del T.).

después, este día es tan popular como siempre.

Ver *Año Nuevo*.

Día de mayo:

> Vengan chicos y chicas,
> libérense de sus papás,
> y corran al poste de mayo;
> para cada quien hay un cada cual,
> y el juglar esperando;
> ya que Willie obtuvo a su Jill
> y Johnny consiguió a su Joan,
> para bailar, bailar
> bailar sin parar.

Actualmente, la imagen de los niños bailando alrededor del poste de mayo el primer día de ese mes se considera una costumbre encantadora y anticuada. Pero las ceremonias del Día de mayo se ejecutaban originalmente para recibir las bendiciones de los espíritus que vivían en el árbol con el que se hacía el poste. Se creía que el poste aseguraba la fertilidad tanto para los seres humanos como para el ganado.

Las ceremonias del Día de mayo se originaron con el festival romano de la Floralia, que celebraba a Flora, la diosa de las flores. La festividad empezaba el 27 de abril y duraba varios días. Durante la Floralia las mujeres participaban en juegos y carreras y las ganadoras recibían guirnaldas de flores. Con el tiempo el proceso se les salió de las manos y las ganadoras comenzaron a recibir árboles enteros. Como esto era torpe y engorroso, se sustituyeron con postes que tenían guirnaldas.

Ver *sauce*.

Día de San Swithin:

Una vieja tradición dice que si llueve el día de San Swithin (15 de julio) lloverá los siguientes cuarenta días. Por el contrario, el clima estará bien durante cuarenta días si no llueve en ese día.

San Swithin (muerto el 862 d. C.), obispo sajón de Winchester, fue enterrado, bajo su propia petición, con la gente pobre en el cementerio común. Sin embargo, una vez que se empezaron a dar milagros en su tumba, los monjes erigieron un bello sepulcro para él dentro de la catedral. Aparentemente, San Swithin lloró cuando lo trataron de trasladar dentro de la iglesia y esto generó una lluvia continua durante cuarenta días. La fuerte lluvia fue interpretada como la desaprobación de San Swinthin a su transferencia, lo cual se interrumpió. La gente llegó a creer que si llovía el día de San Swinthin, la lluvia duraría cuarenta días.

Se supone que no se deben cortar o comer las manzanas antes del día de San Swithin. Las manzanas son bendecidas si llueve ese día.

Ver *lluvia, manzana, tumba.*

Día de San Valentín:

Uno de los días más populares del año es el 14 de febrero, el día de San Valentín. Ese día, la mayor parte de la gente piensa en el amor y en la persona especial de su vida. Los orígenes de este día se han perdido en la historia, pero parece que surgieron de las fiestas Lupercales, unos festivales anteriores a la iglesia romana cristiana que se llevaban a cabo en honor de Pan y Juno. El objetivo principal de la celebración era asegurar fertilidad y cosecha abundante. Esta fiesta se celebraba la noche del 14 de febrero y al día siguiente. Como parte de la conmemoración los jóvenes varones sacaban los nombres de las mujeres de una gran urna para descubrir quien sería su pareja en el festival.

En el siglo IV, la Iglesia católica se mostró preocupada sobre esta festividad "pagana" y quizo abolirla, sin éxito. Hicieron una concesión y renombraron la fiesta en honor de San Valentín, un mártir de los primeros cristianos.

Es muy probable que San Valentín nunca existiera. La Iglesia primitiva tiene una lista de mártires con ese nombre y conmemora las vidas de siete de ellos el 14 de febrero. Nadie sabe si alguno de éstos tenía que ver con el amor y el romance. Naturalmente, existen historias relacionadas con ellos. Mi favorita habla de un hombre llamado Valentín que fue prisionero porque ayudó a los cristianos perseguidos en esa época.

Mientras estaba en prisión, realizó un milagro haciendo que la hija de un celador recuperara la vista. La noche anterior a su muerte, envió una carta de despedida que firmaba como "de tu Valentín".

La paloma está íntimamente relacionada con el día de San Valentín. Las palomas se unen a su pareja de por vida, comparten las tareas de cuidar a sus crías y se les menciona favorablemente en la Biblia. Incluso durante la Edad Media, la gente creía que las aves se apareaban el día de San Valentín.

Por esto, mucha gente cree que el primer pájaro que vea una joven en el día de San Valentín la ayudará a identificar a su futuro marido:

Si ve a un mirlo, se casará con un clérigo.

Si ve a un petirrojo o a un verderón, se casará con un marinero.

Si ve a un jilguero, se casará con un hombre muy rico.

Si ve a un canario, se casará con un hombre cómodamente dichoso.

Si ve a un gorrión, se casará con un granjero y vivirá feliz en una casa de campo.

Si ve a un azulejo, se casará con un hombre feliz, pero vivirá pobre.

Si ve a un fringílido, ella y su marido discutirán constantemente.

Si ve a un pájaro carpintero o a un torcecuello, nunca se casará.

Si ve una paloma, se casará con un hombre bueno y amable.

Si ve una parvada de palomas, tendrá un matrimonio extremadamente largo y feliz.

El rojo es el color asociado con el día de San Valentín. No es extraño que las ventas de las rosas rojas aumenten enormemente en esta época del año. Las rosas rojas estaban consagradas a Venus, la diosa del amor y la belleza, y a Baco, el dios del vino y la felicidad. Las rosas también se asocian con Cupido, quien se cree que fue el causante de que surgieran. Según la leyenda, cuando estaba llevando un vaso con néctar de los dioses del monte Olimpo, desafortunadamente se tropezó y derramó el néctar en el suelo. Inmediatamente empezaron a crecer las rosas en ese punto.

Los puritanos llevaron el día de San Valentín a América en 1629. Sin embargo, la vida era dura y no había mucho tiempo para actividades que eran vistas como frívolas. Por consiguiente, tomó cerca de cien años para celebrarse el día de San Valentín en Estados Unidos. Las tarjetas de San Valentín aparecieron después.

Es de mala suerte firmar una tarjeta de San Valentín. Naturalmente esto va en contra del objeto de la tarjeta.

Otra superstición común dice que la primera persona del sexo opuesto que te encuentres y beses en ese día, será tu amado en los próximos doce meses.

Si una mujer soltera sale a caminar temprano en la mañana en el día de San Valentín, puede obtener información sobre su futuro matrimonio. Si la primera persona que se encuentre es una mujer, no se casará ese año. Sin embargo, si la primera persona que encuentra es un hombre, se comprometerá dentro de tres meses.

Ver *amatista, amor, beso, gorrión, paloma, petirrojo, rojo.*

Diablo:

La gente siempre ha estado consciente del mal y de la mala suerte. Obviamente, el infortunio no proviene de un dios benevolente, por lo que la gente personificaba al mal bajo la forma del diablo. Se le conocía con los nombres de Asmodeus, Belial, Lucifer, Satán, Belcebú o Príncipe de las Tinieblas, pero mucha gente prefería no decir su nombre en voz alta y en vez de eso llamarlo "Viejo Nick". Nick era un nombre masculino muy común en el siglo XVII, cuando comenzó esta costumbre. En esa época, la gente mayor era muy respetada, por lo que llamar al diablo Viejo Nick le haría pensar que uno estaba siendo amable y cariñoso con él. Afortunadamente, como resultado de ello, no te haría daño. A veces se usa "Viejo Harry" como alternativa de Viejo Nick.

El diablo se puede manifestar en diferentes formas, como gato, perro, mono o como un chivo. En la tradición cristiana, el demonio era originalmente un ángel llamado Lucifer. Era bueno y perfecto pero cayó en desgracia y fue expulsado del cielo. Ahora se dedica a difundir la corrupción alrededor del mundo. La vida misma se convierte en una batalla entre el bien y el mal.

"Satán" es una palabra hebrea. Satán describe a alguien que objeta, discute o es cínico acerca de lo que ocurre. En el Antiguo Testamento, Satán es una persona, más que un ángel caído o una fuerza del mal (ver Job, 1,6-12). Sin embargo, Zoroastro, fundador del zoroastrismo, enseñó que las fuerzas del bien y el mal regían el mundo. Conforme esto fue aceptado por más religiones, Satanás fue asociado cada vez más con el mal y los poderes de la oscuridad. Se convirtió en la encarnación del mal en la cristiandad y millones de personas alrededor del mundo aceptaron esto como parte de su fe.

Se creía que Satanás identificaba a todos sus seguidores con una marca secreta, como con una marca de nacimiento, un lunar, una verruga o una mancha en la piel. Esta estaría localizada en una parte oculta o íntima de la persona, en la axila o entre el vello púbico. Por consiguiente, cuando se creía que alguien era una bruja, se afeitaba todo su cuerpo para ver si tenía una marca del diablo. Ya que casi todos tenemos una marca en algún lugar de la piel, los cazadores de brujas las encontraban por cualquier lado. En los pocos casos en los que el sospechoso no tenía marcas, se utilizaba un punzón para picar a la persona en diferentes partes de su cuerpo. Si la víctima no sangraba o parecía no sufrir dolor, se le declaraba culpable.

Una superstición de Nueva Inglaterra dice que puedes ver al diablo si rezas el Padre Nuestro al revés.

Aunque la creencia en el diablo ha disminuido enormemente en los últimos trescientos años, aún juega un papel importante en el fundamentalismo cristiano.

Ver *azabache, barcos, billete de dos dólares, bruja, búho, chimenea, chivo, crucero, cuchillo, escalera, escupir, gato, grajo, herradura, hierro, lunar, oración, perro, sal, sombra, tor-* *menta, unicornio, uña, verruga, zapatos, zarzamora.*

Diamante:

El diamante es el componente más duro conocido por el hombre. No es de sorprenderse que se le llame el "rey de las gemas". Hasta el siglo XVIII, cuando se descubrieron los diamantes en Brasil, la India era su única fuente. Los hindúes lo veían como un amuleto que los protegería de casi todo, incluyendo las serpientes y los malos espíritus. Los romanos consideraban al diamante invencible y con poderes sobre todas las enfermedades.

Marco Polo escribió en el *Libro de las maravillas* que el diamante evitaba todos los peligros e impedía tener mala suerte. En la Edad Media, los hombres usaban diamantes como símbolo de valentía y virilidad. De acuerdo con San Luis (1214-1270), la Virgen María era la única mujer que merecía usar un diamante. Casi doscientos años después, Agnes Sorel, la amante de Carlos VI de Francia (1368-1422), se convirtió en la primera mujer que usó diamantes.

Sin embargo, los diamantes no siempre han sido de buena suerte para la gente que los posee. El diamante Esperanza, azul oscuro y de 44.5 quilates, es un ejemplo perfecto, ya que se relaciona con una docena de muertes violentas, incluidos suicidios, asesinatos, ahogados y decapitaciones. También se le vincula con la ruina financiera de dos familias reales. El comerciante en joyas de Nueva York, Harry Winston, regaló el diamante Esperanza al Instituto Smithsonian en 1957. La maldición que mucha gente siente que está ligada a esta piedra no ha tenido un efecto adverso en el Smithsonian.

Los diamantes también han sido considerados joyas curativas y la gente los renta y los pide prestados para tratar de curar sus males.

Los diamantes son populares en los anillos de compromiso y se cree que aumentan el amor entre dos personas. También se piensa que los diamantes aumentan la confianza propia, la concentración y la energía. Protegen a la gente contra la cobardía y la locura y dan protección mágica en la batalla.

Ver *ahogarse, anillo, aniversarios de boda, Aries, asesinato, compromiso, gemas, suicidio.*

Diciembre:

Se considera augurio de nieve si las ardillas buscan nueces en diciembre.

Si el esternón del pavo del Día de Acción de Gracias tiene muchos puntos, es un signo de un invierno muy crudo. Sin embargo, el invierno será suave si se pueden ver unos cuantos puntos.

Si llueve antes de la misa del primer domingo de diciembre, seguirá lloviendo la semana siguiente.

Ver *ardilla, clima, lluvia.*

Dientes:

Se consideran poderosos los amuletos hechos con los dientes de animales depredadores, ya que la gente que los usa espera obtener la fuerza y el poder del animal. Un amuleto hecho con dientes de tigre, por ejemplo, se consideraba muy poderoso. En algunas partes del mundo, los amuletos hechos con las garras y los dientes de un tigre son favorables para los jugadores. En China, al tigre se le ve como el "dios de los jugadores".

La superstición más común concerniente a los dientes humanos es la del hada de los dientes, quien le da una moneda a los niños a los que se les cayó un diente de leche. Comúnmente, el diente se pone bajo la almohada aunque algunas veces se pone a un lado cerca de la cama.

Otra superstición dice que es de mala suerte que un bebé nazca con cualquier diente visible. También es un indicativo de que el niño se convertirá en un asesino.

Es de buena suerte tener huecos entre los dientes frontales. Se supone que esto asegura la suerte, la prosperidad y muchos viajes.

Se considera un indicio de muerte próxima en la familia si sueñas con dientes.

Ver *amuleto, dolor de muelas, hada, juego, moneda, muerte, peine, rata, sueños, suerte.*

Diente de león:

Las jóvenes disfrutan de soplar y esparcir las semillas de los dientes de león para ver cuántos años les faltan para casarse. El número de años se indica por el número de soplidos que se necesitan para dispersar las semillas por completo. También pueden usar este proceso para determinar cuántos niños tendrán.

Los dientes de león aparentemente cierran sus pétalos cuando va a llover. Una vieja tradición dice que si arrancas un diente de león mojarás tu cama esa noche.

Existe una antigua superstición en Nueva Inglaterra que dice que si no desprendes todas las semillas del diente de león después de soplar tres veces, es signo de que tu madre te quiere de vuelta en casa.

Ver *flores, matrimonio.*

Dinero:

Es de buena suerte doblar el dinero hacia ti, ya que significa más dinero en el futuro. Si lo doblas hacia afuera, el dinero se te escapará.

Billetes de dos dólares se consideran de mala suerte. Aparentemente esta superstición comenzó con la gente que colocaba apuestas de dos dólares en las carreras de caballos. Dado que estas apuestas se perdían con frecuencia, un billete de dos dólares era muestra de mala suerte.

Es de buena suerte encontrar dinero, pero debes intentar antes regresarlo a su dueño legítimo para recibir la buena suerte.

Una moneda puesta en el bolsillo derecho de un abrigo nuevo siempre trae suerte. Siempre debes guardar un centavo en tu bolsa o cartera para atraer la buena suerte.

Un viejo dicho aconseja: "Nunca pagues en lunes o pagarás toda la semana."

Ver *araña, bolsa, comezón, escalera, escupir, estrella, hollín, lengua, moneda, números, oveja, tomate.*

Doceava noche, Noche de Epifanía o Noche de Reyes:

El 6 de enero es la Doceava noche, el último día de la temporada de Navidad. Toda decoración navideña se tiene que quitar ese día. Es de mala suerte para la familia dejar la decoración después de este día o retirarla antes.

Es de buena suerte dejar una rama de acebo hasta la siguiente Navidad. Esto asegura que la suerte de la familia durará al menos un año más.

Ver *acebo, Navidad, orgía.*

Dolor de cabeza:

Un viejo remedio inglés para el dolor de cabeza era amarrar un trozo de la cuerda de un ahorcado alrededor de la cabeza y que ésta cubriera las sienes. Otro remedio que aún se usaba cuando yo era chico era presionar con fuerza tu paladar con el pulgar.

Un remedio americano interesante era sujetar la cabeza de un buitre muerto alrededor de tu cuello.

Si tienes dolor de cabeza durante días, puedes visitar un cementerio, desenterrar un cráneo y atravesarlo con un clavo.

Como alternativa, puedes tomarte un té de manzanilla e irte a la cama.

Para evitar dolor de cabeza durante todo el año, debes permitir que tu cabeza se moje con la primera lluvia de mayo.

Ver *amatista, cabello, caléndula, cementerio, nido, San Esteban.*

Dolor de muelas:

El dolor de muelas fue un problema constante en la época en la cual poca gente sabía algo sobre la higiene y el cuidado dental y los dentistas eran difíciles de encontrar. Tampoco existían analgésicos, lo que significaba que la gente buscaba ayuda como último recurso. Por lo anterior, un gran número de curas supersticiosas se desarrollaron para aliviar tales dolencias.

Un método para evitar el dolor de muelas era llevar unos cuantos dientes de caballo contigo. Una alternativa era sacarle un diente a un cadáver y colgarlo en un pequeño saco alrededor de tu cuello.

También era posible transferirle el dolor a algo más. Por lo mismo, quien sufría de un dolor de muelas podía frotarse las encías con un clavo y luego clavarlo en un roble.

Otra cura para el dolor de muelas era aplastar catarinas para hacer un jugo que se frotaba en las encías. Un método más peligroso y en ocasiones fatal era inhalar los humos que se generaban al quemar beleño. El beleño es una planta venenosa que también se creía que atraía a los malos espíritus. Por eso, el dolor de muelas necesitaba ser especialmente intenso para que alguien intentara probar este método.

Puedes sacarte una muela sin necesidad de ir al dentista haciendo un polvo de gusanos secos, preferiblemente obtenidos durante su época de apareamiento, y aplicándolo al diente infectado. Supuestamente el diente se caerá de tu boca.

Ver *ajo, cadáver, clavo, catarina, dientes, roble, viernes 13.*

Dolor de oídos:

Un viejo remedio para el dolor de oídos es soplar humo de tabaco en el oído del que sufre el dolor. Si tus oídos te zumban, más que dolerte, es un signo de que alguien está hablando de ti.

Dolores de crecimiento:

La superstición nos dice que la mayoría de los niños tienen "dolores de crecimiento". A mucha gente le sorprendería saber que esos dolores no tienen que ver con crecer. Son dolores neurálgicos de las piernas causados por el cansancio.

Dormir:

A Benjamín Franklin se le atribuye el dicho: "Temprano en la cama y temprano en levantarse hace al hombre sano, rico y sabio." Henry Fielding, el novelista inglés, escribió: "Una hora de sueño antes de media noche es más importante que dos horas posteriores." Como todo mundo es diferente, estos dichos son ciertos sólo para algunas personas. La mayor ventaja de irse a la cama antes de medianoche es que probablemente dormirás más horas.

Una superstición común es que siempre debes dormir con tu cabeza apuntando al norte. Aparentemente esto alinea tu cuerpo con los campos magnéticos terrestres, permitiéndote disfrutar de un sueño más pacífico y relajante.

Incluso la noche de bodas tiene una superstición concerniente al sueño. La primera persona que se quede dormida esa noche será la primera persona en morir.

Hasta hace poco, se sacaban las plantas de los cuartos de los hospitales durante la noche ya que se creía que absorberían todo el oxígeno del cuarto.

La gente supersticiosa cree que el alma puede dejar el cuerpo durante el sueño, convirtiendo a este estado en algo potencialmente peligroso. Ésta es la razón por la que nunca debes despertar a un sonámbulo de pronto, en caso de que el alma haya dejado temporalmente el cuerpo y no tenga tiempo de regresar. Una vieja canción ilustra los sentimientos mezclados que la gente tiene sobre dormir:

Ahora me acuesto a dormir,
pido al Señor que cuide mi alma;
si debo morir antes de despertar,
pido al Señor se lleve mi alma.

Ver *boda, lado derecho, plantas.*

Dos:

El dos es un número de buena suerte ya que simboliza a la pareja. También se le atribuyen un amplio rango de opuestos, como lo bueno y lo malo, el amor y el odio, el macho y la hembra, así como la vida y la muerte. Todos ellos representan el equilibrio en el universo.

El viejo dicho "dos es mejor que tres" significa que la juventud es mejor que la vejez. Una persona joven se sostiene con dos pies mientras que un anciano necesita un bastón para caminar.

Ver *números.*

Duende:

Los duendes pertenecen a la familia de las hadas y viven en la profundidad del subsuelo o en bosques oscuros donde pueden evitar la luz del día. Viajan en grupos grandes y gozan hostigando y molestando a los viajeros. Otras hadas temen a los duendes, ya que tratan de secuestrarlas y esclavizarlas.

Ver *coco, hada.*

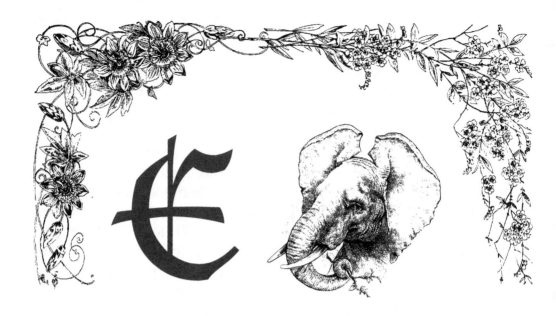

Echar la sal:

Echar la sal es un influjo que trae mala suerte. Alguien a quien le echaron la sal está seguro de que algún desastre le espera. Por supuesto, una vez que alguien cree que algo malo le va a suceder, perderá la confianza y casi estará pidiendo que algún tipo de accidente le ocurra. Mucha gente cree que una pertenencia, como un coche, está salada si constantemente se descompone o necesita un mantenimiento excesivo.

Ver *coche*.

Eclipse:

Durante miles de años, cualquier cambio inusual o anormal en el cielo se veía con sospecha y en ocasiones con terror. Un eclipse, que es el oscurecimiento de la luz de un cuerpo celestial por la presencia de otro, es un buen ejemplo.

La superstición dice que necesitas ser precavido y tener mayor cuidado los tres días anteriores y posteriores al eclipse. Un eclipse de sol retrasa el progreso de siete días. Un eclipse de luna es un signo de mala suerte, resultando una mala época para las inversiones y las decisiones importantes.

Ver *luna, sol*.

Edad:

Algunas personas consideran peligroso compartir cualquier información personal con gente ajena a la familia inmediata. Por consecuencia, creen que es infortunado decirle a alguien su edad, ya que esta información puede ser potencialmente utilizada en su contra.

Edificio:

Una superstición común en la industria de los bienes raíces es dejar un pequeño detalle sin terminar para no tentar al destino. El brindis cuando se termina un edificio no solamente es una celebración por el trabajo bien hecho, sino también una manera de alejar a los espíritus malignos. A veces se brinda cuando se coloca el primer pedazo de césped al empezar un nuevo proyecto. Ésto para proteger simbólicamente las próximas tareas.

Ver *brindis*.

Elefante:

El elefante representa la sabiduría, la fuerza y la longevidad. Por consecuencia, las pequeñas figuras de elefantes son muy populares como talismanes. En ocasiones se ponen imágenes grandes de elefantes en la entrada de las casas para proteger a sus habitantes. Todos los adornos de elefantes dentro de la casa tienen que mirar hacia la puerta principal para atraer la buena suerte.

Una superstición común es que los elefantes van a morirse al "cementerio de los elefantes". De hecho, los elefantes se mueren donde sea, pero como es raro encontrar sus restos, surgió la creencia de que tienen un lugar especial al cual van a morir.

Se cree que un pelo de la cola de un elefante trae buena suerte y es posible comprar anillos hechos de pelo de elefante. Una vieja historia que data de unos tres mil años cuenta sobre un maharajá que le dio un talismán de pelo de elefante a un campesino. El talismán funcionó muy bien ya que, a los doce meses, el campesino se convirtió en la cabeza de un ejército y expulsó a su antiguo gobernante.

Ver *anillo, encantamiento*.

Elementales:

Los elementales son espíritus de la naturaleza que representan los cuatro elementos: fuego, tierra, aire y agua. Juegan un papel fundamental en muchas tradiciones mágicas. En Wicca se les llama "Señores de la torre de vigilancia". Las brujas crean círculos mágicos divididos en cuatro cuartos que representan los cuatro elementos. Durante su trabajo ritual, los elementales son llamados según los cuadrantes que son relevantes para ayudar a activar el hechizo y cargarlo con sus cualidades particulares.

Ver *hechizo, mágico.*

Elementos:

Los cuatro elementos de la filosofía antigua son el fuego, la tierra, el aire y el agua. Todo el universo está simbólicamente conformado a partir de esos cuatro elementos. La primera persona en escribir sobre éstos fue Empédocles de Acragas (siglo v a. C.) cuya concepción fue firmemente apoyada y promovida por Platón (*circa* 428-347 a. C.) y Aristóteles (384-322 a. C.). Según Aristóteles el fuego era una combinación de cualidades cálidas y secas, la tierra era fría y seca, el aire caliente y húmedo, y el agua fría y mojada.

Existe un gran número de asociaciones vinculado a cada elemento. El fuego, por ejemplo, es activo, espiritual y creativo; la tierra es sólida, física y material; el aire es mental, intelectual y mediador; el agua es receptiva, emotiva y positiva.

Ver *agua, aire, fuego, tierra.*

Elevador:

Es señal de retrasos en tu carrera si te quedas atorado en un elevador. Si alguien te libera de este predicamento, subiendo el elevador uno o dos pisos, el retraso será temporal. Sin embargo, si el elevador tiene que ser llevado a la planta baja antes de que salgas, experimentarás retrasos y frustraciones por el resto de tu carrera.

Quedarse atrapado en el elevador es un buen augurio para la gente jubilada. Esto significa que vivirán hasta una edad avanzada.

Embarazo:

Muchas supersticiones se han generado sobre cómo proteger de los daños a la madre y al feto durante los nueve meses de gestación. Se creía que si la futura madre miraba a la luna, el niño tendría problemas mentales. Si bordaba o tejía, el pobre niño sería colgado un día. Si se robaba algo cuando estaba embarazada, el niño se convertiría en ladrón. Si veía un cadáver, el niño tendría complexión delgada. En Escandinavia se creía que si una mujer embarazada pisaba a un gato tendría un hermafrodita. Hasta hablar sobre el bebé antes de nacer era potencialmente peligroso ya que se podía atraer a las hadas y éstas podrían robar o dañar al feto.

Se creía que los antojos de las mujeres embarazadas se manifestarían como marcas físicas en el cuerpo del bebé. Si, por ejemplo, la madre tenía antojo de fresas, el niño nacería con una marca de nacimiento de fresa. Afortunadamente esto no sucedería si el antojo era satisfecho.

Hasta lo que no le gustaba a la mujer embarazada podía aparecer como marca de nacimiento. Si a la mujer le desagradaban los gatos, su bebé nacería con una marca de nacimiento en forma de gato. El mejor momento para concebir era al mediodía cuando el sol estaba en lo más alto. Las mujeres que querían concebir tenían mayores posibilidades de lograrlo si pasaban mucho tiempo con mujeres embarazadas. Usar una prenda que perteneciera a una embarazada también ayudaba.

Ver *bebé, cadáver, gato, hada, ladrón, luna, marca de nacimiento, sol.*

Empanadas:

Las empanadas y las tartas se consideran de buena suerte y nunca debes rechazar una cuando te la ofrezcan. Rechazarla te traerá mala suerte, la que puede durar hasta doce meses.

Trata de comer al menos una empanada en cada uno de los doce días de Navidad. Cada una te garantizará un mes de buena suerte.

Ver *Navidad.*

Enaguas:

Una vieja creencia dice que el padre de una muchacha cuyas enaguas se dejan ver bajo su vestido, la quiere más que su madre.

Encantamiento:

Los encantamientos se llevan consigo o se hacen para atraer la buena suerte, la salud y la felicidad. Originalmente, los encantamientos eran palabras que se recitaban o cantaban. Esto viene de que la palabra frances con que se denomina encanto, *charme*, significa canción. Decir "conejos blancos" el primer día del mes es un ejemplo de un encantamiento verbal. Fue hasta que la gente empezó a escribir las palabras en lugar de solamente decirlas, cuando se comenzaron a asociarlas con objetos mágicos, como los amuletos o los talismanes.

San Cristóbal es el santo patrono de los viajeros y una medalla con su imagen todavía es utilizada con frecuencia por los viajeros. Incluso ha viajado al espacio. En 1968, los contratistas que trabajaban en el proyecto espacial Vanguard, para la Marina de los Estados Unidos, culparon de una serie de fallas a la falta de una medalla de San Cristóbal en los cohetes. Dicha medalla fue adherida al siguiente cohete y éste funcionó perfectamente. A pesar de este éxito, la Iglesia católica romana eliminó a San Cristóbal del calendario romano en 1969. Sin embargo, hasta ahora esto no ha marcado un cambio en el interés por los encantamientos de San Cristóbal. Cuando Edward White, el astronauta, fue a la luna, llevaba una medalla de San Cristóbal, una cruz de oro y una Estrella de David en el bolsillo derecho de su traje espacial.

En la Antigüedad, la iglesia cristiana predicaba que todas las enfermedades eran castigo divino. Como resultado, los doctores no recibían mucho apoyo y la gente buscaba encantamientos y amuletos para protegerse y curarse.

Los encantamientos son probablemente más populares hoy que nunca. John D. Rockefeller siempre llevaba un águila de piedra para darle buena suerte. En 1839, la reina Victoria mandó a su amigo, el vizconde de Melbourne, un "pequeño encantamiento" con una nota diciendo que esperaba que lo "librara de todo mal"; también le dijo que la haría muy feliz si lo ponía en su llavero. Carole Lombard (1908-1942), la estrella de cine, recibió un pedernal pulido de Clark Gable y lo guardó como talismán.

Ver *abracadabra, amuleto, atletas, bellota, camafeo, catarina, cobre, concha, corazón, curanderos, elefante, escupir, estrellas de cine, gemas, herradura, jorobado, lagartija, Lee Penny, llave, lluvia, mano, moneda, palabras, pata de conejo, San Cristóbal, suerte, talismán, trébol, vendedores.*

Enero:

Las supersticiones sobre el clima son extremadamente comunes. Se cree que la niebla en enero, por ejemplo, pronostica una primavera lluviosa. La lluvia en enero es augurio de muchos funerales. Es signo de una buena cosecha si los robles se doblan en enero debido a la nieve.

Ver *clima, funeral, roble.*

Enfermedad:

Existen muchas supersticiones relacionadas con la salud y la enfermedad. Los amuletos y los talismanes se han usado desde hace mucho tiempo para proteger a la gente contra las enfermedades de diferentes tipos. Algunos de estos amuletos y talismanes tienen el objetivo de brindar buena salud en general, mientras que otros se usan para proteger a las personas de enfermedades específicas.

Una cura para cualquier dolencia era sacar de la casa al paciente en luna nueva. Un familiar tenía que soplar sobre el paciente nueve veces y decir:

Lo que veo, puede aumentar,
lo que siento, puede bajar,
en el nombre del Padre, del Hijo
y del Espíritu Santo.

En el medioevo, la cura para una perrilla en el ojo era golpearla con el pelo de un gato negro. Cada golpe se debía hacer de arriba a abajo. La cola de un gato color carey puede también usarse para curar las verrugas.

El fresno ayudaba a proteger a la gente de embrujos malignos y podía también usarse para curar el raquitismo y la tos ferina. Un mechón del pelo de la persona se anudaba al árbol para efectuar la curación.

Se usaban papas para reducir el dolor y la inflamación por artritis. Se cortaba una papa a la mitad y se guardaba en el bolsillo del enfermo hasta que se marchitaba. Se creía que el dolor desaparecería progresivamente mientras la papa envejecía.

Con frecuencia se llevaban ramos o hierbas en los bolsillos para proteger a la persona de las enfermedades, como dice la canción de cuna:

Ring a ring de rosas,
la bolsa llena de ramos,
¡A-chú!, ¡a-chú!
todos nos caemos.

Otro antiguo remedio sigue siendo mencionado en la actualidad: "Una manzana al día mantiene al doctor lejos."

Ver *amuleto, encantamientos, fresno, luna, ojo, papa, pelo, verruga.*

Escalera:

Se considera de buena suerte subir una escalera con un número impar de peldaños. Es de mala suerte caerse de la escalera. Puedes lastimarte, pero lo que es peor es que es señal de que vas a perder dinero.

Se cree que caminar bajo una escalera es de mala suerte. Nadie sabe por qué, pero al menos se han propuesto tres teorías. La teoría más probable es que la escalera forma un triángulo cuando se pone contra la pared. El triángulo simboliza la Santísima Trinidad. Por consiguiente, cuando caminas a través de éste, insultas a la Trinidad y atraes al demonio. La segunda teoría se refiere al uso de la escalera en las horcas. La escalera se apoyaba contra una viga para que el condenado subiera hasta alcanzar la cuerda. Una teoría data de los tiempos de los antiguos egipcios, cuando la gente creía que podías ver a un dios caminando de arriba a abajo de la escalera si caminabas debajo de ella.

Afortunadamente existen cuatro remedios para evitar la mala suerte si llegas a caminar bajo una escalera. Uno es pedir un deseo mientras caminas por debajo de ella. También, puedes caminar hacia atrás por debajo de la escalera y continuar nuevamente desde donde empezaste a caminar. O puedes hacer el signo del higo al caminar bajo la escalera. Podrías también preferir decirte a ti mismo "pan con mantequilla". Finalmente, puedes cruzar tus dedos y mantenerlos cruzados hasta que veas un perro.

En una época la gente creía que era de mala suerte ver a través de una escalera o hacer pasar cualquier cosa a través de ella. Podías evitar la mala suerte generada por estos actos escupiendo tres veces.

Ver *diablo, dinero, escupir, higo, pan con mantequilla, perro, signo de la V, suerte, tumba.*

Escalinata:

Una creencia antigua dice que es de mala suerte cruzarte con alguien que viene en dirección opuesta por una escalinata. El remedio es cruzar tus dedos para evitar la mala suerte.

El origen de esta superstición data del sueño de Jacobo sobre una escalera que iba de la tierra al cielo (Génesis 28, 12-16). Los ángeles subían y bajaban esa escalera para llevar a cabo sus actividades. Se consideraba sacrílego obstruir accidentalmente a un ángel mientras llevaba a cabo tareas del Señor.

Tropezarte en una escalera te puede dar buena o mala suerte, dependiendo de la dirección que lleves. Es de buena suerte tropezarte mientras vas hacia arriba, pero de mala suerte mientras lo haces hacia abajo.

También se considera de mala suerte cambiar tu opinión y cambiar de dirección cuando estás a la mitad de una escalera. Para evitar ésto tienes que continuar hasta el final de la escalera y después ir hacia el otro lado. Un método alterno es detenerte unos momentos y luego chiflar mientras te vuelves sobre tus pasos.

Ver *silbido*.

Escarabajo:

Se considera de mala fortuna ver un escarabajo dentro de una casa. Es señal de muerte si el escarabajo negro camina sobre el zapato de alguien o sobre alguien que esté acostado. Un escarabajo golpeando una pared es otro signo de muerte en la familia. Como es de mala suerte matar a uno, debes recoger el escarabajo con una hoja de papel y sacarlo.

El chasquido que hacen algunos escarabajos cuando buscan pareja siempre ha sido un mal augurio. Por esta razón, se llama a estos insectos los "escarabajos de la muerte".

Ver *catarina, escarabajo sagrado, muerte*.

Escarabajo sagrado:

Los antiguos egipcios valoraban mucho a los escarabajos y llevaban representaciones del mismo como amuletos. Esto era porque el escarabajo representaba a Ra, el dios del sol, quien era la fuente de la vida. Un proceso de magia simpática le confería al escarabajo las mismas cualidades.

Los egipcios veían que los escarabajos hacían rodar bolitas de estiércol en el piso y lo relacionaban con el dios del sol, quien rodaba al sol por el cielo. También observaban al escarabajo enterrar el estiércol bajo tierra. Los egipcios pensaban que estos bichos estaban reencarnando cuando veían que los escarabajos jóvenes emergían de estos agujeros de la tierra. Por lo mismo, el escarabajo se convirtió en un importante amuleto ya que simbolizaba al sol y a la inmortalidad. La gente usaba en vida amuletos de escarabajos. Al morir, los amuletos de escarabajos se ponían en la cavidad del corazón del individuo.

Los egipcios fabricaron cientos de miles de amuletos de escarabajos durante su civilización. La producción continúa hoy, ya que la gente sigue usando los amuletos de escarabajos como talismanes.

Ver *amuleto, corazón, cornerina, escarabajo, malaquita.*

Escoba:

Las escobas juegan un papel importante en las supersticiones. Todo mundo sabe que las brujas vuelan sobre ellas en sus viajes para ver al diablo, o para cometer sus pusilánimes obras. De hecho, las brujas nunca han volado sobre escobas. Esta creencia viene de que las brujas practicaban una forma de magia simpática al sentarse a horcajadas en sus escobas y saltar de arriba a abajo para mostrarle a las cosechas cómo deben crecer.

De acuerdo con la superstición, la primera vez que se usa una escoba nueva se debe barrer algo en la casa, ya que simbólicamente se barre buena suerte para que se quede en ella. Las escobas deben guardarse con las cerdas hacia arriba. Si las cerdas descansan en el piso, un extraño entrará a la casa. Es un signo de infortunio si una escoba que está recargada se cae sin razón alguna. También es de mala suerte pasar sobre una escoba que se ha caído.

Desde los romanos, se considera de mala suerte comprar una escoba en mayo. Esta vieja superstición se celebra en la canción:

Si compras una escoba
o un cepillo en mayo,
barrerás la cabeza
del ama de casa.

Los romanos consideraban a mayo como el mes de la muerte, y tener una escoba o un cepillo amarillo en mayo, ponía en riesgo de muerte o calamidad a cualquier hombre que se atreviera a adquirirlo.

La escoba también se tenía por un afrodisíaco. Esto probablemente llevó a la superstición de que cualquier soltera que caminara sobre una escoba tendría un bebé fuera del matrimonio.

Las escobas se usan todavía para proteger a los hogares del mal. Ya que es probable que las energías negativas entren por la puerta principal, el umbral debe mantenerse limpio y la escoba tiene que colgarse cerca por protección y para que estén disponibles.

La escoba en la Wicca se usa en las bodas paganas. La pareja se sube en la escoba para anunciar su unión y atraer fertilidad a su matrimonio.

Si tu casa tiene dos o más pisos, asegúrate de barrer la parte de arriba antes del mediodía. Llevar el polvo hacia el piso de abajo en la tarde es señal de que pronto se transportará un cadáver al piso de abajo.

Se considera generalmente de mala suerte barrer de noche. Esto es porque puede molestar a los espíritus de los muertos, quienes quizás anden rondando en el aire de la noche.

Ver *afrodisíaco, brujas, diablo, inauguración, magia, viernes 13, Wicca.*

Escorpión:

Es el octavo signo del zodiaco. Su símbolo es el escorpión, su elemento es el agua y su gema es el topacio. La frase clave para Escorpión es: "Yo deseo."

Los nacidos en Escorpión son poderosos, determinados, discretos y emotivos. Son naturalmente intuitivos y saben instintivamente hacer que los demás trabajen. Sin embargo, mantienen reservadas sus propias motivaciones y su verdadera naturaleza. Los nacidos en Escorpión son gente paciente que espera a que lleguen las oportunidades para actuar con rapidez, utilizando la sorpresa en su provecho. Los del signo Escorpión normalmente saben lo que quieren e invariablemente alcanzan sus objetivos.

Ver *agua, astrología, elementos, gemas, topacio, zodiaco.*

Escupir:

Los antiguos consideraban a la saliva un producto del alma. Por lo tanto, escupir era una ofrenda a los dioses que te protegía en reciprocidad. La saliva se consideraba un talismán poderoso contra la brujería y el demonio. El poeta griego Teócrito (*circa* 310-250 a. C.) escribió: "Escupo tres veces en mi pecho para protegerme de los encantamientos fascinantes."

Jesús usó saliva en algunas de sus curas milagrosas (Marcos 7, 32-37, Marcos 8, 22-26, Juan 9, 1-7).

Algunas personas todavía escupen sobre el primer dinero que reciben cada día de sus transacciones en los negocios. Se piensa que esto atrae la buena suerte y asegura que llegue más dinero. Los pescadores escupen en sus redes y cañas para tener buena suerte. Escupir en un hoyo antes de plantar una planta también trae buena suerte. Escupir el balón antes de comenzar un juego aumenta tu suerte. La gente a veces escupe cuando pasa por un lugar que cree que puede ser peligroso. También se puede escupir para obtener buena suerte cuando vemos un caballo o algún lisiado.

Ver *brujería, caballo, diablo, dinero, encantamientos, escalera, orina, pescadores, plantas, uña, verrugas.*

Esmeralda:

La esmeralda es una clase de berilo verde brillante. El verde simboliza una nueva vida y la promesa de la primavera, por eso es escogida finalmente como la piedra de los nacimientos de mayo. La gente ha atesorado esmeraldas durante alrededor de ocho mil años y hay registros de que la piedra se vendía en los mercados de Babilonia desde el año 4000 a. C.

Los antiguos egipcios usaban la esmeralda como símbolo de amor y fertilidad. Una esposa que usaba una esmeralda permanecería casta mientras su marido estaba lejos. Sin embargo, la esmeralda también incrementaría la pasión cuando la pareja se reuniera.

Aristóteles escribió que las esmeraldas aumentaban la autoestima de la gente, generaba victorias en las litigaciones, aumentaba la elocuencia y aliviaba los ojos cansados. También creía que un anillo de esmeralda, colgando de una cinta alrededor del cuello para hacer un collar, prevenía la epilepsia.

El la época medieval los magos y los alquimistas usaban esmeraldas para protegerse cuando ejecutaban su magia. También se creía que las esmeraldas los ayudaban a ver el futuro.

Aún hoy se siguen usando las esmeraldas para proteger a la gente de la enfermedad y el peligro cuando viajan. La esmeralda también aumenta el amor, la imaginación, la memoria y la prosperidad.

Ver *aniversarios de boda, gemas.*

Espejo:

Los espejos originales eran los estanques y las piscinas. La gente se veía en ellos para determinar su futuro. Era un signo de mala suerte si la imagen aparecía distorsionada. Las personas también creían que al verse reflejados veían sus almas. Esta creencia continuó aun cuando se inventaron los espejos.

Casi todo mundo conoce la superstición de que algún desastre sucederá si se rompe un espejo. Se dice que las almas habitan en los espejos, por lo que el mismo daño que se haga al alma, cuando se rompe un espejo, podría sucederle a la persona. Dado que los espejos se usaban para predecir el futuro, la gente cuidaba mucho de no quebrarlos. Se pensaba que los dioses debían hacer que tal accidente no tuviera lugar, para evitar que el dueño del espejo se enterara de las terribles cosas que le iban a suceder.

Con el tiempo, las consecuencias desastrosas se suavizaron a solamente siete años de mala suerte. La elección de siete como el número de años requeridos se debe al mito de que todo el cuerpo se renueva totalmente cada siete años. Claro que en esa época se necesitaría ahorrar siete años para reemplazar un buen espejo.

Una superstición común dice que si una joven sostiene un espejo sobre un pozo, verá la imagen reflejada de su futuro marido. Puedes también poner un espejo bajo tu almohada para motivar a que sueñes con tu futura pareja.

A un bebé no le debes mostrar su reflejo sino hasta que cumpla un año. Si ve su reflejo antes, el bebé o tú morirán jóvenes.

Es de mala suerte que una novia se vea al espejo mientras tiene puesto el vestido de novia antes de la boda. Con esto se arriesga a que se cancele la boda.

Hasta hace cien años, no era raro que se cubrieran los espejos de las habitaciones en las que había muerto alguien. Esto era porque la gente creía que si se veían en el espejo, también morirían. Algunas personas cubren los espejos cuando se van a dormir. Esto es para asegurarse de que su alma no viaje en la noche y se quede atrapada en un espejo.

Napoleón Bonaparte era muy supersticioso en lo que se refería a los espejos. En una ocasión rompió accidentalmente el vidrio de un retrato de su esposa Josefina y pensó que ella había muerto. No pudo dormir hasta que un mensajero regresó con la noticia de que estaba sana y salva.

Ver *bebé, boda, bola de cristal, botella, bruja, luna, muerte, novia, obsidiana, rupturas, unicornio, vestido de novia.*

Espina de pescado:

Una pintoresca superstición de Nueva Inglaterra dice que para desatorar una espina de pescado que se te haya quedado en la garganta, tienes que jalarte el dedo gordo del pie.

Espino:

El árbol del espino siempre ha tenido connotaciones sobrenaturales porque la gente cree que la corona de espinas que llevaba Jesús se obtuvo de un espino. Por eso se considera de mala suerte tener flores de espino dentro de la casa. Se pensaba que las brujas usaban los espinos en sus rituales para provocar dolor a sus víctimas. Algunas personas sostenían que las brujas se podían convertir en espinos.

Se considera peligroso sentarse bajo un espino en Halloween, ya que puedes ser capturado por las hadas, pues ellas pasan bastante tiempo alrededor de los árboles de espino. Ésta es la razón por la cual necesitas pedir permiso a las hadas antes de cortar un espino. Una rama de espino colgada en la puerta protege a los habitantes de los malos espíritus.

La leyenda dice que cuando José de Arimatea llegó a Gastonbury, pegó en el piso con su cayado. El primer espino apareció en ese punto.

A los espinos les fue mejor en las culturas griega y romana. Las mujeres griegas solían usar coronas de flores de espino en las bodas. La antorcha nupcial era también de espino. Los romanos ponían hojas de espino en las cunas de los bebés para protegerlos mientras dormían.

Ya que el espino no florece hasta después de la última helada, la gente del campo lo usa para predecir el clima.

Ver *árbol, bruja, flores, hada, Halloween, relámpago, Wicca.*

Estornudo:

Muchas culturas creen que el alma se puede escapar del cuerpo cuando estornudas. Bendecir a la gente después de que estornudaba la protegía hasta que el alma regresara. Decir "salud" o "Jesús" a alguien cuando estornuda puede evitar que vuelva a estornudar. También te da buena suerte a ti. Es de mala suerte no decir esas palabras.

Un mito que data de la época de los romanos es la creencia de que si una mujer estornuda en el momento del orgasmo no quedará embarazada. También funciona saltar hacia atrás siete veces mientras estornudas.

Estornudar una o tres veces se considera de mala suerte, pero estornudar dos trae buena suerte. Sin embargo los niños pequeños tienen al respecto una superstición mejor: "Una, un deseo; dos, un beso; tres, algo mejor."

Se dice que es un buen signo que un enfermo estornude ya que indica que se recuperará.

El primer estornudo de un bebé es muy importante. La gente solía creer que los idiotas no podían estornudar. Por lo mismo, el primer estornudo de un bebé brindaba un gran alivio a los padres. En Escocia se creía que los bebés eran encantados por el conjuro de un hada, el cual se rompía con el primer estornudo.

En Europa, en el siglo XVII, se consideraba de buena educación quitarte el sombrero al estornudar. En 1627, Joseph Hall, obispo de Exeter, escribió que un hombre no es de verdad un amigo si no se quita el sombrero al estornudar.

Una vieja canción sobre estornudar dice:

Si estornudas en lunes, lo haces por peligro;
estornuda en martes, besa a un extraño;
estornuda en miércoles, lo haces por una carta;
estornuda en jueves, es por algo mejor;
estornuda en viernes, lo haces por tristeza;
estornuda en sábado, visita a tu amante mañana;
estornuda en domingo, ¡y el diablo te dominará el resto de la semana!

Es de buena suerte estornudar entre el mediodía y la medianoche, pero no hace bien estornudar entre la medianoche y el mediodía.

Es de mala suerte estornudar al vestirte en la mañana. Esto es signo de que la mala suerte te seguirá durante el día.

Es de buena suerte para todos los habitantes del hogar si el gato estornuda. También es de buena suerte si dos personas estornudan al mismo tiempo.

Mientras trabajaba en este libro, un amigo me dijo una superstición con la que no me había topado antes. Él creía que era de mala suerte voltear la cabeza a la izquierda mientras estornudaba, pero de buena suerte voltearla a la derecha.

Ver *bebé, cartas, gato, hada, sombrero, viernes 13.*

Estrella:

Los antiguos creían que era de mala suerte apuntar a una estrella. Esto porque pensaban que las estrellas eran seres sobrenaturales que miraban al mundo.

Mucha gente cree que tiene una estrella especial que los guía y protege. Napoleón decía: "[mi estrella guía] nunca me ha abandonado. La veo en cada gran evento, empujándome a seguir adelante. ¡Es mi augurio infalible del éxito!"

Por supuesto que si tienes una estrella guía, también tienes una mala estrella. Cuando tu estrella está en ascendente, tu suerte mejora, pero tu vida se vuelve una lucha cuando tu estrella está en descendente.

Una buena cura para la pobreza es esperar a que llegue una estrella fugaz o un meteorito para decir la palabra "dinero" tres veces mientras cae. El dinero te llegará después de hacerlo.

Otra superstición común sobre las estrellas fugaces o los meteoritos es que cada uno indica un alma yendo al cielo.

Una superstición encantadora sobre las estrellas es aquella que dice que pidas un deseo cuando veas el primer lucero de la noche. Esta tradición está registrada en una canción popular norteamericana del siglo XIX:

Estrella luminosa, estrella brillante, la primera estrella que veo esta noche,
deseo que sea,
quiero sólo
pedir un deseo
y que se haga realidad.

Ver *cielo, dinero, marineros, matrimonio.*

Estrellas de cine:

Las estrellas de cine, como los demás actores y actrices, son sumamente supersticiosos. Esto no es para sorprenderse ya que viven en un mundo inseguro donde puedes ser famoso un día y olvidado al día siguiente. Muchas estrellas de cine tienen acciones específicas que ejecutan para tener suerte.

Arnold Schwarzenegger rompe a propósito un par de lentes de sol dondequiera que haga una película. Muchas estrellas tienen talismanes. Robin Williams tiene un dije de marfil grabado que era de su padre. Bob Hope siempre usaba un par de mancuernillas de oro que le dieron en los estudios Paramount. Durante más de treinta años, nunca salió a escena sin ellas. Sofía Loren siempre se vestía con algo rojo, ya que creía que eso le daba buena suerte.

Ver *actores y actrices, encantamientos*.

Estremecimiento:

Una superstición popular que mucha gente sigue creyendo es que si se estremecen sin motivo aparente, es que alguien está caminando sobre el punto exacto donde estará su tumba.

Ver *temblor*.

Exámenes:

La gente se preocupa por los exámenes y las pruebas. Una superstición en la que prefiero no confiar es que si duermes con tus libros bajo la almohada la noche anterior al examen, lo pasarás.

Exorcismo:

Un exorcismo es ejecutado para expulsar espíritus malignos. Utiliza rezos y nombres santos para llamar a un poder sobrenatural. Los exorcismos son también practicados como forma de encantamiento para curar diferentes problemas de salud, como las lombrices. La Iglesia se oponía a estos, ya que invocaban al Padre, al Hijo y al Espíritu Santo sólo para una curación. Los exorcismos también se ejecutaban para eliminar ratas, pulgas y otros animales.

Robert Eric (1591-1674) capturó el espíritu de un exorcismo en su poema "El hechizo":

Agua bendita ven y trae;
moldeado en sal, para
condimentar:
pon la escobilla para salpicar:
saliva sagrada tráela hacia acá;
harina y ahora a mezclarlo,
y un poco de aceite ya sea
para ambos.
Dale las velas, sea aquí su luz;
suenan campanas de santos,
para espantar
lejos de aquí al espíritu del mal.

Ver *encantamiento, rata*.

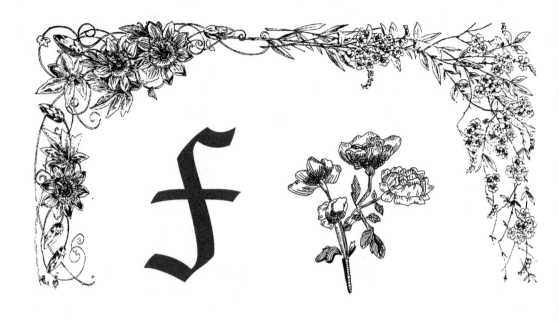

Falsos castaños:

Los falsos castaños funcionan como talismanes que traen buena suerte, quitan el dolor, atraen la riqueza y curan los dolores de cabeza. Los falsos castaños también se les llaman en inglés *buckeyes*, que significa "ojos de ciervo". Esto es porque las vainas parcialmente abiertas del árbol se asemejan a los ojos de un ciervo. A Ohio se le conoce como el "estado de los castaños" por la cantidad de falsos castaños que crecen ahí.

Ver *dolor de cabeza, encantamiento*.

Fantasma:

Un fantasma es un espíritu o aparición, usualmente de alguien que ya murió. Los fantasmas frecuentemente espantan en lugares con los que estuvieron relacionados mientras fueron hombres. También se encuentran en los cruceros. A los criminales y suicidas se les enterraba en los cruceros para que a sus fantasmas les resultara más difícil regresar a casa a espantar a sus familiares.

Se cree que la gente que nació en la hora siguiente a la medianoche es mejor para ver fantasmas que los demás. En Europa se creía que la gente que había nacido en domingo era capaz de ver fantasmas. En cambio en Escocia comúnmente se pensaba que la gente nacida en Viernes Santo o en Navidad tenía esta capacidad.

No todo mundo cree en fantasmas. En 1762, había un fantasma que espantaba en Cock Lane, Londres. Entonces alguien escribió un pequeño poema para el *Public Advertiser*, el cual se publicó el 5 de febrero de 1762:

Si falla el latín, el griego
y el hebreo,
conozco un conjuro
que debe vencer:
toma una onza tan sólo
de sentido común,
espantará a los fantasmas
y los sacará de ahí.

Lo mejor que puedes hacer si te encuentras un fantasma es hablarle. Dile: "En nombre de Dios, ¿qué es lo que quieres?" El fantasma te responderá o desaparecerá. Si los fantasmas te molestan, puedes evitar verlos llevando un anillo de calcedonia o basalto. También puedes repeler a los fantasmas cristianos llevando un crucifijo.

Ver *anillo, banshee, bebé, cruceros, días de la semana, entierro, funeral, gallo, Macbeth, muerte, Navidad, niños, perro, sentido contrario, Viernes Santo.*

Febrero:
William Shakespeare capturó el espíritu de febrero en *Mucho ruido y pocas nueces* cuando hizo que don Pedro, príncipe de Aragón dijera:

Buen día, Benedick.
¿Qué te pasa
por qué tienes cara de febrero,
tan llena de escarcha, de tormenta
y neblina?
(Acto 5, escena 4).

Febrero es el mes romano de la purificación. El día de la Candelaria, el 2 de febrero, es la fiesta de la purificación de la Santísima Virgen María. También es el Día de la marmota.

Si el clima está bien y hay escarcha al final de enero y a principios de febrero, es un signo de que todavía falta algo de infierno por venir.

Ver *Candelaria, clima, Día de la Marmota, enero.*

Febrero 29
Una vieja tradición dice que la gente que nació el 29 de febrero siempre tendrá buena suerte. Pero esta suerte no siempre incluye

dinero, los niños de año bisiesto siempre tendrán lo suficiente para arreglárselas y serán afortunados de muchas otras maneras.

Fisionomía:

La fisionomía es el arte de determinar el carácter de alguien a partir de su cara. En China es conocida como *Mian Xiang*, y con frecuencia se usa para predecir el futuro. Los chinos categorizan el rostro en siete tipos. Una frente amplia, una nariz delgada con fosas carnosas, lóbulos de la oreja pronunciados y una barba redonda son rasgos altamente positivos en el *Mian Xiang*. Alguien con dos o más de estos rasgos está destinado a tener gran éxito.

Los antiguos griegos relacionaban a las diferentes caras con diferentes animales. Por ejemplo, alguien con un rostro equino tenía la apariencia y rasgos de un caballo. Se suponía que ésta persona sería sincera, confiable, generosa y fácil de relacionarse.

Ver *caballo, nariz*.

Flores:

Las flores silvestres siempre han parecido misteriosas y mágicas. Por lo mismo, se relacionan con las hadas, los duendes y la brujería. En la mitología germana, las rosas eran protegidas por enanos y hadas y la gente tenía que pedir permiso para cortarlas. Dado que están íntimamente conectadas con la magia, las flores se usaban como amuletos y talismanes, por lo que unas servían para protegerse del mal. Los griegos, por ejemplo, creían que la peonía cuidaba a la gente de las tormenta y otras condiciones climatológicas violentas. Algunas flores se consideran afrodisíacas. Los espinos, las primaveras, las rosas y las violetas son unos ejemplos. Éstas se endulzaban y se comían. Otras flores como la caléndula, la orquídea y la rosa eran talismanes de amor.

Las flores siempre se han dado como gesto de amor y de amistad desde la época de los egipcios y se cree que dan buena suerte a quien las tiene. La buena suerte aumenta si hay un número non de flores en el ramo.

Las flores amarillas traen buena suerte a la casa. Las flores violetas dan oportunidades para un progreso financiero.

Los lirios simbolizan la virginidad y es importante que un hombre no las dañe. Esto arriesga la reputación y la pureza de las mujeres de su familia inmediata.

Las novias llevan flores como símbolo de buena suerte y fecundidad.

Los actores y actrices creen que las flores vivas en el escenario traen mala suerte. También es de mala suerte poner flores que estén fuera de temporada.

Cada signo del zodiaco tiene sus flores asociadas. Traen buena suerte a la gente nacida bajo cada signo:

Aries: anémona, narciso, espino, madreselva y capuchina.

Tauro: cerezo, nomeolvides (compartida con Escorpión) y rosa roja.

Géminis: flor de avellana, iris, lavanda y saxífraga.

Cáncer: trébol, margarita, lunaria y amapola blanca.

Leo: caléndula, peonía y girasol.

Virgo: lavanda y lirio del valle.

Libra: arañuela, rosa blanca y violeta.

Escorpión: crisantemo, nomeolvides (compartida con Tauro) y orquídea.

Sagitario: clavel, hiedra (compartida con Capricornio) y lila.

Capricornio: hiedra (compartida con Sagitario), jazmín, rosa de Navidad y campanilla de invierno (compartida con Acuario).

Acuario: amaranto, mimosa, azafrán enano y campanilla invernal (compartida con Capricornio).

Piscis: clavel, gardenia rosa, barba de chivo, arañuela y violeta dulce.

Una vieja superstición requiere que las enfermeras retiren las flores de los cuartos de los pacientes durante la noche. La razón común es que éstas impiden que el paciente reciba todo el oxígeno que requiere. La verdadera razón de esta costumbre es la creencia antigua de que los espíritus de las hadas se esconden dentro de las flores y pueden atacar al paciente de noche.

En la actualidad, las flores no se retiran del cuarto en la noche a menos que el olor sea muy intenso o puedan generar una posible infección. Ésta puede venir de la tierra de las plantas sembradas o de las bacterias del agua en la que se ponen las flores cortadas. Algunas personas aún creen que cualquier flor regalada en un hospital debe permanecer ahí al salir de él. Si se llevara a la casa, correrían el riesgo de regresar al hospital como pacientes en un periodo corto de tiempo.

También es de mala suerte obsequiar flores blancas a alguien que está enfermo. Esto es porque significan muerte. Se consideran aún más peligrosos los ramos de flores rojas y blancas y solamente con verlas pueden hacer que alguien muera. Esta superstición data de los tiempos de los romanos, cuando la gente cubría de flores rojas y blancas las tumbas de sus amantes muertos. Da buena suerte regalar a un paciente un ramo de flores solamente rojas, ya que el rojo simboliza vida. Las plantas moradas simbolizan buena voluntad y las naranjas, vitalidad, las cuales también son una buena elección.

Las flores siempre han tenido un significado escondido que expresa alegría, amor, admiración, agradecimiento y tristeza. *El libro de los sueños de Artemidoro* es una obra de la antigua Grecia que describe el significado de todas las flores que se usan como decoración o adorno.

El cristianismo cambió gradualmente los significados de algunas flores. La orquídea es un buen ejemplo, pues era originalmente una flor favorita en las bacanales y se usaba para evitar emborracharse. Sin embargo, bajo la influencia del cristianismo, se convir-

tió en un símbolo de la lealtad en el matrimonio. Se creía que la azucena nacía de la leche materna de la diosa griega Eostre[12]. En la era cristiana significaba pureza. El arcángel Gabriel es normalmente representado sosteniendo una azucena para significar la milagrosa concepción de María.

El código de caballería de la Edad Media generó un nuevo interés por el significado y simbolismo de las flores. Muchas historias de la época incluían a un caballero recibiendo flores de una doncella o coleccionando ciertas flores para dárselas a su dama.

William Shakespeare mostró gran conocimiento del significado de las flores en sus obras. En Hamlet, Ofelia lleva una corona de flores: ranúnculo, hiedras, margaritas y salicarias. Su público hubiera interpretado esto así: una hermosa doncella (ranúnculo), herida profundamente (hiedras), su juventud floreciente (margaritas), bajo la fría mano de la muerte (salicarias).

La interpretación de las flores se llevó más allá en los siglos XVIII y XIX y se creó todo un lenguaje de

[12] Es una imprecisión en el original. La diosa Eostre es germana (N. del T).

las flores. Éste era extremadamente útil para las parejas cuidadas por chaperones, ya que así podían intercambiar mensajes en secreto. El lenguaje de las flores fue registrado en más de cien libros populares. He aquí algunas interpretaciones:

Rosa blanca: castidad
o amor inocente.
Rosa roja: amor apasionado.
Rosa amarilla: celos.
Tulipán rojo: anhelo
y amor constante.
Hibisco: delicadeza y belleza.
Lirio blanco: pureza.
Violeta azul: fidelidad.
Nomeolvides: amor verdadero.
Heliotropo: anhelo.
Pensamiento: sólo pienso en ti.
Anémona: estoy abandonado.
Crisantemo amarillo: rechazo.
Campanilla de invierno:
esperanza.
Geranio: melancolía.
Jacinto púrpura: tristeza.
Lirio del campo: recuperación
de la felicidad.
Caléndula: desesperación.
Lavanda: desconfianza.

Dos o más flores podían generar pensamientos más complejos. La lavanda significa "desconfianza" y la lechuga significa "insensible". Por consiguiente, cuando un florero con lavandas se ponía junto a una lechuga, el mensaje era "no confío en ti porque eres insensible".

Ver *actores y actrices, amor, amuleto, avión, boda, brujería, caléndula, diente de león, encantamientos, espino, hada, hierba de San Juan, hiedra, lavanda, lila, lirio, margarita, narciso, novia, orquídea, pervenca, primavera, tatuaje, tumba, violeta.*

Florecer:
Los árboles y arbustos que florecen en temporada son sucesos bienvenidos, pero si el florecimiento ocurre en otra época, se considera de mala suerte. Si un gran número de árboles frutales florecen en el tiempo equivocado, es signo de un invierno largo y duro.

Es de mala suerte meter a la casa las flores del endrino, la retama o el espino.

Ver *árbol, boda.*

Fobias:
Una fobia es un miedo anormal, irracional, que con frecuencia tiene su causa en una superstición. La triscaidecafobia, el miedo al número trece, es un buen ejemplo de ello. Otras fobias comunes

incluyen la claustrofobia (miedo a los espacios cerrados), la acrofobia (miedo a las alturas), nictofobia, (miedo a la oscuridad) y la tanatofobia (miedo a la muerte).

Ver *trece*.

Foto:

Se considera de mala suerte que se caiga una foto de la pared sin motivo aparente, especialmente si el vidrio que cubre la foto se rompe. Algunas personas piensan que si la foto es de una persona viva, morirá como resultado de esto.

Puedes enviar una maldición a alguien colgando su foto contra la pared o de cabeza.

Ver *vidrio*.

Frenología:

La frenología es el arte de determinar el carácter de alguien sintiendo e interpretando las protuberancias del cráneo. La primera persona que practicó la frenología fue el doctor Franz Joseph Gall (1756-1828), un médico vienés. Con el doctor J. G. Spurzheim, su colega, Gall escribió el primer libro sobre el tema, llamado *El sistema fisionómico*. Creían que las zonas elevadas o protuberancias en el cráneo revelaban las habilidades y los talentos de los individuos.

La frenología fue extremadamente popular en el siglo XIX. Más de cincuenta organizaciones de frenología se formaron en Estados Unidos para promover esta modalidad. Ralph Waldo Emerson, Edgar Allan Poe, Mark Twain y Walt Withman fueron partidarios entusiastas de la frenología. Naturalmente esta nueva "ciencia" tuvo igualmente sus detractores, incluyendo a John Quince Adams, el ex presidente de Estados Unidos. Cuando el doctor Spurzheim murió, su autopsia se llevó a cabo en la Universidad de Harvard y la gente fue invitada para ver esa cabeza notable con sus propios ojos.

A comienzos del siglo XX, disminuyó enormemente el interés por la frenología y hoy solamente unos cuantos practican este arte. Sin embargo, ha habido un buen número de intentos de revivir dicho interés. En 1935, una máquina llamada el psicógrafo fue inventada para leer las protuberancias de la cabeza. Todavía se publican ocasionalmente libros sobre el tema, pero esto no ha ayudado pues ningún frenólogo ha sido capaz de diferenciar a una persona honesta de una deshonesta por la interpretación de sus protuberancias.

Fresno:

El fresno siempre ha sido considerado un árbol mágico, por lo cual juega un papel muy importante en las mitologías griega, romana y nórdica. En la mitología nórdica, Yggdrasil, el Árbol del Mundo que une al cielo con el infierno, es un fresno siempre verde. Las raíces están en el infierno, el tronco en la tierra y las ramas en el cielo. Sus hojas son las nubes en el cielo y sus frutos las estrellas. Odín se colgó de un fresno para adquirir iluminación y el conocimiento de las runas.

Los antiguos pastores usaban cayados de fresno y todavía, en la actualidad, el fresno es el material más usado para los bastones. Siglos atrás, las nodrizas en Escocia alimentaban a los recién nacidos con una gota de savia de fresno para protegerlos contra la brujería.

El fresno es uno de los árboles sagrados de la Wicca y se menciona al bendecir: "Por el roble, el fresno y la espina."

Es indicativo de un buen verano si el roble da hojas antes que el fresno. En 1648, las semillas aladas del fresno no aparecieron y un año después Carlos I fue ejecutado. Por lo anterior, es signo de muerte de un personaje prominente si no aparecen las semillas aladas.

Se usan las hojas perfectamente simétricas del fresno como amuletos de buena suerte. Si una joven duerme con una ramita de fresno bajo su almohada, soñará con su futuro marido. Por otro lado, algunas jóvenes ponían una ramita de fresno en su zapato, guante o seno izquierdos, pues creían que se casarían con el primer hombre soltero que conocieran.

Ver *amuleto, árbol, roble, varita, Wicca.*

Frijoles:

Los frijoles se han asociado con la muerte desde los antiguos egipcios. Los romanos comían frijoles en los funerales y hacían ofrendas de frijoles a los muertos. Los frijoles se asocian frecuentemente con la magia, como se ve en el cuento de *Juanito y los frijoles mágicos.*

Se cree que las flores que producen los frijoles contienen las almas de los muertos. Por consecuencia, se necesita tener cuidado con ellas cuando están floreando. También es de mala suerte oler las flores de las habas.

Es signo de muerte inminente en la familia si se encuentra un haba blanca. En algunos lugares, encontrar una planta de habas blancas también indica muerte.

Las familias de los campesinos comen normalmente una de cada cuatro plantas de habas. Una vieja canción dice:

Una para el ratón,
Una para el cuervo,
Una para pudrirse,
Y una para crecer.

A pesar de todo esto, los frijoles en sí son considerados de buena suerte y una buena cosecha de frijol trae prosperidad y felicidad.

Ver *funeral, magia, roble, Viernes Santo.*

Fuego:

El fuego ha jugado un papel fundamental en la evolución del hombre. Se consideraba un regalo especial de los dioses y a veces simbolizaba la vida misma. La chimenea se concibe en ocasiones como el alma del hogar. El fuego es uno de los cuatro elementos (fuego, tierra, aire y agua) que los antiguos griegos creían que constituían el mundo. En astrología, los tres signos de fuego son Aries, Leo y Sagitario.

Las hogueras se encienden en ciertos momentos para conservar la buena suerte de las cosechas y el ganado. En la Commonwealth británica, la noche de la hoguera es el 5 de noviembre. A esto también se le llama la noche de Guy Fawke, en honor a uno de los líderes de un pequeño grupo que quiso hacer incendiar el Parlamento en 1605.

La piromancia es el arte de la adivinación por medio de la observación de las llamas de un fuego. Este arte tiene orígenes prehistóricos y no es difícil imaginar a los hombres de las cavernas estudiando la crepitación de las llamas y las sombras que se formaban en los muros de las cavernas. Pitágoras (en el siglo VI a. C.) usaba la piromancia para responder preguntas. Era un método popular de adivinación en la época de los romanos. En la actualidad, la gente que practica la piromancia normalmente usa velas, en lugar de llamas rugientes, para hacer sus predicciones.

Ver *árbol*, *cordón umbilical*, *fuego*, *fuego de San Elmo*, *sombra*, *vela*.

Fuego de San Elmo:

En días de travesía, el fuego de San Elmo era un presagio particularmente bueno. El fuego consistía en destellos luminosos en los mástiles de los barcos después de la tormenta y los marineros creían que San Elmo los había ayudado a sobrevivir de las peligrosas condiciones del clima.

San Elmo era un obispo de Siria en el siglo IV, se mantuvo predicando durante una tormenta y fue alcanzado por un rayo, pero sobrevivió y siguió predicando.

Los marineros son todavía devotos de San Elmo y creen que ayuda a las mujeres embarazadas con los dolores del parto.

Ver *barcos*, *marineros*.

Fumar:

Actualmente no hay necesidad de usar la superstición para disuadir sobre el hábito de fumar ya que los estudios sobre los efectos de fumar son normalmente desalentadores. A los niños se les decía que fumar detenía el crecimiento y mucha gente sigue creyendo que esto es cierto.

Funeral:

Se considera de buena suerte para el alma del finado si llueve durante el funeral. Una vieja canción dice:

Feliz es la novia
sobre la que el sol brilla.
Feliz el difunto
sobre el que llueve.

Los funerales no debían retrasarse innecesariamente. Entre mayor sea el retraso, mayores serán las probabilidades de que alguien en la familia se muera. Éste es especialmente el caso si el retraso incluye el fin de semana. Es de mala suerte detener un funeral un domingo o un día de año nuevo.

La procesión debe regresar del cementerio a su casa por un camino distinto al que se tomó para llegar. Esto hace más difícil que el espíritu regrese a su casa. También puedes reacomodar los muebles en el dormitorio del muerto. Si el fantasma logra llegar a su casa, no reconocerá el lugar y se irá de nuevo.

Es de mala suerte contar el número de vehículos del cortejo fúnebre. El número de carros contados revela el número de años que te quedan de vida. (Otra versión de esta superstición dice que cada coche que cuentes te quita un año de vida.)

También se considera de mala suerte encontrarte por casualidad con un cortejo fúnebre. Si te pasa, debes de inmediato quitarte el sombrero para evitar la mala suerte. Si no llevas sombrero, inclina tu cabeza y haz el signo de la cruz en tu pecho.

Es de mal agüero que haya un número non de deudos en un funeral. Éste es un signo de que uno de ellos morirá pronto.

Ver *ataúd, avión, blanco, cadáver, carroza, clérigo, clima, coche, enero, fantasma, frijol, fúnebre, lluvia, pavo real, romero, sal, sombrero, trece, vaca, verrugas.*

Gallo:

El gallo es un animal de la suerte, se dice que un gallo anunció el nacimiento de Cristo. Otra superstición cristiana es que todos los gallos, vivos o muertos, hasta los que están en las veletas, van a cantar el día del juicio. Su canto despertará a todas las almas.

En la Biblia, Pedro negó a Jesús tres veces antes de que el gallo cantara por tercera ocasión (Mateo 26, 34, Marcos 14, 30, Lucas 22, 34).

Se dice que tendrás un buen día si oyes a un gallo cantar camino a tu trabajo. Un gallo que canta cuando cae la noche predice mal clima al día siguiente. Oír a un gallo cantar entrada la noche indica muerte en el vecindario.

Es de buena suerte tener un gallo ya que ahuyenta a los fantasmas. Un gallo blanco es de mejor suerte que uno negro.

Ver *fantasma, hueso de la suerte, muerte, panecillo.*

Gaviota:

Se consideraba a las gaviotas aves de mal agüero ya que se creía que eran la rencarnación de marineros ahogados. Siempre se juzgó desafortunado matar a una. Es un signo de muerte que tres gaviotas vuelen sobre alguien. Sin embargo, es de buena suerte que los marineros vean a las gaviotas posadas en el agua.

Se considera generalmente signo de lluvia cuando las gaviotas vuelan hacia la tierra. Cuando los mares se vuelven tormentosos y los peces son difíciles de encontrar, las gaviotas vuelan hacia la tierra en busca de comida, convirtiéndose en elementos de predicción del clima altamente eficientes. Un viejo dicho habla de esto:

Gaviota, gaviota, entra en la arena,
nunca estaré bien si estás
en la tierra.

Las gaviotas comúnmente no tienen buena fama. Sin embargo, existe un monumento a la gaviota en Salt Lake City, Utah. En mayo de 1848, los mormones plantaron su primera cosecha y se horrorizaron cuando una plaga de langostas llegó y comenzó a comérsela. Los colonizadores se arrodillaron y rezaron. Milagrosamente, miles de gaviotas llegaron y devoraron a las langostas. Esto salvó el resto de la cosecha para que los pioneros pudieran sobrevivir.

Ver *lluvia, marineros, pescado.*

Gárgola:

Las gárgolas son criaturas espantosas esculpidas en piedra o madera y están adosadas en las iglesias y en otros edificios para protegerlos de los malos espíritus. Las gárgolas tienen bocas y gargantas grandes para chupar cualquier energía maligna que pueda estar acechando el edificio.

Ver *iglesia.*

Garra:

Un amuleto hecho de las garras de un animal protege a quien lo usa de acuerdo con la fuerza del animal. Por ejemplo, un amuleto de la garra de un tigre será más poderoso que el hecho con la garra de un tejón. Se cree que un amuleto de la garra de un oso ayuda a las mujeres durante el parto.

Ver *amuleto.*

Gato:

Los gatos eran consagrados a la diosa Isis en el antiguo Egipto. Bast, la hija de Isis, fue imaginada con rostro de gato. Los gatos eran tan venerados que cualquiera que matara a uno, aún si era por accidente, era sentenciado a muerte. Fue en el antiguo Egipto donde se originó la creencia de

que los gatos negros que cruza-
ban tu camino te traerían buena suerte.

La tradición opuesta comenzó
en la Edad Media en Europa. Los
gatos se cotizaban muy bajo en
esa época pues la gente pensaba
que eran familiares de las brujas.
Se creía que los gatos negros eran
brujas disfrazadas.

Una creencia paralela era que
por cada 7 años de servicio a una
bruja, un gato negro se convertiría en bruja. Por consiguiente, un
gato negro que se cruzaba en tu
camino era un indicador de mala
suerte ya que el demonio te estaba vigilando.

Cuando la gente se mudaba de
una casa a otra, se consideraba
de mala suerte encontrar la nueva casa muy limpia. Esto era porque toda la buena suerte se había
removido con la suciedad. La solución era meter a un gato en la
nueva casa antes de mudarse.
Cualquier espíritu maligno o infortunio se pegaría al gato, el cual
moriría rápidamente.

Es de buena suerte caminar por
cualquier lugar y encontrar un
gato en tu lado derecho. Sin embargo, es de mala suerte ver a un
gato en tu lado izquierdo. Es sig-

no de una pelea por suceder si
ves a un gato darse la vuelta dos
o tres veces.

Es un signo de buena suerte si
tu gato estornuda en la mañana.
Un estornudo a cualquier hora
del día es signo de que va a llover.
Tres estornudos seguidos es signo
de buena suerte. Es de extremada
buena suerte que un gato estornude cerca de la novia en una boda.

La vieja superstición de que los
gatos se acercan lentamente a tu
cara cuando estás dormido con la
intención de extraer todo el aliento de tu cuerpo se relaciona con
la idea de que los gatos son sirvientes de las brujas. Aún ahora,
las madres sacan a los gatos de los
cuartos de los bebés, preocupadas
por la respiración del bebé.

Una creencia común es que los
gatos pueden caer desde grandes
alturas sin lastimarse y siempre ate-
rrizar en cuatro patas. Sin embargo,
el mito de que no se lastiman es
incorrecto y los veterinarios ven
regularmente a gatos con la man-
díbula o la pelvis rotas debido a
sus caídas.

Otra idea equivocada que es muy
común es que los gatos no saben
nadar. Inicialmente, los gatos fueron domesticados en los desiertos

de Egipto y no tenían una afinidad natural con el agua. Sin embargo, los gatos a los que se les acostumbra al agua cuando son cachorros les encanta jugar en ella. El gato doméstico bengalí que se encuentra en la India, Nepal y China, es conocido como el "gato nadador". Tiene garras extremadamente largas y puede pescar.

Si tu gato empieza a lavarse la cara, es síntoma de que un visitante te llamará.

Los gatos negros traen buena ventura a la casa. También es un síntoma positivo si un gato negro entra a tu casa. Déjalo estar mientras lo desee. Si lo persigues para que salga de tu casa, se llevará tu buena suerte.

Los gatos pueden ser usados para incrementar el número de comensales en el caso de que haya trece en la mesa. Si el gato se sienta en las piernas de uno de los invitados, el número subirá a catorce y quienes sufren la triscaidecafobia (miedo al número trece) podrán descansar. Si se usa un gato negro, traerá buena suerte a todos los que están en la mesa.

Ver *barcos, béisbol, blanco, boda, bruja, canario, diablo, embarazo, es-* *tornudo, lengua, mascota, negro, novia, sirviente, teatro, trece.*

Gemas:

Una gema es un mineral que ha sido cortado y pulido para revelar su belleza natural. Dado que son raras y bellas, siempre han sido apreciadas como amuletos y talismanes. Las piedras preciosas en la corona del rey no eran solamente decoraciones o manifestaciones de riqueza; eran amuletos que tenían la intención de protegerlo de las fuerzas de la oscuridad.

Dado que las gemas son bellas, gradualmente fueron siendo apreciadas más por sus cualidades estéticas que por poderes mágicos. Sin embargo, a mediados del siglo XX, la gente volvió a fascinarse con las cualidades protectoras y curativas de los cristales y más gente que nunca las usa como amuletos, en lugar de artículos de joyería. Las gemas más populares como talismanes son la amatista, la hematites, la malaquita, el cuarzo transparente, el cuarzo rosa, el cuarzo citrino, el ojo de tigre y la turquesa.

Ver *Acuario, ágata, aguamarina, alejandrita, amatista, amuleto, Aries, azabache, Cáncer, Capricornio, cornerina, cuarzo, cuarzo citrino, diamante, encantamientos, Escorpión, esmeralda, Géminis, granate, hematites, imán, jade, jaspe, lapislázuli, Leo, Libra, malaquita, obsidiana, ojo de tigre, ónix, ópalo, piedra lunar, Piscis, rubí, Sagitario, serpentina, Tauro, topacio, turquesa, Virgo, zafiro.*

Gematría:

Es un método de correspondencia entre palabras cabalísticas. Se basa en las letras del alfabeto hebreo, convertidas en números usando la numerología. Se cree que las palabras que tienen el mismo valor numérico tienen una relación especial entre ellas. Esto permite a los cabalistas analizar un mensaje y revelar misterios. Las Sagradas Escrituras pueden ser leídas de manera totalmente distinta usando la gematría.

Un ejemplo famoso de esto se encuentra en el Apocalipsis, donde San Juan menciona el 666 como el número de la Bestia (Apocalipsis 13,18). Los primeros cristianos pensaron que se refería al emperador Nerón, quien persiguió a los cristianos. Su nombre en griego sumaba 666.

Ver *numerología.*

Gemelos:

Se cree que los gemelos poseen poderes especiales como la clarividencia o el don de ver el futuro. Esto es debido a que en una época se creía que eran el fruto de la unión entre un dios y un mortal.

Los antiguos encontraron difícil de aceptar la idea de los gemelos. En ocasiones se consideraba de mala suerte tener gemelos y uno de los bebés debía ahogarse. Ésta siempre era la niña si resultaba que los gemelos eran niño y niña. Sin embargo, a los gemelos se les veía con mejores ojos en Egipto y en Roma, en donde tenían dioses gemelos. Los egipcios adoraban a Osiris y a Set; los romanos tenían a Rómulo y Remo. La expresión "¡Por géminis!" era originalmente un juramento romano que se refería al signo astrológico de los gemelos.

Se creía que los gemelos se daban si el marido derramaba accidentalmente pimienta mientras su mujer estaba embarazada. Sin embargo, podía evitarlo tirando algo de pimienta sobre su hombro. Una creencia menos agradable era que un hombre podía ser solamente el padre de un solo hijo, por lo que el hijo adicional debía ser hijo de una infidelidad de su esposa, o probablemente la obra de los espíritus malignos.

Se dice que los gemelos poseen una sola alma, que no son tan fuertes como un niño solo, y que si uno de los gemelos muere, el otro tendrá energía adicional y poderes curativos. Si se casan el mismo día, deben hacerlo en iglesias diferentes.

Géminis:

Géminis es el tercer signo del zodiaco. Su símbolo son los gemelos. Su elemento es el aire y su piedra es el ópalo. Su frase clave es "Yo pienso."

El símbolo de Géminis viene de las estrellas gemelas Cástor y Pólux, nombres de héroes de la mitología griega. Los gemelos simbolizan la naturaleza dual de Géminis. Los nacidos en Géminis son ingeniosos, hábiles, de una inteligencia rápida y muy versátiles pues están interesados en casi todo. Les gusta mucho aprender, pero aprenden mejor en lapsos cortos de actividad, en lugar de periodos largos de concentración. Los nacidos en Géminis son elocuentes y por lo común son excelentes conversadores.

Ver *aire, astrología, elementos, gemas, ópalo, zodiaco.*

Golondrina:

La llegada de las golondrinas en la primavera y su salida en otoño ha sido fuente de una interminable fascinación. La aparición de golondrinas le decía a la gente que el verano estaba cerca. Ver a una golondrina en el aire era un signo de buena suerte. Los antiguos griegos pensaban que las golondrinas no volaban sino que se enterraban al fondo de los estanques para hibernar con las ranas y las tortugas. Esta creencia quizá proviene del hecho de que las golondrinas que habitan los graneros construyen sus nidos con lodo.

Las golondrinas llegan cada año a la Misión de San Juan Capistrano, cerca de San Diego, California. Normalmente arriban el 19 de marzo (día de San José) y se regresan el 23 de octubre (día de San Juan Capistrano).

Es de buena suerte que una golondrina construya su nido en tu casa. Esto protege tu hogar. El mejor lugar para que esté el nido es en las alas de los tejados.

Pero es de mala suerte si una golondrina construye un nido en una casa y lo deja inesperadamente. Esto quiere decir que la casa será destruida por el fuego.

Una vieja creencia cristiana dice que una golondrina dijo: "¡Muerto! ¡Muerto!", en la crucifixión de Jesús para evitar que los soldados romanos siguieran lastimándolo. Por esto, es de mala suerte lastimar a una golondrina.

Se cree que las golondrinas llevan piedras mágicas en sus cuerpos. Una es roja y se cree que cura la locura. La otra es negra y da buena suerte. Si pones cualquiera de las dos, o ambas, bajo tu lengua, podrás persuadir a la gente con tu elocuencia. Las golondrinas curan problemas de los ojos. Si tienes tales problemas espera a oír a una golondrina cantar en la primavera y luego lávate los ojos mientras rezas en silencio. La golondrina volará lejos, llevándose tus problemas de ojos.

Ver *clima, fuego, golondrina, lengua, ojo, pájaros.*

Gorrión:

El humilde gorrión ha sufrido durante años la leyenda de que traicionó a Cristo, primero en el huerto de Getsemaní. Después, contrario a la golondrina, en la cruz, cuando un gorrión cantó: "Él vive, Él vive", advirtiendo a los soldados que Jesús no había muerto. Dios castigó al gorrión atándole un hilo invisible a sus patas, por eso salta en lugar de caminar.

Ver *cruz, Día de San Valentín.*

Grajo:

Una vieja superstición explica por qué no ves tantos grajos azules (ave muy semejante al cuervo) u otros grajos los fines de semana. Dicen que cada viernes van al infierno a contarle al demonio los malos actos que ha hecho la gente en la semana. También llevan al diablo ramitas para que mantenga al infierno ardiendo.

Ver *diablo, fuego, viernes.*

Granate:

El granate es una piedra color rojo intenso que parece brillar con su propia luz. No es raro que los romanos la usaran para representar a Marte, dios de la guerra. Creían que podía enfurecer, apasionar y violentar a la gente.

Los cristianos notaron el color rojo sangre del granate y lo adoptaron para simbolizar el sufrimiento de Jesús en la cruz.

Quienes hacen curaciones con cristales usan el granate para remover energías negativas de sus pacientes. También lo usa la gente a quien le falta energía y la gente que quiere aumentar su compasión o atraer a su pareja.

Ver *aniversario de bodas, gemas.*

Grillos:

Es de buena suerte que un grillo entre a tu casa. Es de mala suerte matar a un grillo en domingo.

Su chirrido predice cambios de clima, la llegada de amigos y cambios en la suerte.

Ver *clima.*

Gris-gris:

Los gris-gris son amuletos especializados que se usan como protección contra los conjuros y hechizos del vudú. Se usan con mayor frecuencia en África y en el Caribe.

Ver *amuleto, hechizo, vudú.*

Guantes:

Los guantes usados tienen gran significado. Los caballeros llevaban el guante de una dama en sus yelmos y lo defendían con sus vidas.

En el medioevo, un guante doblado era señal de que se celebraría un juicio en la corte. Se podía lanzar un guante al piso como desafío. Los clérigos los usaban para mostrar simbólicamente que sus manos estaban limpias y no aceptarían sobornos.

Si se te cae un guante, es de mala suerte que tú lo levantes. Esto viene de la costumbre de las damas que dejaban caer sus guantes con la esperanza de que el prospecto de amante lo levantara.

Si accidentalmente dejas tus guantes en casa de un amigo, no puedes simplemente regresar por ellos. Si lo haces, no volverás a ser invitado. Deberás visitarlo nuevamente, sentarte un rato antes de recoger los guantes y luego levantarte antes de ponértelos.

Es de mala suerte perder un guante y peor perder los dos. Si una bruja los encuentra tendrá poder sobre ti. Es bueno encontrar un par de guantes, especialmente en domingo. Es un signo de que la siguiente semana será feliz y exitosa. Si regalas a alguien unos guantes, debes recibir algo a cambio. Si esto no ocurre, ambos tendrán mala suerte.

Ver *bruja, vestido de novia.*

Hacha:

Las hachas son potencialmente peligrosas ya que poseen orillas afiladas y están hechas de acero. Las hachas son consideradas herramientas para exteriores y deben guardarse en un cuarto de herramientas o en el granero. Es de mala suerte meter un hacha a la casa.

Es de mala suerte soñar con un hacha ya que es signo de peligro inminente.

Ver *acero*.

Hada:

En la actualidad, las hadas pertenecen en gran medida a las historias infantiles. Sin embargo, hadas duendes, elfos y gnomos han sido tradicionalmente causa de muchos infortunios como que las vacas dejen de dar leche o que alguien se rompa un pie o un brazo. También se roban bebés de sus cunas sustituyéndolos con bebés duplicados.

Tanto se temía a las hadas en el siglo XVII que se les llamaba los "buenos vecinos" o la "buena gente" porque nadie quería mencionarlas por su nombre. Mucha gente también se persignaba y decía: "Dios nos salve", cuando se mencionaba el tema de las hadas. Aún hoy, algunas personas piensan que es de mala suerte hablar de hadas.

Sin embargo, se creía que las hadas hacían el bien en lugar del mal. Por lo mismo, era sensato agradecerles cualquier acto afortunado que sucediera en el camino. El concepto de tocar madera es relacionado con esto. La gente creía que hablar mucho de buena fortuna podía atraer la atención de los malos espíritus, quienes tratarían de llevársela. Por eso tocaban madera para alejar cualquier efecto maligno que sus palabras hubieran causado. En los tiempos de los druidas, la gente creía que los dioses vivían en los árboles. La gente tocaba el árbol y pedía ayuda. Una vez que la solicitud se atendía, tocaban el árbol nuevamente y agradecían a los dioses. Gradualmente, los dioses se convirtieron en las hadas del bosque. Tocar tres veces ahuyentaba a cualquier mal espíritu que estuviera acechando por ahí.

Hadas y duendes normalmente viven en pequeñas comunidades, aunque algunos tipos, como los leprechauns, los duendes irlandeses, viven solos. Las hadas bailan a medianoche y los círculos donde bailan se encuentran con frecuencia en la hierba. La gente evita estos círculos dentro de lo posible pues existen historias terroríficas sobre gente que se durmió accidentalmente en estos círculos. La gente se ponía el sombrero mirando hacia atrás si caminaba donde hubo círculos de hadas. Esto era para confundir a las hadas que trataran de sonsacar a la persona para que bailara.

Mucha gente sigue creyendo en las hadas. Cuando vivía en Cornwall, mi casera me dijo que las hadas eran fantasmas de los antiguos druidas. La mayoría de los modernos creyentes de las hadas las consideran espíritus de la naturaleza que cuidan las flores y las plantas.

El término "lejos con las hadas" vino como una manera de describir a alguien que estaba temporalmente fuera del mundo.

En la magia, las hadas son las almas del elemento aire; los gnomos son los seres de la tierra, las sílfides son del aire, ondinas del agua y salamandras son del fuego.

Ver *agua, aire, árbol, calentar la casa, dientes, duende, elemento, embarazo, flores, fuego, niño cambiado, pista de las hadas, pixies, tierra, tocar madera, varita, verde.*

Hada de los dientes:

La historia del hada de los dientes comenzó en Alemania. Originalmente era un "ratón de los dientes" que se llevaba el diente de leche a su guarida. El origen de esta superstición era el miedo que la gente primitiva tenía a que las uñas y el pelo que se cortaban cayeran en las manos equivocadas, lo que los hacía vulnerables a los hechizos y a las posesiones. Si un diente de leche caía en las manos equivocadas, se pensaba que el nuevo diente tendría las características de quien poseyera el anterior.

El hada de los dientes terminó con la vieja superstición. Perder un diente se convirtió en algo bueno para los niños ya que podían recibir un regalo de esta hada.

Ver *cabello*.

Halloween:

Hace más de dos mil años, los druidas celtas celebraban el fin de año el 31 de octubre. Llamaban a su festival *Samhain*, que significa "fin del verano". Estas fiestas se hacían en honor a Baal, dios del sol que ayudaba a que se diera la cosecha. También pedían a Baal ayuda y apoyo para todo el invierno que entonces entraba.

Los celtas creían que en ese día las almas de los muertos podían regresar a visitar a sus seres queridos que seguían vivos. Naturalmente, algunos de esos fantasmas o espíritus, aprovechaban al máximo su día de regreso al mundo y se divertían jugándole bromas a la gente.

Cuando los romanos conquistaron a los celtas, añadieron dos festividades de otoño al Samhain. Una de ellas era en honor a Pomona, la diosa de las frutas y los árboles. Ésta es probablemente la explicación de que en la actualidad se incluyan manzanas en el Halloween.

La Iglesia cristiana trató de abolir las antiguas celebraciones paganas y en muchos casos lo hizo superponiendo sus propias festividades en los días en que había fiestas paganas. Por eso, en el siglo VIII, el papa Gregorio III cambió el Día de Todos los Santos de mayo a principios de noviembre. Cien años después, el Papa Gregorio IV decidió que la víspera de Todos los Santos sería el 31 de octubre, Todos los Santos el 1 de noviembre y el de Todas las Almas el 2 de noviembre. La palabra Halloween viene del inglés *All Hallows'*

Evening, Víspera de Todos los Santos. Esto gradualmente se fue contrayendo a *All Hallows' Even*, seguido por *All Hallowe'en* y finalmente *Halloween*.

Los inmigrantes del siglo XIX de Escocia e Irlanda llevaron el Halloween a Estados Unidos como una celebración secular y gozosa, incorporando murciélagos, escobas, gatos, demonios, fantasmas, lámparas de calabazas con caras esculpidas, brujas, adivinación de la suerte y el agacharse por manzanas.

La solicitud de dulces o regalos de los niños es una idea del siglo XX que comenzó en Estados Unidos. Sin embargo, tiene antecedentes históricos. En la víspera del Día de Todos los Santos, la gente pobre en Inglaterra iba de puerta en puerta pidiendo galletas, *soul cakes*. Llevaban lámparas hechas con una especie de betabel llamado *mangel-wurzel*.

Hay muchas supersticiones relacionadas con el Halloween. Es importante, por ejemplo, no voltear si oyes a alguien caminar detrás de ti en Halloween. Esto debido a que es probable que sea la muerte y es fatal mirarla a la cara.

También puedes apartar el velo del futuro en Halloween. Si te detienes en un crucero y escuchas al viento, descubrirás lo que el año siguiente tiene guardado para ti. Si una niña se para frente a un espejo y se come una manzana mientras se peina a medianoche en Halloween, ella verá en el espejo el reflejo de su futuro marido. Tal vez prefiera pelar la manzana en una sola y larga tira y arrojarla sobre su hombro izquierdo. La forma de la cáscara indicará la primera letra del nombre de su futura pareja. Otra variación es colgar la cáscara al lado de la puerta. El primer hombre que entre a la casa por esa puerta tendrá la misma inicial que su futura pareja.

Atrapar manzanas con la boca es un juego en el cual las manzanas flotan en un contenedor con agua y los niños tratan de morderlas. Una vieja superstición dice que te casarás finalmente con la persona que te convide de la manzana que mordiste.

En México, la gente celebra el Día de los Muertos el 2 de noviembre. Las familias ponen comida especial para sus difuntos días antes con el fin de que la disfruten cuando regresen ese día del año.

Ver *crucero, espejo, fantasma, iglesia, manzana, muerte, viento*.

Hechizo:

Un hechizo es un ritual o un procedimiento que se lleva a cabo para generar un cambio específico en una situación. Cualquiera puede formular un hechizo, pero los hechizos están tradicionalmente asociados con los magos y brujas. Comúnmente se cantan conjuros o palabras específicas, que en ocasiones son palabras sin sentido y rimas para crear el hechizo. En ocasiones se utilizan ingredientes especiales, necesarios para ayudar a que la magia sea efectiva.

Los hechizos pueden ser buenos o malos. Un buen hechizo puede ayudar a que mejore la salud de alguien, mientras que un hechizo malo puede hacerse para obligar a alguien a que haga algo específico.

Ver *agua, anj, bruja, calcetines, elemental, encantadores, luna, Macbeth, magia, orina, pan, piedra lunar, sentido contrario, zumbido de oídos.*

Hematita:

La hematita es una forma del óxido ferroso. Se le conoce como "piedra que sangra" pues adquiere unas marcas rojizas cuando se frota contra una piedra de toque.

Por esto, y también porque tiene hierro, los antiguos griegos asociaban a la hematita con Marte, el dios de la guerra.

Se cree que la hematita da valentía y motivación. Usar hematita elimina la desidia, las inseguridades y el miedo.

Quienes hacen curaciones con cristales usan hematita para aumentar la creatividad, aclarar el pensamiento y mejorar considerablemente la memoria.

Ver *gemas.*

Hematites:

La hematites es una calcedonia de color verde oscuro que contiene partículas de hierro. Esto produce puntos rojos y marrones dentro de la piedra. Dado que estos puntos parecen sangre, la hematites se colocaba en las tumbas de los antiguos egipcios para proteger a los muertos y también se la conocía como la "Sangre de Osiris". Los soldados griegos y romanos llevaban amuletos de hematites en las batallas, creyendo que los protegerían de una pérdida de sangre en caso de ser heridos. En la cristiandad, la "Sangre de Osiris" se convirtió en "Sangre de Cristo". Se decía que la hematites había sido originalmente una piedra de color verde que estaba al pie de la cruz de Jesús. Las gotas de sangre que cayeron en la piedra crearon los puntos rojos que actualmente tiene.

A la hematites se le llamaba originalmente "piedra de toque", porque la gente pensaba que revelaría si la comida o la bebida que tocaba estaba contaminada. A la hematites también se le atribuía que hacía hervir el agua, evitaba desacuerdos, promovía la valentía y brindaba claridad mental. Igualmente tenía usos médicos, ya que se creía que detenía los sangrados internos y externos.

La hematites es aún una piedra popular para los amuletos y se usa para proteger a la persona del estrés y los problemas de circulación. También inculca la confianza y la autoestima.

Ver *cruz, gemas.*

Herradura:

La herradura es uno de los talismanes más conocidos. Se cree que evita el mal y atrae la buena suerte. Nadie sabe cómo o dónde empezó esta creencia, pero puede estar relacionada con la adoración a los caballos. Otros oríge-

nes posibles son la forma de cuarto creciente de la herradura, a la cual veneraban los adoradores de la luna, o al hecho de que está hecha de hierro, un metal que se pensaba que tenía propiedades mágicas. El hierro también se apreciaba porque protegía a la gente del demonio.

Las herraduras se clavan por lo general arriba de la puerta principal de la edificación para proteger a los habitantes de los malos espíritus. Como muchos marineros, antes y después de él, Lord Horatio Nelson tenía una herradura clavada al mástil del *HMS Victory* para asegurar la buena suerte de todo mundo a bordo.

En la mitología cristiana existe una historia sobre cómo San Dunstan (*circa* 909-998 d. C.), arzobispo de Canterbury, usaba una herradura para alejar al demonio. Cuando era joven, San Dunstan trabajó como herrero. Un día, un animal de dos patas con cuernos lo visitó y le pidió ser calzado. San Dunstan inmediatamente reconoció a la criatura como el demonio y le clavó los clavos en las patas con tanta fuerza que el demonio gritó de dolor. Antes de irse, el demonio prometió no volver a entrar a una casa con una herradura sobre la puerta.

En el medioevo, se clavaban tres herraduras a los pies de la cama de un enfermo. Se decía que apaciguaba a tres dioses: "Uno para Dios, otro para Wod, y otro para Lok." Aunque el primero de éstos era el cristiano, los otros dos venían de la mitología nórdica. Wod representaba a Woden, u Odín, el gran dios mago. Lok representaba a Loki, el astuto embaucador que hacía que ocurriera el mal. Ambos dioses tenían que ser sosegados. Es interesante que la expresión inglesa *one for luck*, que quiere decir, "para la buena suerte", se refiera a Loki.

Las herraduras más efectivas, desde el punto de vista de la suerte son las que se encuentran accidentalmente. Una herradura que se compra es mucho menos propicia. Si encuentras una herradura, debes llevarla a casa sin decir nada a nadie y permanecer en silencio hasta que claves la herradura en tu puerta. Las herraduras se ponen normalmente arriba de la puerta principal de la casa, esto asegura que la buena suerte se quede adentro.

La herradura se clava normalmente con las puntas hacia arriba para evitar que la suerte se caiga. Esta forma también detiene al demonio, asegurando que no pueda entrar en la casa. Algunas personas argumentan que este arreglo hace ver a la herradura como los cuernos del diablo y prefieren tener las dos puntas hacia abajo. Esta disposición, por supuesto, no puede sostener al diablo, ya que se caería.

Los herreros solían ser las únicas personas que podían clavar las herraduras con las puntas hacia abajo. Creían que esto permitía que la buena suerte fluyera libremente en sus talleres. Sin embargo, mucha gente clava sus herraduras de esta forma en la actualidad, ya que así las herraduras se ven como un imán que atrae la buena suerte.

La tercera posibilidad es poner la herradura de lado, con las dos puntas señalando a la derecha y formando la letra "C", que es de Cristo. Esta variación era popular entre los primeros cristianos, y proporcionaba la bendición de Dios al edificio y a sus ocupantes. Aún hoy verás ocasionalmente herraduras clavadas hacia ese lado.

Los adornos con forma de herradura se utilizan frecuentemente como talismanes que se llevan o sirven para decorar. A las novias muchas veces se les regala una herradura de adorno el día de su boda. El pastel de boda en muchas ocasiones tiene una herradura incorporada al diseño. El confeti también se corta con frecuencia con la forma de una herradura.

La buena suerte provocada por las herraduras se extiende a los clavos. Los anillos que se fabrican a partir de los clavos de una herradura traen tanta buena suerte como las mismas herraduras. El hecho de que haya siete clavos en cada herradura aumenta la suerte.

Ver *boda, carrera de caballos, clavo, diablo, encantamiento, hierro, luna, marineros, negocio, pastel, puerta, siete.*

Herrero:

Dado que los herreros trabajan con fuego y acero, generalmente se piensa que poseen poderes sobrenaturales y místicos. Se acostumbraba cargar a los niños enfermos sobre un yunque, creyendo que eso los curaría.

Es famosa la renuencia de los herreros a trabajar en Viernes Santo ya que los clavos de ese día los exponen al demonio.

Ver *demonio, fuego, Viernes Santo, acero, clavo.*

Hiedra:

Los antiguos romanos le dedicaban la hiedra a Baco, pues creían que evitaba la embriaguez. La hiedra es una planta perenne, por lo cual representa la vida eterna en el simbolismo cristiano. Debido a esto, en parte, se usa con frecuencia en coronas funerarias. La hiedra también protege todo el funeral por completo.

Se dice que beber de una copa o de un cuenco hecho de madera de hiedra cura a los niños de cólicos y tos ferina.

La hiedra que crece sobre las paredes de una casa protege a sus habitantes. Sin embargo, si la hiedra muere, indica que alguien que vive en la casa también va a morir.

Cuando nadie las veía, las solteras arrancaban una hoja de hiedra y decían:

Hiedra, hiedra que arranqué,
en mi seno te acosté;
el soltero que me hable primero,
seguro mi verdadero amor será.

Un joven puede ver en sus sueños a su futura pareja poniendo diez hojas de hiedra bajo su almohada.

Ver *boda, callos, cólico, flores, funeral.*

Hierba:

Las hierbas son la pesadilla de todo jardinero; de acuerdo con la superstición, Dios estaba tan enojado con la desobediencia de Adán que maldijo a la tierra con las hierbas. No importa cuánto se trabaje en el jardín, la desaprobación de Dios a Adán significa que nunca se estará libre de hierbas.

Ver *tierra*.

Hierro:

El hierro se ha considerado de buena suerte desde la prehistoria. La gente atestiguaba los fenómenos sobrenaturales de los meteoritos volando por el espacio y aterrizando en la tierra. Las armas que hacían con el hierro de los meteoritos debieron de haber parecido regalos de los dioses. Obviamente, ya que el hierro venía de los cielos, los malos espíritus y el demonio tenían que detestarlo. La gente que se armaba con espadas y escudos de metal podían derrotar fácilmente a aquellos que no tenían armas metálicas. Esto aumentó la fe en las propiedades mágicas y poderosas del hierro. Esta creencia se mantuvo incluso hasta después de que la gente empezó a extraer con la minería el hierro, en la Era de Bronce (*circa* 2 000 a. C.). El hierro extraído de la tierra no tiene el níquel que tenía el extraído de los meteoritos.

Plinio, el escritor romano del siglo I, registró que la gente clavaba los clavos de los ataúdes en las puertas y ventanas para protegerse de los espíritus malignos que vagan por el mundo en la noche. En la Edad Media, la gente ponía un hurgón de hierro sobre las cunas de los niños que no habían sido bautizados para protegerlos del demonio. Aún hoy algunas personas ponen un objeto de hierro, como un cuchillo, bajo el colchón para evitar que las brujas entren en su casa.

Ver *alfiler, anillo, aniversarios de boda, bruja, clavo, clérigo, cubiertos, cuchara, cuchillo, cuna, diablo, hacha, herradura, hoz, mineros*.

Higo:

El signo del higo se forma cuando cierras el puño y pones tu pulgar entre el índice y el cordial. Como este gesto se considera muy grosero en algunos países europeos, se necesita usar con cuidado. El signo del higo se usa como escudo para el mal de ojo. También se puede usar cuando has hecho una buena acción y no quieres que el demonio se entere.

Ver *azabache, diablo, escalera, mal de ojo.*

Hilo:

Se considera afortunado encontrar un trozo de hilo suelto en tu ropa. Si quieres saber el nombre de tu futuro amante debes tirar un trozo de hilo en el piso y ver cuál inicial se forma.

Los hilos se pueden atar a un dedo de la mano izquierda para asegurarte de recordar algo.

Puedes dejar de sangrar de la nariz atando un pedazo de hilo a tu dedo meñique. También puedes eliminar las verrugas atando un hilo tres veces alrededor de un hilo antes de tirarlo al piso. Las verrugas se transferirán mágicamente a quien recoja el hilo.

Ver *dedo, mano, nariz, rojo, verrugas.*

Hipo:

El hipo se produce cuando el diafragma y los músculos entre las costillas se contraen. Esto crea una inhalación de aire que no llega a los pulmones ya que la tráquea se ha cerrado por el espasmo muscular.

Hasta que la gente se dio cuenta de esto, los hipos parecían suceder sin razón alguna. Por lo mismo, se los atribuía al demonio y se decía que las víctimas estaban poseídas. Algunas personas desafortunadas eran "poseídas" durante varios días –o años. El campeón mundial del hipo fue Charles Osborne de Indiana. De 1922 a 1990 sufrió siete millones de hipos al año. Murió un año después, en 1991.

Una vieja superstición europea dice que cuando sufres de hipo, alguien está hablando de ti, probablemente de no muy buena manera. Si te da hipo en la iglesia, estás poseído por el demonio hasta que te deshagas del hipo.

Las viejas y supersticiosas curas para los hipos pueden de hecho funcionar. Beber un vaso de agua de cabeza le funciona a muchas personas. Tomar nueve tragos de agua sin respirar es otro remedio efectivo. Aguantar la respiración mientras dices las siguientes palabras, suele ser de ayuda:

Mientras paso sobre el puente,
el hipo se cae en el agua.

La razón de que estas curas funcionen es que en todas aguantas tu respiración lo suficiente para que el aire dentro de tu cuerpo entre en equilibrio.

Ver *diablo, pulgar*.

Hogar de la chimenea:

Si salta del fuego una brasa de carbón o madera, es signo de que pronto llegará un visitante.

Es de mala suerte avivar el fuego de otra persona, a menos que te lo haya pedido.

Ver *fuego*.

Hojas:

Se considera signo de un mal invierno si los árboles empiezan a tirar sus hojas prematuramente. Si alguien logra atrapar una hoja antes de que caiga al piso, no le dará gripa en todo el invierno siguiente. Además, esta persona afortunada será feliz los siguientes doce meses.

Es de buena suerte que con el viento entren las hojas secas en la casa. Sin embargo, es de mala suerte meterlas deliberadamente. Una hoja de higo es signo de modestia y se usaba para adornar las pinturas y las estatuas, particularmente en la época victoriana. La Biblia dice:

Y los ojos de ambos se abrieron y se dieron cuenta que estaban des-

nudos; y cosieron hojas de higo para cubrirse (Génesis 3, 7).

Un complicado método para invocar los sueños con tu futura pareja implica coleccionar nueve hojas de acebo hembra (ya que tienen los bordes suaves), atarlos a un pañuelo con nueve nudos y ponerlo bajo tu almohada.

Ver *acebo, amarillo, árbol, nudo, nueve, resfriados, roble, sueños*.

Hojas de té:

Si las hojas de té flotan en la superficie de la taza, pronto recibirás visitas.

La taseografía es el arte de leer las hojas de té. Comenzó en China y se introdujo en Europa con los viajeros gitanos. Los asientos del té se usan para leer las hojas de té. Se bebe el té, dejando alrededor de una cucharadita del líquido para permitir que las hojas naden en la taza. La taza se levanta con la mano izquierda, se le da vuelta tres veces en el sentido de las manecillas del reloj y luego se voltea hacia abajo sobre el plato. La taza se deja bocabajo varios segundos y luego se voltea. La disposición y los patrones de las hojas de té en la taza se interpretan. A veces las imágenes son claras y fáciles de reconocer, pero frecuentemente el adivino tiene que usar su clarividencia para discernir los significados de las hojas.

Ver *té.*

Hollín:

El hollín que cae por la chimenea es un signo de que viene dinero. También te muestra que es tiempo de que limpien tu chimenea.

Ver *chimenea, dinero.*

Hombre lobo:

El hombre lobo es una superstición popular que data de la época grecorromana.

Era particularmente popular en la Edad Media. Los hombres lobo eran personas que se habían convertido en lobos por un encantamiento. Los más vulnerables eran los que nacían el día de Nochebuena o los que nacían fuera del matrimonio. Algunas personas también creían que se podían convertir en lobos. Podías a veces reconocer a esta gente porque sus cejas se juntaban sobre la nariz, eran velludos, con uñas que parecían garras y orejas ligeramente puntiagudas.

Los hombres lobo eran animales escalofriantes ya que vagaban por el campo en busca de carne humana. Disfrutan particularmente de devorar a los bebés. Cuando están muy hambrientos, los hombres lobo desentierran cadáveres y se los comen.

Se dice que con una bala de plata es la única manera de matar a un hombre lobo. Sin embargo, los hombres lobo pueden ser curados si conoces el nombre de pila de la persona. Todo lo que tienes que hacer es decir su nombre tres veces mientras está bajo la forma de lobo. El riesgo de hacerlo es que si dices mal su nombre, puedes llegar a transformarte tú en lobo.

Ver *cadáver, ceja, lobo, luna, nariz, nochebuena, plata, uña.*

Hongo:

Los efectos alucinógenos de los hongos se conocen desde siempre y han sido usados por los chamanes y por los guerreros que se preparan para la batalla. Los judíos consideraban sagrados a los hongos y solamente los sacerdotes podían comerlos.

Los hongos fueron tenidos como una exquisitez en la época de los romanos, pero siempre existía el problema de determinar si eran o no comestibles. El emperador Claudio (10 a. C.–54 d. C.) resolvió este problema utilizando a un catador de alimentos que primero los probaba. Desafortunadamente, los hongos que su catador probó una noche no tuvieron efectos inmediatos y el emperador Claudio los comió, muriendo él y su catador. Muchos piensan que su segunda esposa, Agripina, quien deseaba que su hijo Nerón ascendiera al trono, envenenó deliberadamente a su esposo.

Con los ostiones, los hongos siempre se han considerado afrodisíacos. El efecto afrodisíaco aumentaba si los hongos eran recogidos durante la luna llena.

La gente primitiva trataba a los hongos con gran respeto ya que es difícil determinar si se pueden comer o no. Hasta los expertos en hongos necesitan recordar el viejo dicho: "Existen los cazadores de hongos viejos y existen los cazadores de hongos atrevidos; lo que no hay son cazadores de hongos viejos y atrevidos."

Ver *afrodisíaco, luna*.

Hormigas:

Las hormigas parecen ser muy trabajadoras y entusiastas. En Cornwall, Inglaterra, se cree que las hormigas son hadas que están en su última encarnación. Otra tradición dice que son las almas de los antiguos druidas que se rehusaron a aceptar la palabra de Dios. Cuando vivía en Cornwall, me dijeron que podía eliminar las hormigas de mi casa hablándoles y pidiéndoles que se fueran. Más de veinte años después me acordé de esto cuando me mudé a una nueva casa y la encontré infestada de hormigas. Le dije a las hormigas que no las quería envenenar pero lo tendría que hacer si no se iban. Para asombro de mi familia, las hormigas se fueron en veinticuatro horas.

Otra creencia británica es que es de mala suerte destruir los hormigueros porque son las almas de los niños que mueren sin ser bautizados. Es signo de prosperidad si las hormigas construyen su hormiguero cerca de la puerta de tu casa. Es considerado un mal signo si las hormigas están más ocupadas de lo normal.

Dado que las hormigas son tan emprendedoras, se considera de mala suerte soñar con ellas. Esto quiere decir que estás demasiado preocupado por la prosperidad y las posesiones materiales.

Ver *clima, hada.*

Hospital:

El miércoles es el mejor día para ir a tratarte a un hospital. El lunes es el mejor día para salir de él. El peor día para hacerlo es el sábado. Una vieja superstición dice que si sales de un hospital en sábado, pronto regresarás.

Hot cakes:

En la Gran Bretaña, al martes de carnaval, último día antes de entrar a la cuaresma, es llamado con frecuencia el Día de los Hot Cakes, ya que tradicionalmente se preparan y se comen ese día para asegurar la buena suerte en los siguientes doce meses. Como algo adicional, si comes *hot cakes* en ese día no te quedarás sin comida ni dinero. Aparentemente, los *hot cakes* se tienen que comer antes de las ocho de la noche para asegurar la buena suerte. Comerlos después de esa hora trae mala suerte. La cuaresma solía ser una época de austeridad y el Día de los Hot Cakes era la última oportunidad que tenía la gente para disfrutarlos antes de que comenzara la cuaresma.

Parte de la diversión en el Día de los Hot Cakes era convencer a las prostitutas a que salieran de sus casas con gallos especialmente entrenados para que se pelearan entre sí. Cuando estas dos actividades se dejaron de hacer, la gente en su lugar empezó a aventarse hot cakes.

Ver *gallo.*

Hoyuelo:

Un hoyuelo es una cavidad pequeña o hueco en la piel de la mejilla o la barba. Una vieja tradición dice que la gente con hoyuelos no puede cometer un asesinato.

Ver *asesinato.*

Hoz:

La hoz es una herramienta de mango corto con una navaja semicircular. Los granjeros la usan para cortar y segar. Como otros implementos hechos de hierro, la hoz brinda protección. Ya que la hoz protege a la casa de los relámpagos, debe mantenerse cerca de la chimenea, con la punta viendo hacia arriba.

Ver *chimenea, hierro, relámpago.*

Hueso de la suerte:

Es difícil encontrar a alguien que no haya jalado un hueso de la suerte esperando que un deseo se hiciera realidad. El origen de esta costumbre se ha perdido pero está vinculada con la importancia que la apicultura ha tenido para la humanidad. El canto del gallo anunciaba la mañana, y el cacareo de las gallinas significaba que iban a poner un huevo, el símbolo universal de la fertilidad. Por estas razones, se creía que las gallinas y los pollos tenían poderes mágicos. Esta magia se extendía hasta sus huesos. Al hueso de la suerte se le llama fércula. Se escogió la fércula porque su forma se asemejaba a la ingle humana y se convirtió en un símbolo de la fertilidad y la perpetuación de las especies.

Las ocasiones más populares para partir un hueso de la suerte son la Navidad y el Día de Acción de Gracias. Esto era porque las aves grandes, como los pavos, se comían en esta época.

La única persona que no debería partir un hueso de la suerte, de acuerdo con la creencia inglesa, es una joven mujer soltera, más bien debe colgarlo sobre su puerta en el Año Nuevo. El primer hombre que entre a la casa después de esto será su marido.

Se dice que la persona que rompa el pedazo más grande del hueso obtendrá lo que desea, siempre y cuando no hable ni se ría mientras rompe el hueso, ni revele el deseo a nadie después de esto.

Ver *deseo, gallo, huevos, Navidad.*

Huesos:

Debido a su resistencia, se piensa que los huesos tienen propiedades mágicas. Eva fue creada a partir de una costilla de Adán y, por consecuencia, los huesos se han considerado la sede del alma. En la Edad Media, la Iglesia consideraba a los huesos de los santos reliquias preciosas y se creía que eran responsables de curas milagrosas.

Las culturas primitivas usaban los huesos para la adivinación. La matatena, en los juegos de niños, viene de esto.

Huevos:

Las civilizaciones más antiguas creían que el huevo simbolizaba el universo. Un encantador mito griego cuenta cómo se creó el mundo. Aparentemente, la noche fue seducida por el viento, entonces, pusieron el huevo primigenio. El huevo se incubó y nació Eros, el dios del amor. Las dos mitades del cascarón del huevo se convirtieron en la Tierra y el cielo. Al mismo tiempo que da una explicación del mundo, este mito demuestra que el amor es necesario para que la Tierra y el cielo existan.

Los antiguos japoneses pensaban que el mundo se creó a partir de un huevo de gallina. Los hindúes también creían que el mundo se había originado a causa de un huevo dorado que contenía la esencia de los dioses Brahma, Vishnú y Shiva. Los hawaianos creían que la isla de Hawai fue engendrada debido a un gran huevo que puso un pájaro enorme.

Los huevos de doble yema se consideran de buena suerte. (Sin embargo, en algunas partes de Gran Bretaña, un huevo con doble yema es una advertencia de muerte). Aproximadamente, un huevo de cada mil tiene doble yema. Estos se producen por gallinas que apenas empezaron a poner huevos (ya que su ciclo reproductivo está trabajando aún en cómo hacerlo de la mejor manera posible), o por gallinas que ovulan muy rápidamente. Es signo de buena suerte comer un huevo de doble yema en Pascua.

La gente con frecuencia destruye el cascarón después de comer un huevo hervido. También pueden empujar la cuchara a través del fondo. Esto se hace para evitar la mala suerte, la cual se deriva de la antigua creencia de que las brujas coleccionan cascarones de huevos para hacer conjuros que dañan a los marineros. Algunas personas creen que las brujas viajan en los cascarones.

Soñar con un huevo indica la creación o el nacimiento de algo nuevo en tu vida.

Ver *barcos, bruja, cisne, cocinar, comida, hueso de la suerte, marineros, muerte, Pascua, pastel, petirrojo, verrugas.*

Iglesia:

Hay muchas supersticiones que tienen que ver con iglesias, aunque muchas de ellas son locales. Se cree comúnmente que el agua de lluvia que se colecta en el techo de las iglesias tiene numerosos beneficios para la salud y puede curar una gran cantidad de males. Se piensa que la mantequilla de la leche de vacas que han pastado en el atrio de las iglesias tiene propiedades medicinales.

Si una puerta de una iglesia golpetea inesperadamente durante la misa, es un signo de que un miembro de la congregación morirá pronto. Un pájaro que se posa en la veleta de una iglesia indica una muerte más inminente, usualmente dentro de una semana.

Si te sientas en una iglesia entre las once de la noche y la medianoche en Halloween, verás las figuras espectrales de los parroquianos que morirán durante el siguiente año.

Ver *boda, bruja, clérigo, gárgola, gemelos, Halloween, ladrón, rosa, víspera del verano, sentido contrario.*

Imán:

El imán es un mineral de hierro magnético. Ya no se clasifica como una gema, pero todavía se usa como amuleto para aumentar mágicamente la atracción que sienten las parejas entre sí.

Plinio el Viejo (23-79 d. C), el historiador romano, atribuye el descubrimiento del metal a un joven pastor llamado Magnes. Magnes encontró que los clavos en sus zapatos eran atraídos por una roca particular en el monte Ida. El imán también se conoce como magnetita, en honor a Magnes el campesino. Se cuenta que Alejandro Magno (356-323 a. C.) le daba a todos sus soldados un trozo de imán para protegerlos de los malos espíritus. Al igual que para repeler a los espíritus, se creía que el imán fomentaba los buenos pensamientos y aliviaba el dolor.

El imán siempre se ha relacionado con amor y pasión. En China se llamaba *t'su shi*, a la "piedra del amor". En Asiria, hombres y mujeres se frotaban el cuerpo con imanes antes de hacer el amor. Aún hoy las prostitutas en México se frotan el cuerpo con imanes para atraer a los clientes.

A finales del siglo XIV, John de Trevisa escribió que el imán puede ser usado para probar la virtud de una esposa usando un procedimiento que ha sido muy conocido durante mil años. Un pedazo de imán se ponía bajo la almohada cuando la esposa dormía. Si era una buena esposa, inmediatamente abrazaría a su marido. Sin embargo, si era infiel, la piedra la haría saltar de la cama inmediatamente.

Ver *clavos, gemas, zapatos.*

Inauguración de una casa:

La inauguración de una casa se considera una oportunidad para hacer una fiesta y mostrar tu casa nueva. Esto trae buena suerte a la casa y a todos sus ocupantes. Originalmente, las inauguraciones se hacían para honrar y agradecer a los espíritus que vivieron en la casa. El centro de la casa era el hogar de la chimenea y el fuego que se mantenía ardiendo se consideraba sagrado. Los antiguos griegos y romanos tenían dioses de la casa que se adoraban en el mismo hogar.

Gradualmente los dioses de la casa se reemplazaron por diferentes diablillos, hadas y otros espíritus. Todos se tenían que honrar y atender para que la familia que vivía en la casa tuviera buena suerte y prosperidad. Ésta es la razón por la que el hogar y la rejilla de la chimenea tienen que limpiarse antes de que los habitantes de la casa se vayan a dormir. Poner un tronco nuevo también mantendrá a los espíritus de la casa contentos. Cuando la gente se mudaba de una casa a otra se llevaban las brasas de la casa vieja para empezar el fuego en el nuevo hogar. A esto se le llamaba "calentar la casa". De esta forma se llevaban sus espíritus particulares y continuaba su buena suerte.

Se considera de buena suerte llevar un pequeño pedazo de pan y un poco de sal a tu nueva vivienda. Esto asegura que la familia se mantendrá próspera en la nueva casa. No se debe llevar una escoba vieja de una casa a la otra. Es de buena suerte comprar una escoba nueva para la nueva casa.

Ver *escoba, fuego, hada, pan, sal.*

Inconcluso:

Se considera de mala suerte terminar totalmente una tarea mayor, como construir una casa. Mientras haya un pequeño detalle sin terminar, la casa no será objeto de los ataques de malos espíritus, que podrían entrar a causar daño.

Influencias prenatales:

Mucha gente todavía cree que las emociones de una mujer embarazada pueden afectar negativamente al niño que está por nacer. Se creía que las tensiones, los miedos, los enojos y las vergüenzas podían dañar potencialmente al niño. Esto no es real ya que el cordón umbilical no tiene fibras nerviosas, haciendo imposible que las emociones de la madre dañen al bebé.

Ver *bebé, cordón umbilical.*

Inmaculada Concepción:

La mitología contiene muchos ejemplos de dioses que nacieron de madres vírgenes. Los ejemplos incluyen a Horus, Krishna, Atis, Adonis y Dionisio. Sin embargo, se dice que algunos seres humanos nacieron también de esta manera.

De acuerdo con la Biblia, María de Nazaret concibió a Jesús por medio de la Inmaculada Concepción, lo que no sorprende ya que Jesús es considerado el Hijo de Dios. Si pretendes atribuirte divinidad, tienes que tener un linaje divino.

Otros individuos que según nacieron de una virgen fueron Platón, Pitágoras, Alejandro Magno, Zoroastro, Buda, Sócrates, el Papa Gregorio, Escipión el Africano y Apolonio. Hasta Nerón dijo que había nacido de una virgen.

Es imposible corroborarlo, pero obviamente alguien nacido de esta manera sería diferente y poseería características extraordinarias. La creencia en la inmaculada concepción de la Virgen María ha tenido variaciones durante los últimos dos mil años. Fue aceptada por la Iglesia católica romana desde el siglo XVI en adelante y se hizo parte del dogma de la Iglesia en 1854. Su fiesta se celebra el 8 de diciembre.

Recientemente, los biólogos quedaron asombrados al saber que, bajo ciertas circunstancias, los dragones de Komodo pueden producir descendencia por un proceso llamado partenogénesis (sólo visto en algunos peces e insectos). Esto permite que un huevo sin fertilizar se convierta en un embrión normal sin la intervención de un esperma. Por lo mismo, las crías que nacen de esta forma son resultado de una inmaculada concepción.

Insomnio:

A lo largo de la historia, mucha gente ha sufrido de insomnio. No es para sorprenderse que existan supersticiones para aliviar este problema. "Contar ovejas" parece ser una conocida en todo el mundo, aunque desafortunadamente no parece inducir al sueño. Tampoco una ligera caminata antes de dormir, pues estimula al cuerpo. Escuchar la radio o ver televisión normalmente hace más difícil que la gente duerma, aunque la música suave puede ayudar.

La clave para dormir bien es relajar cuerpo y mente. Esto es difícil si la mente de la persona está llena de problemas y preocupaciones. También la meditación y la auto hipnosis son técnicas útiles para ayudar a que incluso los insomnes crónicos disfruten una buena noche de sueño.

Ver *almohada, dormir, flor de primavera, verbena silvestre.*

Insolación:

La gente creía que era más probable que las personas de piel blanca fueran afectadas por el sol que las de piel oscura. En realidad no hay diferencia. Toda la gente puede sufrir de insolación.

Ver *sol.*

Jabón:

En Escocia se cree que es de mala suerte que se te resbale el jabón de las manos cuando te las estás lavando. También se considera de mala suerte que regales un jabón ya que puede "lavar la amistad y llevársela".

Jade:

El jade es una gema semipreciosa. Se considera una piedra de la suerte, especialmente en el oriente. Durante el periodo de la dinastía Han (206 a. C.–221 d. C.), las familias ricas ponían piezas de jade en todos los orificios de sus parientes muertos, creyendo que eso evitaría su putrefacción. Esto no funcionaba y el amoniaco que se producía con la descomposición de los cuerpos cambiaban el color del jade a un blanco como el de la tiza.

El jade siempre ha sido popular en el oriente y se han hecho muchos amuletos con él. Las mariposas de jade simbolizan el amor eterno y es común que el novio le dé una a su novia cuando se casan. Las mariposas de jade también se enterraban con el muerto para asegurar que el alma viajara a su siguiente vida. En ocasiones, se ataba un candado de jade alrededor del cuello de los niños para aumentar sus vínculos con la vida. Un amuleto de murciélago protege a quien lo usa de una muerte temprana. Muchos hombres de negocios tienen una amuleto de jade que llevan cuando tienen juntas importantes.

Los antiguos egipcios también veneraban al jade y lo asociaban con Maat, la diosa de la verdad.

Cuando Cristóbal Colón y sus hombres llegaron a América, encontraron que los nativos usaban jade para protegerse de los padecimientos de los riñones. Esta creencia se conocía ya en Europa. Galeno (*circa* 130-201 d. C.), el médico griego, había escrito sobre esto alrededor de mil años antes. Aún hoy, algunas personas llevan jade para protegerse de los problemas renales.

Muchos jugadores usan el jade ya que creen que funcionará como imán y aumentará sus fortunas. Algunas personas usan también ornamentos de jade creyendo que les ayudarán a recordar sus sueños y les aclararán la manera de resolver sus problemas personales.

Ver *amuleto, gemas, juego, mariposa, murciélago, sueños.*

Jaspe:

El jaspe ha sido un amuleto de protección muy popular durante miles de años. Los atletas romanos lo usaban para protegerse de las lesiones. San Epifanio, el obispo chipriota del siglo IV, afirmaba que el jaspe alejaba a las serpientes venenosas y a los malos espíritus.

El jaspe siempre ha sido usado como amuleto de la salud. Hoy, quienes curan con cristales usan jaspe de diferentes colores para diferentes propósitos. El jaspe verde aumenta la confianza y abre el chacra del corazón. El jaspe rojo elimina la ansiedad y el estrés. El jaspe amarillo brinda protección en los viajes. Todos los jaspes se consideran benéficos para evitar la depresión posterior a la pérdida de un ser querido.

Ver *atletas, gemas, serpiente.*

Jorobado:

La gente primitiva creía comúnmente que aquellas personas con deformidades físicas podían dar suerte si se las tocaba. Desde la época de los antiguos egipcios, darle un golpe a un jorobado era un medio efectivo de cambiar la suerte.

En la actualidad, en Italia, se venden como talismanes pequeñas figuras de jorobados de plástico llamados *Gobbos*. Se cree que frotar la espalda de un *Gobbo* da suerte cuando se necesita.

En una época, el casino en Montecarlo contrató a un jorobado. Su trabajo era aparecerse cada vez que alguien que ganaba mucho dinero estaba a punto de irse, esto con la esperanza de que creyeran en la superstición de que los jorobados traen buena suerte y así se quedaran a hacer más apuestas.

Ver *encantamientos, tabú.*

Juego:

Los jugadores son muy supersticiosos y usan una gran cantidad de encantamientos y amuletos para darse buena suerte.

Se considera de mala suerte jugar con tus piernas cruzadas. También es de mala suerte tirar una carta mientras juegas. Las mujeres y los perros no deben entrar en ningún cuarto mientras se juega. Debes apilar tus fichas ordenadamente y soplar sobre tus cartas o dados para gozar de buena suerte.

Es importante ocultar tus emociones mientras juegas. Siempre perderás si juegas de mal humor.

Ver *amuleto, beso, billete de dos dólares, cruz, encantamientos, jade, perro, silla.*

Julio:

Julio, el séptimo mes del año, fue nombrado así por Marco Antonio, para honrar a Julio César.

Los "días perros" del verano (del 3 de julio al 11 de agosto) son los más calientes del año. Los romanos los llamaron *caniculares dies*, pues notaron que Sirio, la estrella del perro, que es la más brillante del cielo, se elevaba y alineaba con el Sol en esta época del año. Pensaban —de forma errónea, como después se descubrió— que la estrella del perro aumentaba el poder de los rayos del sol, provocando que ésta sea la época más calurosa del año.

Ver *cielo, clima, sol.*

Julio 25:

En Estados Unidos, muchos campesinos consideraban supersticiosamente que el 25 de julio era el mejor día del año para sembrar las semillas de nabo. El 25 de julio también se celebra la fiesta de San Cristóbal.

Ver *San Cristóbal.*

Junio:

Se ha considerado a junio como un mes de buena suerte desde la época de los romanos. Un hombre que se casaba en junio tenía garantizada la prosperidad y la felicidad de su esposa. Esto se debe a que junio fue nombrado así en honor de la diosa Juno, quien estaba felizmente casada con Júpiter. Juno se encargaba de bendecir la unión de quien se casara en su mes con gran felicidad. Junio también tiene el día más largo del año, lo que simboliza un matrimonio feliz y duradero.

Los granjeros dicen que "si junio es soleado, la cosecha llegará temprano". También dicen que "un junio húmedo y frío echa a perder el resto del año".

La gente cree que si llueve en el día de San Vito (15 de junio), tendrán lluvia durante treinta días seguidos.

Ver *ágata, clima, lluvia, matrimonio, víspera del verano.*

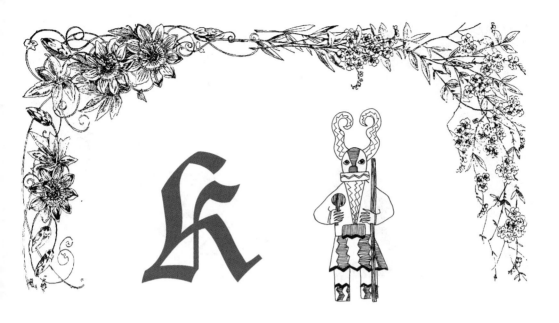

Kachina:

Los kachinas son espíritus ancestrales de la tribu Hopi, nativos norteamericanos; éstos surgen de la tierra al comienzo del solsticio de invierno y perduran hasta el solsticio de verano. Los muñecos de kachina, pintados con seis colores, representan a los espíritus ancestrales. Los diferentes colores están relacionados con las seis direcciones cardinales: amarillo para el norte, blanco para el este, rojo para el sur, turquesa para el oeste, negro para el cielo y gris para la tierra.

Los muñecos de kachina se colocan en la casa y también se usan como juguetes para los niños. Esto se basa en la creencia de que el espíritu representado por el muñeco dará buena suerte a la casa si se vuelve parte integral de la familia.

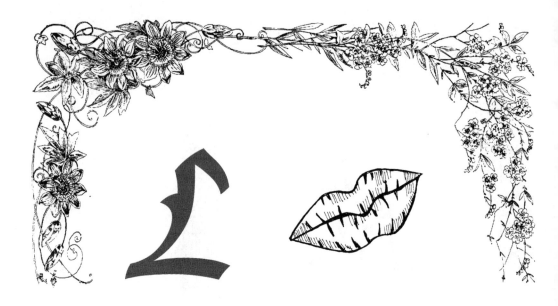

La tercera es la vencida:
Ver *tres*.

Labios:
Una superstición que podemos encontrar alrededor del mundo dice que la comezón en los labios significa que pronto te van a besar.

Ver *beso, comezón*.

Lado derecho:
El lado derecho siempre se ha considerado más afortunado que el lado izquierdo. Los adivinadores antiguos, quienes con frecuencia recurrían al vuelo de las aves y al movimiento de las nubes para hacer sus predicciones, se basaban en esta creencia. Los agoreros griegos miraban el norte. Los movimientos del oeste (izquierda) eran indicadores de mala suerte, mientras que se pensaba que los movimientos del este (derecha) manifestaban éxito y buena suerte. Era especialmente afortunado ver a un águila, un hurón o un halcón.

Platón y Aristóteles explicaban que debido a que el sol se pone en el oeste, la buena suerte se iba por esa dirección. Y como la noche ha sido vista como el momento ideal de brujas y espíritus malignos, la puesta de sol en el oeste era otra señal de mala suerte ya que venía del oeste o del lado izquierdo.

Esto también es el origen de la creencia de tener que salir de la cama por el lado derecho. Se pensaba que los dioses vivían en el lado derecho y los espíritus malignos en el izquierdo, por eso era importante entrar a la cama y salir de ella por el lado derecho.

Mucha gente cree que debe empezar cualquier movimiento hacia delante usando su pie derecho, ya que esto les dará buena suerte y los guiará al éxito.

Ver *águila, bruja, cama, comezón, lado izquierdo, nubes, pájaros, ropas, sol.*

Lado izquierdo:

El lado izquierdo siempre se ha asociado con la mala suerte y el mal. La palabra latina para la izquierda es *siniestra*. Ésta es la razón por la que Cristo está sentado a la derecha, o el lado bueno, del Padre. A ello también se debe que la gente eche sal sobre su hombro izquierdo después de haber tirado accidentalmente un poco de sal. Sienten que el demonio puede abalanzarse sobre ellos después de un accidente de este tipo. Obviamente, él atacará por la izquierda y, al ser un cobarde, también lo hará por atrás.

La superstición sobre la negatividad del lado izquierdo ha generado problemas enormes durante años, a un segmento de la población zurda, que va del 8 al 15 por ciento. Se suponía que ellos tenían algún tipo de conexión con el demonio y los malos espíritus. Sin embargo, se consideraba de buena suerte conocer a un zurdo, excepto los martes, día en el que esto era muy desafortunado. Thomas Dekker, en 1604, hizo decir a un personaje de su obra, *La puta honesta*: "Soy el tipo más desgraciado: seguramente un sacerdote zurdo me bautizó, soy muy desafortunado: nunca salgo de un lío sin entrar en otro", (acto 2, escena 5).

A la magia negra se le llama el "sendero de la mano izquierda", ya que es una forma negativa de hacer magia pues pretende dañar a la gente o forzarla a hacer algo en contra de su voluntad.

Los jugadores de cartas profesionales son comúnmente muy supersticiosos y levantan sus cartas con la mano derecha. Usar la mano izquierda les causaría mala suerte.

Recientemente, los investigadores descubrieron que los zurdos son más eficientes en lidiar con estímulos múltiples que los diestros. Los zurdos usan ambos lados del cerebro para el lenguaje, haciéndolos más bicerebrales. Esto tiene ventajas enormes para ellos cuando se trata de practicar deportes. Siempre me ha chocado jugar tenis contra mi hermano zurdo, ya que puede jugar igual de bien con ambas manos. En lugar de usar un revés, simplemente da el golpe con la raqueta en su otra mano.

Los científicos también han encontrado que los gemelos idénticos tienen más probabilidades de ser zurdos que el resto de la gente. Las mujeres más viejas tienen más probabilidades de dar a luz a niños zurdos.

Ver *abracadabra, apretón de manos, cama, comezón, días de la semana, lado derecho, magia, ropa, sal.*

Ladrón:

Los ladrones son tan supersticiosos como cualquiera y muchos de ellos creen que no serán atrapados si llevan el corazón de un sapo con ellos en el momento de cometer un crimen. Los ladrones pueden escapar de ser detectados llevando un trozo de carbón en el bolsillo del pantalón. Los ladrones piensan que si tienen éxito al robar algo en Navidad, pueden seguir robando los siguientes doce meses sin riesgo de ser atrapados.

Ver *carbón, cartas, corazón, embarazo, iglesia, jugar, Navidad.*

Lagartija:

Hace miles de años, se consideraba a las lagartijas animales de muy buena suerte, ya que ver una era signo de que una víbora venenosa estaba cerca.

Las lagartijas también se han asociado con la vista y los amuletos con forma de lagartija son conocidos por ser buenos para los ojos. Se cree que la gente que mata lagartijas paga sus pecados con una mala vista.

Las lagartijas ayudan a los bebés nonatos. Se cree que las mujeres embarazadas que llevan amuletos de lagartija dan a luz a bebés más felices y sanos que las mujeres que no los llevan. Es de buena suerte para una embarazada que vea a una lagartija viva pues indica una vida próspera para el niño que vendrá.

Ver *bebé, boda, encantamientos, víbora.*

Lapislázuli:

En la antigua Babilonia y Egipto, el lapislázuli se consideraba tan valioso como el oro. Es una mezcla de lazurita, pirita y calcita. El violeta y azul de la lazurita, jaspeado con el dorado de la pirita se combinan para crear el mineral que se ha extraído durante más de seis mil años. Su nombre viene de dos vocablos latinos: *lapis*, piedra y *lazuli*, azul.

Puabi, reina de Sumeria hace unos cinco mil años, llevaba túnicas doradas o plateadas adornadas con lapislázuli. Los egipcios usaban el lapislázuli para amuletos y sellos cilíndricos. Los amuletos de escarabajos hechos de lapislázuli se pueden encontrar en muchos museos alrededor del mundo.

En el siglo XIII, Alberto Magno escribió que el lapislázuli, "una piedra azul con pequeños puntos dorados" curaba la depresión y la fiebre cuarta, que eran fiebres intermitentes que regresaban cada tres o cuatro días. En el medioevo, tanto hombres como mujeres llevaban lapislázuli para evitar la concepción y para curar los problemas del corazón.

El lapislázuli aún se usa para proteger los ojos, la garganta, los huesos y al sistema inmunológico, así como para repeler ataques psíquicos. Puede también hacer que la gente tímida sea más extrovertida.

Ver *amuleto, gemas, mal de ojo*.

Laurel:

El laurel estaba consagrado a Apolo en la antigua Grecia y se consideraba un símbolo de victoria y honor. Los campeones usaban una corona de laureles como símbolo de éxito. Se consideraba que al laurel no lo penetraban los rayos porque Apolo derrotó a los cíclopes que causaban los relámpagos. En época de los romanos, Plinio, Tiberio y otros emperadores usaban coronas de laurel como amuletos protectores. En la mitología griega, la ninfa Dafne fue convertida en un árbol de laurel para protegerla de ser violada. Las hojas de laurel se siguen llamando en Grecia dafne.

Se piensa que los laureles protegen de los daños a las casas. Originalmente, esta creencia comprendía solamente a los relámpagos, pero gradualmente el laurel se fue volviendo una forma más universal de protección.

Hojas de laurel se pueden usar como amuleto, o se pueden poner bajo la almohada para generar sueños proféticos.

Ver *amuleto, árboles, sueños.*

Lavanda:

Lavanda viene del latín *lavare*, que significa "lavar". Tiene fuertes propiedades antibacteriales que han sido utilizadas desde la época de los romanos.

En el siglo XIX, la lavanda se utilizaba para disimular olores desagradables y las damas victorianas sospechaban inmediatamente de alguien si entraba a un cuarto oliendo a lavanda. En el lenguaje de las flores, la lavanda significa "desconfianza". La lavanda también se cosía en bolsas con forma de corazón para refrescar los cajones y los closets.

Hoy la lavanda se usa en muchas limpias de espacios y en rituales mágicos. La lavanda también se emplea para calmar los nervios y para ayudar a dormir.

Ver *flores, magia.*

Lavar:

No debes lavar nada en Viernes Santo ni en Año Nuevo. En Viernes Santo es particularmente de mal augurio ya que una lavandera gritó obscenidades cuando Cristo cargaba la cruz. Una tradición escocesa dice que eliminarás a un miembro de la familia si lavas tus ropas el Año Nuevo.

Si evitas lavar la mano derecha de un niño durante su primer año de vida, el niño será capaz de reunir y retener la riqueza con facilidad durante su vida.

Es de mala suerte que dos personas se laven en la misma agua al mismo tiempo. El remedio es que una escupa en el agua.

En una época, la gente sentía que podía curar una enfermedad lavando concienzudamente al enfermo y después tirando el agua fuera de casa. Se creía que la enfermedad se iba con el agua.

Necesitas eliminar cuidadosamente el agua en la que te lavas ya que contiene parte de tu alma. Cualquiera que la obtenga puede adquirir una influencia mágica sobre ti.

Se considera de mala suerte romper cualquier elemento de la vajilla mientras la estás lavando. Dado que las rupturas ocurren de tres en tres, puedes evitar las siguientes dos, rompiendo a propósito dos piezas viejas de la vajilla.

Una vieja superstición dice que si una mujer soltera se moja mientras lava la ropa se casará con un borracho.

Ver *agua, cruz, mano, mineros, ropas, tres, Viernes Santo.*

Leche:

Una antigua superstición europea promete siete días de mala suerte a quien derrame leche. Incluso también es probable que la vaca que produce la leche produzca menos leche en el futuro y que hasta se enferme como resultado del derrame. Una posible explicación de esta superstición es que las casas con leche en el suelo atraían a las brujas y a las hadas.

Se consideraba de buena suerte que lo primero que vieras al despertar fuera leche.

Se creía que los truenos agriaban la leche.

Ver *bruja, hada, siete, té, trueno, vaca.*

Lee Penny:

El Lee Penny, llamado así en honor de Sir Simon Lockhart of Lee, consiste en una piedra de color rojo sanguíneo en forma de corazón, montada en el reverso de la moneda de cuatro peniques de plata que lleva la efigie de Eduardo IV. Se pensaba que el poder del Lee Penny era tan grande que durante el reinado de Carlos I, los burgueses de Newcastle estaban dispuestos a pagar seiscientas libras para conseguir uno prestado y lograr que los ayudara a curar las plagas del ganado. El Lee Penny todavía pertenece a la familia Lockhart de Escocia.

Ver *moneda.*

Lengua:

Si te llegas a morder la lengua mientras hablas, es un indicio de que estás a punto de decir una mentira. Te puedes deshacer de las verrugas lamiéndolas en cuanto te despiertas en la mañana. Si te sale una úlcera, una ampolla o un grano en la lengua, es una muestra de que has estado mintiendo.

Los hombres que llevan consigo una lengua de gato, no tienen nunca que preocuparse de que sus esposas hablen de más. Llevar la punta de una lengua de becerro te dará buena suerte. Llevarla dentro de una cartera o de una bolsa, asegura que la persona nunca se quedará sin dinero. La lengua de un sapo es extremadamente útil ya que hace que la persona sea sexualmente atractiva a los demás.

Ver *dinero, gato, golondrina, oídos, pañuelo, verrugas.*

Leo:

Leo es el quinto signo del zodiaco. Su símbolo es el león. Su elemento es el fuego y su piedra es el sardónice. La frase clave de Leo es: "Yo lo haré."

Los nacidos en Leo son ambiciosos, decididos y entusiastas. Les gusta hacer todo en grande y se expresan abiertamente, con honestidad y confianza. Son gente orgullosa a quienes disgusta quedar en ridículo o ser menospreciados. Son generosos, magnánimos y susceptibles a los halagos. Su entusiasmo significa que a veces llegan a exagerar o distorsionar la verdad ya que les gusta contar buenas historias. Son buenos líderes ya que tienen la capacidad de inspirar y motivar a los demás.

Ver *astrología, elementos, fuego, gemas, zodiaco.*

Libélula:

Se cree que las libélulas son capaces de coser los oídos, ojos, labios y narices de la gente. En Iowa, la gente cree que las libélulas pueden coser cualquier apéndice expuesto como dedos de los pies o de las manos.

Libra:

Libra es el séptimo signo del zodiaco. Su símbolo es la balanza. Su elemento es el aire y su gema es el ópalo. La frase clave de Libra es: "Yo equilibro."

Los nacidos en Libra son armoniosos, no hacen caso a la competencia y son muy equilibrados. Tienden a ser indecisos. Por lo mismo, aunque disfrutan de conversar, no les gusta discutir o tener desacuerdos. Los nacidos en Libra disfrutan de la belleza y frecuentemente se ven involucrados en asuntos creativos. Además, los que pertenecen a Libra son naturalmente intuitivos.

Ver *aire, astrología, elementos, gemas, ópalo, zodiaco.*

Licantropía:

La licantropía es la creencia de que una persona se puede transformar en un lobo. La palabra viene del vocablo griego *lukos,* que significa lobo y *antropos,* que significa hombre. Dado que el lobo se consideraba el animal más feroz en Europa, la gente que se podía transformar en lobo poseía un enorme poder.

Aunque la licantropía se refiere específicamente a los lobos, se ha vuelto una forma de indicar cualquier transformación a una forma de animal salvaje como son los leopardos o las hienas.

Ver *hombre lobo, lobo, zoantropía*.

Liebre:

Hasta que el cristianismo remplazó a las religiones anteriores, se consideraba a la liebre animal sagrado. Como la Iglesia inicial desaprobaba creencias paganas, la gente tenía que continuar sus prácticas de manera que no ofendieran a la Iglesia. Comenzaron a llevar una pata de conejo con ellos para darse buena suerte y protección, en caso de que el nuevo dios no fuera lo suficientemente efectivo.

Las liebres y los conejos siempre se han asociado con la brujería. Mucha gente creía que las brujas se podían disfrazar de liebres y conejos. Por lo tanto, se consideraban un augurio de mala suerte y los marineros regresaban a sus casas si una liebre se cruzaba en su camino cuando iban a sus barcos. Las novias posponían sus bodas si una liebre se atravesaba en su camino las semanas anteriores a la fecha de boda.

Es de mala suerte que una mujer embarazada vea una liebre, ya que esto significa que dará a luz a un niño con labio leporino. El remedio es que derrame tres lágrimas en su ropa inmediatamente después de que haya visto a la liebre.

En una época se creía que las liebres cambiaban de sexo cada año y que no necesitaban dormir.

Se piensa que la leche de liebre cura la tos ferina. Llevar una pata de conejo cura el reumatismo y frotarse la piel con sangre de conejo te quitará las pecas.

Ver *blanco, boda, bruja, brujería, conejo, marineros, Pascua, pata de conejo*.

Lila:

La lila es un arbusto pequeño que produce unas flores pálidas violeta rosáceas o blancas y usualmente tienen cuatro pétalos. A una flor blanca con cinco pétalos se le llama "lila de la suerte" o "flor de la suerte". De acuerdo con una superstición de Nueva Inglaterra, una soltera debía tragarse una "lila de la suerte". Si se la tragaba fácilmente, significaba que el hombre en el que pensaba la amaba. Sin embargo, si le costaba trabajo engullirla, él no la amaba.

Ver *blanco, flores*.

Limpieza de primavera:

La limpieza de primavera debe terminarse a finales de mayo. Es de mala suerte seguir con esta limpieza después de esta fecha.

Llaves:

Las llaves se hacen tradicionalmente de hierro. Por lo mismo, tiene sentido tocar una llave en cualquier momento en el que el peligro aceche.

Las llaves se consideraban de buena suerte y se ponían comúnmente bajo la almohada de un niño para mantenerlo a salvo mientras dormía. Se considera mala suerte tirar una llave y aún peor, romper accidentalmente una.

También se considera de mala suerte hacer sonar las llaves en miércoles. Sin embargo, tintinear llaves puede evitar el mal de ojo y esto se puede hacer cualquier día.

Se considera augurio de desastre, comúnmente relacionado con la muerte, perder las llaves. Una llave oxidada es buen augurio, ya que indica herencia.

A la gente que cumple veintiún años se le regalan con frecuencia llaves de cartón para celebrar este hito en la madurez y la independencia. Alec Kendal menciona esto en su canción *Cumplo veintiuno hoy*, publicada en 1912:

> Hoy cumplo veintiuno,
> veintiuno hoy,
> tengo la llave de la puerta,
> nunca tuve veintiuno antes.

Se cree que cuando los amantes intercambian llaves abren el corazón del otro. Esto simboliza amor y felicidad.

En Japón, 3 llaves juntas crean un poderoso talismán que atrae el amor, la salud y la riqueza.

Ver *Biblia, encantamientos, hierro, mal de ojo, muerte, nariz, óxido.*

Lluvia:

Dado que la lluvia es esencial para una buena cosecha, un gran número de rituales y ceremonias se han creado para incitarla. Por supuesto, estos son comparables con el número de rituales que se han generado a lo largo de los años para evitar que llueva.

Encender hogueras, quemar helechos o rociar reliquias religiosas con agua bendita fueron formas a las que se les atribuía la capacidad de generar lluvia. Un remedio muy conocido para detener la lluvia es decir la siguiente canción:

Lluvia, lluvia, vete ya,
vuelve de nuevo en otro día.

En 1687, John Autrey mencionó esta canción como un método para "alejar la lluvia con un encantamiento". También dijo que los encantamientos de este tipo datan desde la Antigüedad. Strattis (409-375 a. C.) escribió que cuando las nubes tapaban el sol, los niños gritaban: "¡Sal, querido sol!"

En Cornwall se considera de buena suerte si llueve en un funeral, ya que esto es un signo de que el finado ha alcanzado el cielo. Esto puede estar relacionado con otra vieja superstición que dice: "Felices la novia a la que le brilla el sol y el cadáver sobre el que llueve." Otra superstición que oí en Cornwall es que las monedas lavadas en agua de lluvia nunca pueden ser robadas.

Dos santos están vinculados con la lluvia. San Bernardo hace que la lluvia siga y siga y San Barnabás hace que se vaya.

Mucha gente cree que las molestias de los callos y el reumatismo les anuncian que va a llover.

Algunos también creen que lavar sus ojos en agua de lluvia ayuda a curar problemas oculares.

Llevar un paraguas se considera una forma excelente de mantener alejada a la lluvia.

Ver *abril, agua, cadáver, cielo, clima, Día de San Swithin, diciembre, encantamientos, funeral, gaviota, junio, moneda, nubes, ojo, paraguas, sol, zorro.*

Lobo:

Desde que una loba amamantó a Rómulo y Remo, la gente ha estado fascinada por los lobos y un gran número de supersticiones se han desarrollado a su alrededor.

Colgar la cola de un lobo sobre la puerta de un granero asegura que se alejen los demás lobos. Un collar de dientes de lobo protege a los niños de que se lastimen.

Pero los lobos se asocian comúnmente con el mal y siempre se les ha temido. Se piensa que es una de las formas favoritas que tiene el demonio. Si un lobo te ve antes de que lo veas, inmediatamente te quedarás mudo.

No es un halago decirle a un hombre "lobo", ya que esto significa que tiene una forma predatoria por la manera de tratar a las mujeres. De la misma forma, un "lobo con piel de oveja" es alguien que parece amable y gentil pero que es peligroso.

No es una buena idea decir la palabra lobo en voz alta, especialmente en diciembre. Esto aumentará las probabilidades de que te enfrentes con uno.

Ver *boda, diablo, hombre lobo, licantropía*.

Lotería:

La superstición dice que los números impares tienen más probabilidades de ganar la lotería que los pares. Es todavía mejor si la serie de números del boleto termina en tres, siete o nueve.

Luciérnaga:

Si una luciérnaga entra en una casa, es signo de que un visitante inesperado llamará al día siguiente. Dos luciérnagas indican boda próxima de un soltero viviendo en la casa. Si no hay solteros elegibles en la casa, dos luciérnagas prometen buena suerte a la gente que vive ahí. Varias luciérnagas en la casa indican una fiesta en el futuro próximo.

Luna:

Para la astrología, la luna es el cuerpo celeste más importante después del sol. Representa aspectos emocionales e inconscientes de nuestra personalidad.

La luna ejerce un fuerte efecto en todos nosotros. Nacen más bebés durante la luna llena que durante otras fases de la luna. También hay más accidentes y un mayor riesgo de problemas para la gente sometida a intervenciones quirúrgicas.

Las semillas sembradas en el cuarto creciente de la luna crecen mejor que las semillas plantadas en otro momento. Todo crece mejor cuando la luna está creciendo. Esto incluye el amor y los negocios, al igual que la vida de las plantas.

El mejor momento para comenzar cualquier cosa es la luna nueva. El mejor instante para pedir un deseo es al aire libre y bajo la luna nueva. También da buena suerte hacer tres veces una caravana a la luna nueva. Es de mala suerte apuntar a la luna nueva pues insulta al hombre de la luna.

Los amantes son más románticos cuando hay luna llena. De acuerdo con la superstición, ver a la luna llena mucho tiempo te puede volver loco. La palabra lunático viene del latín *luna*. El hombre lobo es un hombre que se convierte en lobo en luna llena.

Es posible soñar con una visión de tu futura pareja si le hablas a la primera luna nueva del año. Necesitas ver a la luna y decirle:

Que todos te saluden,
querida luna,
que todos te saluden.
Yo te ruego amable luna
que me reveles
quién será mi pareja en la vida.

En breve deberás ver en un sueño quién será tu futura pareja.

La luz de la luna le suma potencia a los hechizos. Una vieja creencia dice que se puede hechizar a alguien usando un espejo para reflejar la luz de la luna sobre sus ojos cerrados.

La luna también puede ser utilizada para predecir el tiempo, como lo dice la siguiente canción:

Pálida luna, lloverá,
luna roja, soplará,
luna blanca no habrá
ni lluvia ni nieve.

Se cree también que la luz de la luna le quita el filo a las hojas de una rasuradora.

Ver *anillo, cuarzo, enfermedad, espejo, hada, hechizo, hombre lobo, marineros, miércoles, niños, ojo, perro, pervencha, piedra lunar, pozo de los deseos, pústula, sol, sueños, Viernes Santo.*

Luna de miel:

El origen de la frase "luna de miel" se ha perdido. La razón más probable de este nombre es la tradición noreuropea de beber miel, vino y otras bebidas durante el primer mes de matrimonio. La miel siempre ha sido un símbolo de sexualidad y algunas personas creen todavía que sirve como afrodisíaco.

Los destinos de la luna de miel se tienen que mantener en secreto. Esta superstición evoca sentimientos de romanticismo, confidencialidad y el deseo de estar solos. De hecho, esta costumbre comenzó en los días en que el hombre capturaba a la mujer y se la llevaba a algún lugar en el cual sus padres y su familia no pudiera encontrarla. Una vez que terminaba el periodo de la luna de miel, la pareja regresaba a casa, esperando que todo mundo aceptara el nuevo arreglo.

El novio tiene que cerrar la puerta en la noche de bodas. Si la novia lo hace, la pareja discutirá esa noche.

Ver *afrodisíaco, miel.*

Lunares:

La metoposcopia es el arte de determinar el carácter de alguien, y en ocasiones el futuro, a partir de la disposición de los lunares en su cuerpo. Entre más oscuro sea el lunar, será más significativo. Los lunares del lado izquierdo del cuerpo son considerados de mala suerte mientras que los del lado derecho se consideran de buena suerte. Una excepción a lo anterior: una mujer con un lunar en su pecho izquierdo tendrá una gran gama de opciones para escoger marido. Las mujeres con lunares en el pecho derecho se consentirán de más en muchos sentidos, llevando la desgracia a sus familias. Un gran número de lunares en cualquier pecho significa muchos niños. Alguien con muchos lunares significa que a fin de cuentas será rico.

El lugar de los lunares puede ser interpretado de muchas maneras.

He aquí la interpretación tradicional de los gitanos:

Ojos: seguro de sí mismo y serio.
Oídos: destinado a ser rico.
Nariz: sensual y voluptuoso.
Mejillas: bondadoso y amistoso.
Boca: apasionado.
Barba: considerado y generoso.
Cuello: máxima riqueza.
Hombros: ansioso por aprender.
Brazos: sospechoso y cauteloso.
Axilas: altas y bajas en la vida.
Codos: talentoso pero desidioso.
Muñecas: creativo y emprendedor.
Manos: modesto y exitoso.
Dedos: ansiedad y estrés.
Espalda: obstáculos y contratiempos.
Nalgas: flojo y desmotivado.
Pecho: de naturaleza armoniosa.
Estómago: autocondescendiente y egoísta.
Ombligo: éxito en los proyectos.
Genitales: relación feliz y a largo plazo.
Caderas: responsable y fiel.
Muslos: trabajo duro que se recompensa.
Rodillas: afectuoso y comprensivo.
Piernas: falta de confianza.
Tobillos: fuerza de carácter.
Pies: decepción.

La metoposcopia era practicada por los antiguos egipcios, griegos y romanos, aunque fue más popular en la Europa medieval. Fue un método de adivinación muy socorrido aunque se utilizaba para confirmar si alguien era o no una bruja.

Ver *adivinación, bruja, diablo, marca de nacimiento, matrimonio.*

Macbeth:

Mucha gente de teatro cree que la gran tragedia de William Shakespeare fue maldecida desde el principio. Se piensa que Shakespeare quizá la escribió para impresionar al rey Jaime I, porque es más corta que sus otras obras y el rey tenía un umbral de aburrimiento muy bajo. La obra está situada en la tierra del rey, Escocia, y hace menciones a la brujería (el rey había escrito un libro sobre demonología). La leyenda dice que los conjuros usados por las brujas en la obra eran auténticos. Las brujas verdaderas se ofendieron y maldijeron la obra.

Los problemas comenzaron incluso antes de la primera puesta en escena. Hal Berridge, el niño que iba a hacer inicialmente el papel de Lady Macbeth, murió de una fiebre poco antes del estreno el 7 de agosto de 1606 y William Shakespeare actuó el papel en su lugar. Una Lady Macbeth obesa y barbada debió ser una imagen rara para la posteridad.

En una actuación en Ámsterdam, en 1672, el actor que representaba a Macbeth utilizó una daga real y mató al actor que hacía el papel de Duncan.

En 1721, un noble subió al escenario durante la obra para hablar con sus amigos que estaban del otro lado. Esto enfureció a los actores, quienes usaron sus espadas de utilería para sacar al noble y a sus amigos del teatro. Ellos regresaron poco tiempo después acompañados de militares y quemaron el teatro completo.

Abraham Lincoln leyó pasajes de *Macbeth* a sus amigos mientras viajaban por el río Potomac, a bordo del River Queen, el día que terminó la Guerra Civil. Cinco días después fue asesinado.

En 1947, Harold Norman fue apuñalado durante la pelea con espadas al final de la obra y murió como resultado de las heridas. Su fantasma aún ronda el Colliseum Theatre en Oldham, donde ocurrió el accidente.

En 1953, Charlton Heston sufrió quemaduras en ingles y piernas durante el estreno de una producción al aire libre de *Macbeth*, en Bermudas. El humo y las llamas que se generaron cuando los soldados incendiaron el castillo de Macbeth también hicieron que el público huyera aterrorizado.

La producción de Broadway de *Macbeth*, en 1998, con Glenda Jackson y Christopher Plummer, tuvo varias direcciones. Aparentemente la producción pasó por tres directores, seis gerentes de escena, cinco MacDuffs, dos escenógrafos, dos diseñadores de iluminación y cinco cambios de elenco, con una gama de enfermedades y lesionados, incluyendo veintiséis ataques de gripe, ligamentos rotos y dañados, así como ingles lastimadas.

Los profesionales del teatro respetan esta maldición y evitan decir el nombre de la obra dentro de un teatro. En lugar de eso la llaman la "obra escocesa", la "tragedia escocesa", incluso "esa obra". Si a alguien se le ocurre mencionar su nombre dentro de un teatro, tiene que salir del lugar, darse tres vueltas, escupir en el piso y entonces tocar la puerta y pedir permiso para entrar. Algunas variaciones de esto incluyen salir por completo del teatro para cumplir con el ritual, maldiciendo en lugar de escupir, escupir sobre ambos hombros o recitar las siguientes palabras de Hamlet:

Ángeles y Ministros de la Gracia,
¡defiéndannos!
Seas tú un espíritu de salud
o un duende maldito,
seas un aire del cielo
o una ráfaga del infierno,

sean tus intenciones perversas
o bondadosas,
tú vienes en una forma
tan cuestionable
que hablaré contigo.
(Acto 1, escena 4).

Ver *bruja, brujería, hechizo, teatro*.

Madera:

Una de las supersticiones más populares concernientes a la buena suerte es la de tocar madera. En Estados Unidos la gente *golpea* la madera aunque en el Reino Unido se *toca* madera. Comúnmente se hace después de hacer un comentario muy optimista y es para apaciguar a los hados ya que pueden evitar que se dé la buena suerte. Debes tocar madera con tu mano derecha. Si tocas madera, lo debes hacer tres veces para asegurarte de que se evitará la mala suerte.

Esta creencia es de la prehistoria, cuando la gente adoraba a los dioses que vivían en los árboles. Esos dioses eran responsables de los cambios de estación que sucedían en los árboles y simbolizaban el nacimiento, la muerte y la resurrección. Los dioses de los árboles estaban de acuerdo en ayudar a los humanos que se acercaban de una forma respetuosa. Por lo mismo, la gente tocaba los árboles para pedir favores y los volvía a tocar cuando el deseo era concedido.

Como resultado de esto, muchos encantamientos y amuletos se hacían de madera pues permitían a la gente tocar la madera más fácil. Las cruces de madera que los cristianos medievales usaban son un buen ejemplo.

Ver *alarde, amuleto, aniversarios de boda, árbol, azúcar, cruz, encantamientos, hadas, madera petrificada, suerte, tocar madera*.

Madera petrificada:

La madera petrificada es una forma de fósil. Los árboles viejos que pasan miles de años en el agua, gradualmente se disuelven y se reemplazan con minerales del agua, formando la madera petrificada. Por la asociación con el agua, la madera petrificada se ha usado mucho como amuleto para proteger a la gente de morir ahogada.

Se cree que la madera petrificada también promueve una actitud mental positiva y ayuda en todas las formas de curación.

Ver *agua, ahogo, amuleto, árbol, madera*.

Madre Shipton:

Las profecías de la madre Shipton siguen publicándose y las siguen creyendo los crédulos. De hecho, la madre Shipton nunca existió aunque su libro dice que nació en una cueva en Knaresborough, Yorkshire, en 1488.

La madre Shipton se hizo famosa por primera vez en 1641 cuando se publicaron inicialmente sus profecías. Eran impresionantemente exactas e incluían las vidas de Thomas Cromwell y del Cardenal Wolsey. Extrañamente, todas las predicciones ocurrieron en la época de su supuesta muerte en 1641.

En 1862, un editor de Londres llamado Charles Hindley publicó un libro con las profecías de la madre Shipton. Éstas incluían el telégrafo, la máquina de vapor, el submarino y muchas invenciones victorianas. Una de las predicciones decía que el mundo iba a terminarse en 1881. Charles Hindley admitió que su trabajo era un engaño en 1873. A pesar de la buena difusión de su confesión, en 1881 mucha gente supersticiosa dejó sus casas para pasar los últimos días de sus vidas en la contemplación y la oración viviendo en el campo.

Magia:

Magia es la palabra que se usa para describir los rituales y otras actividades que están dirigidas a provocar un cambio en el universo en una forma que no se ajusta con el pensamiento científico. Los magos, de hecho, usan su voluntad y su imaginación para ejercer ese cambio. La magia, es probable, la primera forma como los antiguos trataron de controlar el mundo extraño y escalofriante en el que vivían. Las pinturas en las cuevas de animales como el venado y el bisonte pueden ser buenos ejemplos de lo anterior. Por medio de la pintura, el artista los "capturaba" antes de que fueran atrapados físicamente.

Hay dos tipos de magia: la negra y la blanca. La magia negra se usa para llegar a objetivos egoístas y siniestros. La magia blanca se usa para buenos propósitos.

Es fácil distinguir los tipos de magia, aunque en ocasiones la gente va muy lejos y convierte lo que originalmente era magia blanca en magia negra. Un ejemplo sería un joven que ejecuta un conjuro para atraer a su pareja. Éste es un caso de magia blanca. Sin embargo, si ejecuta un conjuro para atraer a una persona específica, está realizando magia negra. Esto es porque está desdeñando pensamientos, sentimientos y deseos de la otra persona.

Ver *alfiler, anillo, boda, elemental, hechizo, lado izquierdo, mujer, oración, palabras, sauce, sentido opuesto, varita, Wicca.*

Magnetita:

Los hombres pueden usar o llevar magnetita para aumentar su fuerza, su valor, su virilidad y su suerte. Las mujeres no deben usar magnetita nunca.

Maíz:

Se considera de buena suerte encontrar una espiga de maíz rojo. Si eres lo suficientemente afortunado para encontrarla, debes guardarla en tu bolsillo hasta la siguiente cosecha.

Mal de ojo:

El mal de ojo es la creencia, extremadamente antigua, de que una persona puede generar mala suerte, enfermedad o muerte simplemente al ver a alguien con resentimiento, malicia o envidia. El concepto de mal de ojo es conocido en todo el mundo. Existen tablillas cuneiformes sumerias y babilonias de hace cinco mil años que describen el daño que puede hacer el mal de ojo. El dios sumerio, Ea, libraba una batalla constante contra el mal de ojo. Los antiguos egipcios usaban el Ojo de Horus como un amuleto para protegerse contra el mal de ojo. Las mujeres egipcias también usaban sombra de ojos hecha con lapislázuli y pintaban sus labios para evitar que el mal de ojo entrara en sus ojos y bocas. Los antiguos hebreos usaban la estrella de David para protegerse del mal de ojo. El Talmud dice "por cada uno que muere de causas naturales, noventa y nueve morirán por mal de ojo". En la mitología griega, Medusa la hechicera, destruyó al gigante Talos con una mirada maliciosa. Los romanos legislaron contra el mal de ojo y castigaban a la gente que lo usaba deliberadamente. Aún ahora, mucha gente en el sur de Italia lleva amuletos de cuerno para protegerse del mal de ojo.

Los cristianos usaban la cruz para guarecerse del mal de ojo. Se usaba comúnmente un amuleto en forma de cruz, pero hacer el signo de la cruz al rezar funcionaba de igual forma. El mal de ojo se menciona varias veces en la Biblia. En Deuteronomio, capítulo 15, versículo 9, encontramos: "Guárdate de que se alce en tu corazón este bajo pensamiento: está ya cercano el año séptimo, el año de la remisión; y de mirar con malos ojos a tu hermano pobre y no darle nada, no sea que él clame a Yavé contra ti y te cargues con un pecado."

Y también esto del libro de los Proverbios, capítulo 23, versículo 6: "No comas con el envidioso[14] ni codicies sus manjares."

Jesús mencionó el mal de ojo en al menos dos ocasiones. En el Evangelio según San Marcos, capítulo 7, versículo 22, leemos: "...los adulterios, las codicias, las maldades, el fraude, la impureza, la envidia,[15] la blasfemia, la altivez y la insensatez. Todas estas maldades, del interior proceden y manchan al hombre." En el

Sermón de la Montaña (Mateo 6, 22-23), Jesús dijo: "La lámpara del cuerpo es el ojo. Si, pues, tu ojo estuviere sano, todo tu cuerpo estará luminoso; pero si tu ojo estuviere enfermo, todo tu cuerpo será tenebroso, porque si la luz que hay en ti es tinieblas, ¡qué tales serán las tinieblas!"

Ocho versos están dedicados al mal de ojo en el Corán, en ellos se aconseja cómo protegerte a ti y a los demás de sus efectos nocivos.

La mayor parte del tiempo, el mal de ojo se hace inconscientemente. Puedes echar mal de ojo sin querer sobre alguien si lo ves durante mucho tiempo, especialmente si lo ves con admiración o envidia. Lo puedes hacer también a propósito, viéndolo mientras piensas en cosas negativas sobre esta persona. A esto a veces se le conoce como "echar el mal" sobre alguien.

La gente siempre ha tenido una fascinación temerosa con los ojos. El iris era un misterio para la gente primitiva. Las diferentes personas tienen diferentes colores en el iris y crecen y se contraen de tamaño. También puedes ver tu reflejo en los ojos del otro. La palabra "pupila" viene del latín *pupi-*

---

[14] Las Biblias en castellano usan la palabra "envidia"; en inglés usan "mal de ojo". Decidí mantener la traducción de la Biblia de Nacar y Colunga (N. del T.). Omitimos intencionalmente la nota con el número 13 pues es de muy mala suerte en la edición (N. del E.).

[15] *Ídem* (N. del T.)

lla, que significa "muñequita". Los ojos son extremadamente expresivos y una mirada maligna, llena de odio, fría o celosa puede ser muy intimidante.

El mal de ojo también se puede transmitir, accidentalmente, por medio de un elogio. Los niños pequeños se consideran especialmente vulnerables y no es raro que los niños se enfermen después de que alguien haga un comentario favorable acerca de ellos. En algunas culturas, la persona que hablaba bien tenía que escupir tres veces para eliminar cualquier posibilidad de transmitir el mal de ojo. En Italia, otra manera de evitar el mal de ojo era decir *Benedica* o *Dio Benedica*, que significa "Dios te bendiga", después de decir el elogio.

Hasta la comida puede ser afectada por mal de ojo. Si un visitante hambriento ve tu comida puede envenenarla accidentalmente. Por eso, es esencial no comer enfrente de alguien sin ofrecerle de comer.

Hasta es posible que tú mismo te eches el mal de ojo. Si te sientes orgulloso de algo que has alcanzado y de pronto te sientes exhausto, es probable que te hayas echado el mal de ojo. En Azerbaiyán tienen un dicho que es *Ozumun ozume gozum deydi*, que significa "me eché el mal de ojo".

A la gente que tiene ojos ligeramente diferentes de lo normal la acusan mucho de que tiene el mal de ojo. La vida es difícil para alguien que está bizco o que tiene algún tipo de estrabismo, pero hasta la gente que tiene los ojos rojos o inflamados son sospechosos. En algunas culturas, la gente que era diversa de alguna manera era acusada de tener mal de ojo. Alguien que había nacido con pies zambos, por ejemplo, sería visto con sospecha, como también alguien de raza distinta.

Hay muchas maneras de evitar el mal de ojo. En Siria, Palestina y Turquía, las mujeres usan cuentas azules. Adornos de cuentas con forma de ojo son también populares. En Italia, hacer los "cuernos del diablo" es un método popular para evitar el mal de ojo. Este gesto se hace deteniendo con el pulgar los dos dedos centrales hacia tu palma. Esto deja que el índice y el meñique queden estirados en forma de cuernos. No se necesita levantar los cuernos. Puedes hacer este gesto con tus manos bajo la mesa o en el bolsillo si lo deseas. Este ademán también evita la impotencia en los hombres, uno de los efectos más temidos del mal de ojo.

Otro método que usa las manos se llama el "higo", "figgo" o "fico" en las diferentes culturas. Esto lo haces con tu mano como un puño, pones el pulgar entre el dedo índice y el medio. El higo simboliza los genitales masculinos y femeninos, lo cual da un poder y potencia considerables. Apuntar con el higo a la persona que sospechas que te está echando mal de ojo evitará el peligro.

Los judíos usan todo su cuerpo para combatir al mal de ojo. El pulgar de la mano derecha toca la palma de la izquierda, mientras que el pulgar izquierdo toca la palma derecha. Los dedos están entonces cerrados de esta forma para crear un círculo de protección, usando el pecho, los brazos y las manos entrelazadas.

Benito Mussolini (1883-1945), dictador de Italia, tenía mucho miedo del mal de ojo y era capaz de cambiarse de asiento para no sentarse al lado de quien pensaba que lo tenía. En una ocasión hasta cambió de avión para evitar estar por un tiempo con alguien que tenía mal de ojo.

Al menos dos papas tuvieron mal de ojo. Se creía que el papa Pío IX (1792-1878) involuntariamente provocaba el infortunio sobre cualquiera que él mirara. Hasta se llegaba a decir que recibir una bendición de él era lo mismo que recibir una sentencia de muerte. Se pensaba también que su sucesor, el papa León XIII (1810-1903), tenía mal de ojo y a él se culpaba de que tantos cardenales murieran mientras lideraba la Iglesia católica.

Se creía que el rey Alfonso XII de España también tenía el mal de ojo. Su visita a Italia en 1923 causó una serie de desastres, incluyendo la muerte de varios marineros mientras revisaba la flota italiana. El golpe final ocurrió cuando un muelle se colapsó, poco tiempo después de que el tren real había pasado por ahí. Después de eso, los italianos agitaron sus llaves en todas sus apariciones públicas para evitar el mal de ojo.

Un número de cosas que damos por sentadas hoy comenzaron como una protección contra el mal de ojo. La sombra de ojos es un buen ejemplo. Originalmente no tenía nada que ver con la belleza, sino que se usaba para proteger del mal de ojo a quien la usaba. Ahora vestimos a las niñas de rosa y a los niños de azul. Los niños se vestían de azul para evitar el mal de ojo. En el Oriente, los niños pequeños y el ganado llevaban cuentas azules. Cuando eventualmente el cordón se rompía, el niño se consideraba lo suficientemente maduro para enfrentarse a cualquier ataque del mal de ojo.

Los dientes de ajo eran otra forma de protección. Se podían llevar en el bolsillo, colgar en el coche, en la casa o en el trabajo.

Los ojos de los muertos debían cerrarse antes de que "vieran" a otra persona y se la pudieran llevar con ellos.

Ver *ajo, ámbar, amuleto, azul, cruz, cuerno, dedos cruzados, higo, lapislázuli, llave, orina, pesadillas, salvia, sauce, topacio.*

Malaquita:

La malaquita es un mineral de cobre que contiene patrones verdes oscuros y claros. Los antiguos egipcios tenían minas de malaquita hace 6 mil años y la usaban para fabricar amuletos y escarabajos. Creían que protegía a los niños pequeños. Por lo mismo, era común sujetarla a las cunas para proteger a los niños cuando dormían.

En la Edad Media, la gente usaba la malaquita para protegerse de caídas accidentales, desmayos y hernias. También como protección. Se pensaba que se rompía en pedazos al primer signo de peligro, dando así a la gente tiempo para determinar la mejor manera de enfrentar la situación.

La malaquita se sigue usando como amuleto en Italia. Se corta generalmente en forma triangular, con la banda de color formando un ojo en la piedra. Esto se usa para proteger a la gente del mal de ojo. En Bavaria, los collares de malaquita se utilizan para ayudar a vencer el dolor de la salida de los dientes. Se cree que la malaquita elimina fatiga y depresión. Llevar un collar de malaquita en la cama alienta a tener un sueño reparador.

A la malaquita se le llama a veces la "piedra del vendedor" ya que da confianza, protección, astucia y habilidades de venta a los comerciantes.

La tecnología actual le ha dado un nuevo uso a la malaquita. Se usa para proteger a la gente de la radiactividad de computadoras, microondas y luces fluorescentes.

Ver *amuleto, bebé, cuna, escarabajo, gemas, mal de ojo, niños.*

Maldición:

Una maldición es un juramento con la intención de generar un infortunio sobrenatural, destrucción o mal a una persona o un objeto. En el pasado, las maldiciones tenían un poder enorme. Una maldición podría ser extremadamente nociva y hasta fatal si la persona que la recibía creía en ella. Aún hoy, la mayoría de la gente se perturbaría si alguien la maldijera.

En Rusia, el remedio para una maldición gitana es aventar sal a la gitana.

Ver *sal.*

Mandrágora:

La mandrágora es una planta cuya raíz bifurcada da un aspecto humano. La gente creía que ésta gritaba cuando se le arrancaba de la tierra. Cualquiera que extrajera una mandrágora tenía que persignar a la planta tres veces antes, o si no la persona moriría. En Alemania era considerada la planta del diablo y se le llamaba *galgenmannchen* o "el pequeño ahorcado". Cualquiera que tuviera una se creía que sería poseído por el demonio.

Dado que la mandrágora se parece a la ingle, la gente pensaba que comerla aumentaría el deseo sexual y la fertilidad. De hecho, la mandrágora está muy lejos de ser un afrodisíaco ya que contiene los alcaloides tóxicos de la belladona.

En el Génesis 30, 14, Rubén, el hijo de la primera esposa de Jacob, le llevó mandrágoras a su madre Lea. Raquel, otra esposa de Jacob, también quería las mandrágoras para curar su esterilidad. Al final y, a pesar de esto, fue Lea y no Raquel quien se embarazó.

Ver *afrodisíaco, cruz.*

Mano:

La mano simboliza el poder y muchos talismanes tienen la figura de una mano. Los talismanes con forma de mano te permiten recibir lo que por derecho es tuyo. La palma de la mano debe estar visible claramente para que tenga su máximo efecto. La palma aleja cualquier mal que te pueda afectar. La mano derecha siempre se ha considerado afortunada y se considera la mano de Dios. La mano izquierda pertenece al demonio y se considera de mala suerte.

La "mano de gloria" era la mano de un criminal ejecutado que se cortaba cuando el cuerpo estaba aún en la horca. Se creía que esta mano permitía a sus nuevos dueños cometer crímenes sin ser descubiertos. Se prefería la mano izquierda, pero podía ser usada cualquiera.

La mano derecha del padre Edmund Arrowsmith, un sacerdote católico ejecutado en 1628, puede ser vista aún en la iglesia de San Oswald en Ashton, Inglaterra. Los peregrinos la tocan, creyendo que cura una gran gama de enfermedades y problemas.

Si tu mano derecha empieza a darte comezón, pronto recibirás dinero o recibirás noticias importantes. Por el contrario, si te empieza a dar comezón en la mano izquierda, pronto perderás dinero, probablemente de un gasto inesperado. El remedio para la comezón de la mano izquierda es tocar madera inmediatamente.

Se cree que la gente con manos húmedas es apasionada; gente con manos frías tiene corazón cálido.

Ver *anillo de bodas, bebé, dedo, encantamientos, diablo, tocar madera, lado derecho, hilo, lavar, vino.*

Mantis religiosa:

Es de mala suerte matar a una mantis religiosa, ya que es considerada sagrada por su aparente actitud de oración. Es de buena suerte cualquier momento en el que aparezca una mantis religiosa, aunque la suerte puede desaparecer rápidamente si de alguna manera se lastima al insecto.

Si la mantis religiosa cae en tu brazo, puedes conocer a una persona importante. Recibirás reconocimiento u honor si una mantis religiosa cae en tu cabeza.

Ver *oración.*

Manzana:

La Biblia no le da nombre al fruto comido por Adán y Eva. Eva tomó la "fruta del árbol que está en medio del jardín" (Génesis 3, 3). Es más probable que este fruto haya sido un higo que una manzana, pues Adán y Eva se cubrieron con hojas de higuera después de haber probado el fruto (Génesis 3, 7).

De acuerdo con la leyenda griega, Dionisio, el dios de la fertilidad de la naturaleza, creó la manzana como un regalo para Afrodita, diosa de la belleza. (Esto es opuesto a la historia de la Biblia, ya que en este caso el hombre le ofrece la manzana a la mujer). Cuando Zeus y Hera se casan, Gea, la Madre Tierra, dio a los novios manzanas doradas para simbolizar la fertilidad. Estas manzanas de fertilidad se convertirían en el onceavo trabajo de Hércules, quien tuvo que robarlas para regresarlas a casa. Dichas manzanas brindaban inmortalidad a cualquiera que las probaba.

Éstas y otras historias, le dan a las manzanas sus connotaciones eróticas. Por consecuencia, no nos sorprende que los cristianos consideraran al manzano el árbol del pecado. La frase "niña de los ojos",[16] que indica a la persona favorita, puede venir de esto.

El proverbio del siglo XIX: "Una manzana al día mantiene al doctor alejado", puede haber tenido sus orígenes en una leyenda nórdica, dado que los dioses retenían su vitalidad y salud comiendo manzanas del jardín de Asgard.

---

[16] En este caso, la frase *apple of one's eye* se traduce "la niña de mis ojos" (N. del T.).

La costumbre antigua del brindis que todavía se practica en algunas partes de la Gran Bretaña consiste en que el granjero y su familia comen pasteles tibios y beben sidra en los huertos de manzanos, normalmente el doceavo día de la Navidad. Esta debe ser una festividad bulliciosa. Se golpean ollas y cazuelas y la familia canta los brindis para ahuyentar a los malos espíritus, para así asegurar una cosecha abundante.

También se considera de mala suerte dejar una sola manzana en un árbol después de haber cortado las demás.

Las semillas de una manzana también se pueden utilizar para determinar la identidad de la pareja futura. La persona que pregunta tiene que dar los nombres de posibles parejas a algunas semillas y ponerlas en su mejilla. La última en caer tendrá el nombre del futuro marido o esposa.

El tallo de la manzana se usa igualmente para revelar la primera letra de la futura pareja. El tallo se tuerce dos veces por cada letra del alfabeto hasta que se rompa. Se romperá en la primera letra del nombre de la persona.

Otro método usado en Nueva Inglaterra es contar el número de semillas de la manzana. El número de semillas determina el futuro de la persona:

Uno, yo amo.
Dos, yo amo.
Tres, yo amo, yo digo.
Cuatro, yo amo con todo
mi corazón.
Y cinco, yo abandono.
Seis, él ama.
Siete, ella ama.
Ocho, ambos aman.
Nueve, él viene.
Diez, él se demora.
Once, él corteja.
Doce, él se casa.
Trece, deseos.
Catorce, besos.
Todas las demás,
pequeñas brujas.

Ver *árbol, boda, brindis, Día de San Swithin, Doceava noche, Halloween, manzana de Adán, muerte, tomate.*

Manzana de Adán:

La Biblia no da nombre a la fruta prohibida que Eva ofrece a Adán en el Jardín del Edén. Pero la mayoría de la gente supone que fue una manzana sin que nadie sepa si había manzanos en ese momento en la Tierra Santa.

A pesar de eso, mucha gente cree que a Adán se le quedó atorado un pedazo de esa manzana en el cuello. Así se ha nombrado a la protuberancia que los hombres tienen en la parte anterior del cuello, llamada "manzana de Adán". La manzana de Adán es el cartílago tiroide de la laringe. Las mujeres también tienen manzana de Adán, pero es más pequeña y menos evidente, por lo que no se nota normalmente.

Ver *manzana*

Marca de nacimiento:

Se culpa comúnmente de las marcas de nacimiento a las influencias malignas a las cuales estuvo expuesta la mujer en el embarazo. A la adivinación por medio de las formas y el lugar de las marcas de nacimiento se le conoce como maculomancia. Hipócrates (*circa* 460-377 a. C.), gran médico griego, creía que las marcas de nacimiento deberían ser estudiadas con cuidado al examinar a los pacientes. Para efectos de adivinación, las marcas de nacimiento se leen igual que los lunares.

Una vieja superstición dice que las marcas de nacimiento pueden quitarse al tocarlas con la mano de un niño muerto. Un método más práctico es que la madre chupe la marca de nacimiento cada mañana durante por lo menos tres semanas, comenzando tan cerca del nacimiento como sea posible.

Ver *embarazo, lunares, mano.*

Margarita:

La palabra margarita en inglés es *daisy,* y viene de una antigua palabra inglesa que quiere decir "ojos del día" (*day's eye*), dado que las margaritas cierran sus pétalos cuando cae el sol y los abren de nuevo hasta la siguiente mañana. Una antigua leyenda dice que brotaban margaritas de las lágrimas de María Magdalena.

A los niños pequeños les encanta desprender los pétalos de las margaritas mientras cantan él "me quiere o no me quiere". Los adolescentes a veces toman ese juego infantil más en serio y piensan en una persona específica cuando ejecutan este ritual al mediodía. Una superstición similar incluye a mujeres jóvenes en un jardín lleno de margaritas cerrando sus ojos y con un puño de hierba. El número de margaritas que se encuentren en el puño de hierba indica el número de meses que faltan para conocer a sus futuros amantes.

Ver *flores.*

Marineros:

Los marineros siempre han estado entre la gente más supersticiosa. Esto no es raro si consideramos la peligrosa naturaleza de su trabajo, especialmente hace cientos de años, cuando tenían que depender totalmente de sus propias habilidades para navegar su embarcación, usando el sol, la luna, las estrellas y los vientos. Cada vez que tienen que zarpar no saben si regresarán a casa.

Los marineros tenían un miedo natural a ahogarse y utilizaban amuletos para protegerse de este destino. Usaban aretes de oro y también bolsas amnióticas como protección. Los marineros creían que tocar los genitales de sus esposas antes de salir de viaje también los protegía. A esto se le llamaba "tocar el bollo".

Se ataban piedras porosas al barco para protegerlo, tanto a la embarcación como a sus ocupantes. A estas piedras se las conocía como "pedruscos sagrados". Simbolizaban la matriz, que estaba relacionada con la fertilidad y, por asociación, con la buena suerte.

Los marineros tenían que tener cuidado al ir de su casa al barco. Era de mala suerte cruzarse con cualquier miembro del clero, con un bizco o con un pelirrojo.

Los marineros se subían al barco usando el pie derecho para evitar la mala suerte que pudiera causar el uso del pie izquierdo. Al final del viaje, los marineros también se bajaban del barco usando el pie derecho.

Era de mala suerte si el viaje comenzaba en viernes o en algún día desafortunado del calendario. También era de mala suerte si la luna nueva caía en sábado o si la luna llena tocaba en domingo.

Era de mala suerte llevar perros, caballos, cochinos o conejos a bordo del barco. Sin embargo, los gatos daban muy buena suerte. Era mal augurio que las ratas abandonaran la embarcación ya que indicaba que el barco estaba a punto de hundirse. El albatros era signo de buena suerte pero se esperaban cosas terribles si lo mataban. Los marineros creían que el albatros era el alma de un marinero ahogado. Tampoco debían dañar a las gaviotas para evitar el infortunio. Tres gaviotas sobrevolando el barco juntas significaba que alguien a bordo moriría pronto.

A los marinos les encantan los delfines. Un grupo de delfines jugando alrededor del barco con buen clima es visto como un signo de que una tormenta está en camino. Ver delfines con mal clima indica que la tormenta está a punto de comenzar. Las ballenas también se consideran de extremada buena suerte, excepto cuando están cerca de la costa. Esto se considera como un signo de que viene la mala suerte.

Se creía de mala suerte tener a una mujer en tu barco, pero era de buena suerte que naciera un niño a bordo. Era de buena suerte pelearte con tu esposa antes de zarpar, pero el desacuerdo no debía ser a propósito, tenía que ser una pelea que sucediera sin premeditación.

Un barco debía ser sacado del agua por la proa. Se consideraba de mala suerte que se sacara la popa primero.

Los marineros también podían atraer la buena suerte a los demás.

Una joven puede recibir buena suerte al tocar el cuello de la camisa de un marinero, especialmente si él no se da cuenta de que lo está haciendo.

Ver *ahogado, albatros, amuleto, barcos, bebé, bizco, calendario, carbón, conejo, concha, estrella, gato, gaviota, herradura, luna, mascarón de proa, mineros, moneda, mujeres, nueve, ornitomancia, pescadores, rata, San Elmo, silbido, sol, tatuaje, tormenta, uña, viento.*

Mariposa:

Las mariposas traen generalmente buena suerte. Si una mariposa vuela dentro de la casa, es signo de que alguien en la casa se casará.

Ver *jade.*

Martes de carnaval:

Martes de carnaval es el día anterior al Miércoles de Ceniza, que es el primer día de la cuaresma. El martes del carnaval también se conoce como el día de los *hot cakes*, dada la tradición de arrojar *hot cakes* ese día. Cada persona tiene que hacer y arrojar sus propios *hot cakes* antes de comerlos. Los *hot cakes* se tienen que comer sin importar el estado en el que queden después de arrojarlos para asegurar que la persona goce de buena suerte en el futuro.

Marzo:

Los polos norte y sur están en su punto más frío en marzo. Dado que el sol está incidiendo directamente en el ecuador durante esta época del año, esta parte del mundo está en su momento más cálido. De acuerdo con el viejo dicho:

Cuando marzo toca su corno,
tu granero se llena
con maíz y heno.

El folclor de Suffolk, Inglaterra, nos recuerda que:

Marzo seco, buen centeno;
marzo húmedo, buen trigo.

Un viejo dicho estadounidense dice:

Cuando marzo entra como león
sale como un cordero.
Cuando marzo entra como cordero
sale como un león.

Aunque yo haya crecido en el hemisferio sur, aprendí esta canción popular:

Vientos de marzo lluvias de abril
hacen que lleguen flores de mayo.

Ver *abril, clima, mayo.*

Mascarón de proa:

El mascarón de proa es una figura tallada en la proa de un barco. Hoy, un mascarón es considerado ornamental y comúnmente sirve como mascota. En el pasado se consideraba el alma del barco. La mayoría de los mascarones tenían la forma de una mujer desnuda y esto probablemente viene desde los días cuando los barcos se dedicaban a diosas específicas. Los marineros normalmente consideraban de mala suerte llevar mujeres en los barcos, pero se sentían orgullosos de los mascarones que los adornaban.

Ver *barco, marineros, mascota.*

Mascota:

Las mascotas son de diferentes tipos. Pueden ser seres humanos, animales, encantamientos o talismanes. Muchos equipos deportivos usan mascotas, éstas a veces son personas disfrazadas de animales. El origen de esta superstición data de miles de años. Se dice que los reyes asirios usaban leones y leopardos como mascotas cuando iban a una batalla. Las pinturas de los antiguos egipcios muestran gatos que tienen el mismo propósito. El ejército romano también usaba regularmente animales. Una de las legiones vespasianas tenía una águila imponente de mascota. La habían atrapado en los Alpes austriacos y fungía como el águila dorada que se mostraba con orgullo en el estandarte de la legión.

Ver *águila, béisbol, encantamientos, gato, talismán.*

Matrimonio:

La superstición ofrece una buena cantidad de indicios de que pronto te casarás. Éstos incluyen tropezarse al subir las escaleras, una braza de carbón encendida que se sale de la rejilla del hogar y que llega a tus pies y una perra desconocida que te sigue a tu casa.

Puedes descubrir quien será tu pareja contando siete estrellas durante siete noches seguidas. La primera persona del sexo opuesto que te salude de mano después de esto se convertirá en tu futuro cónyuge.

También puedes saber qué tanta admiración te tiene la otra persona soplando una vez en un diente de león. La cantidad de semillas que queden en la cabeza te dirá cómo te ve la otra persona.

Ver *boda, cubiertos, deshollinador, diente de león, estrella, junio, luna-*

res, nudo, perro, plato, pastel de boda, tropezar.

Mayo:

Un viejo dicho dice: "Un mayo frío llena los graneros y vacía los camposantos." Otra versión dice: "Un mayo frío y húmedo llena el granero de heno." No hay duda de que al menos para los granjeros a este mes se le llama el "feliz mes de mayo".

Geoffrey Chaucer (*circa* 1343-1400) acuñó la expresión "mayo y enero" para describir a una mujer joven con su anciano marido. En el "Cuento del mercader" de los *Cuentos de Canterbury,* una mujer llamada Mayo, con menos de veinte años, se casa con un barón lombardo llamado Enero, quien tiene más de sesenta.

Ver *enero, clima.*

Medalla de oro:

A lo largo del mundo occidental, a los niños se les dice que si una medalla de oro sostenida por una cadena arroja una sombra amarilla, a ellos les encantará la mantequilla. No hay nada cierto en esto pero a los fabricantes de mantequilla les debe encantar esta superstición.

Membrillo:

En las antiguas Grecia y Roma, el membrillo simbolizaba el amor, la fertilidad y la felicidad. Estaba consagrado a Afrodita y a Venus. En Grecia, las recién casadas llevaban membrillo a sus casas para simbolizar un matrimonio largo y fructífero.

Memoria:

Recordarás lo que aprendiste, se dice, si pones los libros con los que has estudiado bajo la almohada en la noche.

Frotar la cabeza de un hombre calvo antes de ir a un examen te permitirá recordar todo lo que has aprendido.

Menstruación:

Hay muchas supersticiones concernientes a la menstruación. La mayoría de ellas tienen que ver con la sangre, la cual es uno de los más grandes misterios. La gente veía a la mujer que está menstruando con horror y asombro dado que, a pesar de perder sangre, seguía viva. Las mujeres menstruando tenían que mantenerse ocultas, ya que se pensaba que podrían atraer un peligro potencial a toda la tribu. Incluso hacer contacto visual con la mujer que está reglando se consideraba arriesgado. En un momento, los hombres pensaban que copular con una mujer que tenía la regla los infectaría de sífilis u otras enfermedades. La gente también creía que bañarse mientras se tenía la regla detendría el flujo de sangre y provocaría que a la mujer le diera tuberculosis. Todavía hoy, algunas mujeres creen que cualquier comida horneada que se haga durante su período se echará a perder y que cualquier árbol frutal que se toque morirá.

Ver *árbol, mujeres, ojo, sangre, tabú*.

Mentir:

Dado que se pensaba que las palabras poseían un enorme poder, a veces se creía necesario mentir para conservar la suerte que estaba contenida en ellas. Por eso los pescadores mienten sobre el tamaño de sus pescas. Decir la verdad significaba arriesgarse a tener mala suerte la próxima vez que salieran a pescar. Los pescadores llegaban a usar nombres falsos para los lugares en los que pescaban, sus referencias y hasta sus propios nombres y los de los peces que pescaban. Todo esto era una forma de autoprotección para conservar la buena suerte y evitar una posible mala suerte.

Ver *pescadores, palabras*.

Mesa:

Una mujer joven nunca debe sentarse sobre la mesa o en la esquina de una mesa, ya que esto significa que nunca se casará. Se considera de mala suerte que los niños se metan debajo de la mesa. Si lo hacen, el remedio es que vuelvan a hacerlo en dirección opuesta. También es de mala suerte cambiar tu lugar en la mesa una vez que te lo han asignado. La gente que se acuesta en una mesa, se dice morirá en un año.

Si alguien tira accidentalmente su silla cuando se levanta de la mesa después de comer, señala que ha estado mintiendo durante la conversación.

Es extremadamente desafortunado poner un par de zapatos en la mesa. Esto puede presagiar una muerte en la familia.

Ver *niños, silla, trece, zapatos*.

Mesero:

Los meseros son tan supersticiosos como todo mundo. Por lo mismo consideran que es señal de recibir una mala propina si un cliente se sienta en un lugar distinto al que se le asignó. También se considera de mal augurio recibir una gran propina al inicio del turno, esto significa que todas las propinas siguientes serán pequeñas. Se pensaba que romper un plato era de mala suerte, lo cual podría reflejarse en el monto de las propinas.

Es de buena suerte abrir una servilleta para un cliente y ponérsela en las piernas. También es de buena suerte llevarle al cliente todo lo que pueda requerir, como mantequilla adicional o pan, antes de que lo solicite.

Ver *pan, plato, servilleta.*

Miel:

Una vieja superstición dice que te puedes curar de una úlcera poniendo miel en ella. Ahora sabemos que la miel tiene propiedades antibióticas, por lo que esta vieja creencia puede no ser una superstición, después de todo.

Miércoles:

Una encantadora superstición dice que nunca llueve en miércoles porque es el día en el que Dios creó el sol.

Se considera de mala suerte que la luna nueva caiga en miércoles. Todas las decisiones importantes se deben posponer hasta la siguiente luna nueva.

Ver *sol, luna.*

Milhojas:

En la tradición cristiana, se dice que la milhojas es la primera hierba que el niño Jesús tocó. Por consiguiente, la milhojas tiene el poder de evitar los malos espíritus.

En la Antigüedad la milhojas se llamaba hierba de Venus. Debido a esta asociación, la milhojas se usa frecuentemente para atraer el amor.

Ver *amor.*

Mineros:

La minería es un oficio peligroso. Como los marineros, los mineros tienen muchas supersticiones que necesitan considerar antes de ir bajo tierra.

Por ejemplo, es de mala suerte ver una paloma o un petirrojo volar cerca del tiro de la mina. También para un minero es de mala suerte ver un conejo o un bizco de camino al trabajo. Una vez que salen de su casa al trabajo, el minero no puede regresar, ya que esto puede darle mala suerte. Si ven ratas saliendo de la mina es un signo de desastre inminente.

También hay supersticiones que hay que tomar en cuenta una vez que el minero ha descendido a la mina. Es de mala suerte ver a un gato en la mina. Hay que matar al gato para evitar el desastre. Los mineros no deben silbar bajo tierra. El remedio para esto es tocar fierro.

Es de mala suerte encontrar *Tommyknockers*,[17] los espíritus de los mineros muertos. En ocasiones se les dejan ofrendas con comida para asegurar que no hagan travesuras.

Muchos mineros evitan lavarse la espalda ya que puede provocar que se derrumbe el techo de la mina.

A los niños se les enseña a hablar con cortesía y claridad a los mineros que estén en camino a su trabajo. Cualquier aparente falta de respeto puede darles mala suerte a los mineros.

---

[17] Duendes de las minas que golpean las paredes señalando su presencia; de ahí su nombre *knockers* o golpeadores.

Ver *bizco, carbón, conejo, gato, hierro, lavar, marineros, paloma, rata, silbido, Tommyknockers*.

Mirlo:

Los mirlos eran considerados mensajeros de los muertos. Por lo mismo, ver a un mirlo cerca de tu casa era señal de una muerte inminente en la familia. Sin embargo, es de buena suerte cuando dos mirlos se posan juntos. Esto es muy raro pues los mirlos normalmente se separan de los demás mirlos que se atreven a invadir su territorio.

Ver *Día de San Valentín, muerte*.

Moneda:

Las monedas siempre han sido consideradas de buena suerte. Una frase muy popular dice que "cualquier moneda que yo posea es de buena suerte". Darle una moneda a un pordiosero siempre trae buena suerte, también lanzar una moneda a una fuente.

La costumbre de tirar monedas en un pozo o una fuente se originó cuando la gente creía que dentro de ellos vivían espíritus. Te arriesgabas a tener mala suerte si no los honrabas cuando pasaras por ahí. Pero arrojar dinero al pozo es más que solamente honrar a los espíritus. También significa pagarles para que te protejan.

Millones de personas al año avientan monedas a la magnífica fuente de Trevi en Roma. Esto es porque creen que al hacerlo regresarán algún día a la Ciudad Eterna. Los iraníes hacen lo mismo cuando arrojan dinero al bello estanque que está en el mausoleo erigido en honor a Saadi, su poeta nacional.

La costumbre de poner una moneda bajo el mástil principal de un barco se originó en la mitología griega. Cuando la gente moría tenía que cruzar el río Estigia para alcanzar los Campos Elíseos, morada de los benditos. Caronte tenía la única barca que cruzaba el río. Cobraba un óbolo por el viaje de ida. Rehusaba llevar a quien no tuviera dinero para pagar. Por esta razón, los griegos comenzaron a enterrar a sus muertos con una moneda, la cual era puesta en la mano o la boca del finado. Con el tiempo, el concepto de poner una moneda debajo del palo mayor comenzó a ser una forma de ofrecer dinero a los espíritus del mar como protección.

Pagar para recibir un regalo suena como una idea rara, pero a veces se hace. Se considera de mala suerte regalarle a alguien un cuchillo o tijeras. Esto es porque el implemento filoso puede cortar la amistad. Para evitar esa posibilidad, el destinatario tiene que dar a cambio una pequeña moneda para "pagar" el regalo. Esta superstición tiene sus raíces en la magia negra. Si un objeto punzante o filoso, como una aguja o un alfiler, estuvo sumergido en magia negativa y se le da a alguien, le puede causar daño. Si embargo, los efectos malignos pueden evitarse si quien lo recibe paga una pequeña cantidad por el objeto.

Se considera de mala suerte no levantar una moneda que esté en el piso. Esta superstición no es tan conocida como lo era antes. Hace muchos años, realicé un experimento usando monedas de diferentes denominaciones. Algunas personas se molestaban en levantar uno o cinco centavos, pero casi todos levantaban las monedas de mayor valor.

La costumbre de poner monedas sobre los ojos de los muertos es común en muchos países. Se origina en la creencia de que los muertos pueden abrir sus ojos y buscar con la vista a la gente para que se les una en el otro mundo.

Los marineros usaban monedas con un agujero que las atravesaba en el centro como amuletos o talismanes. Esta superstición data de cuando los primeros hombres encontraron piedras con agujeros en la playa. Creían que eran usadas por los dioses del mar y que si ellos las usaban aquéllos los protegerían.

Las monedas que se han doblado se consideran monedas de la suerte. John Foxe (1516-1587) escribió en su *Libro de los mártires* que antes de que Alice Bendon fuera quemada en la hoguera en 1557, su padre le mandó una moneda de un chelín que él había hecho "doblarse".

La mejor moneda que funciona como amuleto es la que fue acuñada el año en que naciste. Guárdala en una bolsa pequeña que puedas llevar contigo o móntala en un pendiente que puedas usar.

Ver *águila o sol, aguja, alfiler, barco, bolsa, centavo, deseo, dientes, dinero, encantos, golf, Lee Penny, lluvia, marinos, muerte, navaja, pozo de los deseos, rana, tijeras, vendedores, viento.*

Monjas:

Mientras que ver inesperadamente a un clérigo es de mala suerte, es de buena suerte ver a una monja caminar hacia ti. Es especialmente afortunado ver a tres monjas caminando hacia ti. Sin embargo, es de mala suerte cruzarte con una monja o monjas que se alejan de ti. Para evitar la mala suerte debes cruzar los dedos y escupir en el suelo.

Ver *clérigo, pescadores.*

Mosca:

Es signo de buena suerte si una mosca se cae en el vaso en el que has estado bebiendo. Esta buena suerte se extiende a las moscas que aterrizan en las tazas de té o platos de sopa. Se considera afortunado ver a una mosca solitaria en Navidad (en el hemisferio norte). Esto simboliza que un extraño ha venido a ofrecer su ayuda y apoyo. Por lo mismo, se considera de mala suerte matarla.

Si una mosca se mantiene zumbando alrededor de una persona es signo de que alguien lo quiere conocer. Se puede estar seguro de que el encuentro se realizará matando a la mosca.

Si una mosca se para en tu nariz, es signo de que alguien tiene algo importante que decirte.

Ver *araña, nariz, Navidad, té.*

Muérdago:

El muérdago es una planta parasitaria y venenosa que tiene una larga historia dándole a la gente protección contra los malos espíritus. Dado que crece en los árboles y nunca toca el piso, los antiguos lo consideraban sagrado. El muérdago se ponía en la entrada de las casas de la gente evitando que ingresaran los malos espíritus. Ya que éste es el lugar en el que se da la bienvenida a las visitas, comúnmente con un beso, poco a poco el muérdago se conoció más por los besos que por la protección. Esta costumbre comenzó en la época de los sajones. Originalmente, se arrancaba una baya con cada beso y no se podían pedir más besos cuando se habían extraído todas las bayas.

Se pensaba que si alguien besaba a una mujer joven siete veces, se casaría en un año.

Una mujer que se paraba bajo un muérdago y no recibía un beso era condenada a no tener marido al menos durante un año. Una mujer que se casaba sin que hubiera sido besada bajo un muérdago, nunca tendría hijos.

Besar bajo el muérdago no era exclusivo de los amantes. Debes besar a toda la gente posible mientras el muérdago cuelgue. Esto brinda buena suerte a toda la gente de la casa durante el año.

Los antiguos druidas veneraban al muérdago por sus propiedades mágicas. Lo cortaban con una hoz dorada en los solsticios de verano e invierno. El muérdago era tomado en sus mantas para evitar que se cayera al piso donde perdería sus cualidades mágicas.

Del muérdago también se sabe que puede aliviarlo todo y es reconocido por sus propiedades curativas. Se cree que un té de muérdago ayuda a quienes sufren de epilepsia, del corazón, de nerviosismo, dolor de muelas y mal de San Vito. Una rama de muérdago en la casa garantiza la armonía doméstica e incrementa la fertilidad. También aleja a malos espíritus.

Da buena suerte cortar el muérdago en la Navidad, pero es de mala suerte cortarlo en cualquier otra época del año. Es de muy

mala suerte cortar cualquier árbol que tenga muérdago.

Ver *niños, Navidad, beso.*

Muerte:

La muerte es el misterio por exce-
lencia y todas las culturas tienen
un número de supersticiones concernientes a la misma. Cualquier
asunto inusual y desafortunado
como plantas que florean fuera de
temporada o un gallo que canta
en la noche, se dice que predicen
muerte en la familia. Los manza-
nares y los perales que producen
brotes fuera de época son particularmente un mal augurio de esto.

Se cree que los perros pueden ver
o al menos sentir la muerte. Un
perro aullando afuera, a media noche, es un signo de muerte. Si el
perro aúlla en cualquier momento mientras alguien de la casa está
enfermo, es un síntoma de que el
paciente morirá. Un caballo relin-
chando en la noche es otro augurio de muerte.

Las cornejas, los cuervos y los
búhos son indicadores de muerte si vuelan cerca de la casa. Julio
César es un ejemplo de alguien
que oyó ulular a un búho justo un
día antes de ser asesinado. William
Shakespeare escribió:

Ayer se posó el ave de la noche,
hasta al medio día, por el mercado,
ululando y chillando.
(Julio César, acto 1, escena 3).

La carcoma (en inglés *deathwatch
beetle*, o insecto vigilante de la
muerte), adquirió su nombre porque la gente pensaba que indicaba la muerte cuando rascaba
la madera. De hecho, el sonar de
su rasquido es como se comunica
con otras carcomas.

La gente se vuelve supersticiosa
cuando espera la muerte. Es común que las puertas, las ventanas
y los armarios se abran para permitir que el alma abandone la
casa tan fácilmente como sea posible. Los espejos se voltean contra
la pared, pues pueden confundir
al alma. Los nudos de la casa se
desanudan. Es de mala suerte estar en los pies de la cama de un
moribundo ya que esto puede estorbar la partida del alma.

Las campanas de la iglesia se tocaban cuando alguien moría. Esto
se hacía por dos razones. Simbolizaba a los buenos cristianos que
rezaban por el alma del muerto y
también ahuyentaba a cualquier
espíritu maligno que pudiera ser
atraído por el moribundo.

Los ojos del finado tienen que cerrarse. Se creía que si permanecían abiertos estarían buscando a alguien más para que lo acompañara en su último viaje. Se ponían monedas sobre los ojos de los muertos para permitirles pagar al barquero que los transportaría a través del río de la muerte.

Comúnmente, se guarda vigilia alrededor del fallecido hasta el funeral. Esto era para asegurarse de que nunca estaría solo y evitar que cualquier espíritu maligno interfiera con el cuerpo. Era de buena suerte para los deudos si el cadáver descansaba en el ataúd con los pies apuntando al amanecer. En ocasiones, se encendían velas para que el alma no tuviera miedo de la oscuridad. Gradualmente, la guardia se convertía en celebración y en muchos lugares se siguen haciendo velorios para los muertos.

El lado sur del cementerio se consideraba el lugar más santo en el que uno podía ser enterrado. El maligno lado norte se reservaba para los asesinos, los suicidas y la gente que no fue bautizada.

La costumbre de no hablar mal de los muertos se practica desde la época de los romanos. Mucha gente creía que esto era porque los muertos no podían defenderse por sí mismos. De hecho, comenzó como un miedo a que el fantasma del muerto regresara.

Ver *águila, agujetas, amarillo, árboles, ataúd, búho, buitre, caballo, cadáver, cama, campana, cementerio, cocer, corneja, cubiertos, cuervo, destino, dientes, escarabajo, espejo, fantasma, funeral, gallo, Halloween, huevos, llave, libro y vela, manzana, mirlo, moneda, nudo, ojo, ópalo, paloma, pavo real, perejil, perro, petirrojo, pluma, puerta, rata, ropa, ruidos, suicidio, tejo, tormenta, trece, vela, verde, violeta, zapatos, zombi.*

Mujeres:

Existen muchas más supersticiones relacionadas con las mujeres que con hombres. Esto es probablemente debido a factores como la menstruación y la gestación, que son misterios para los hombres.

La adoración a las diosas se ha practicado hace veinticinco mil o cuarenta mil años. La veneración a las mujeres en ese tiempo se revela en el hecho de que por cada figura masculina encontrada, se han hallado diez diosas.

Desafortunadamente para las mujeres, esta época dorada terminó. Cuando Adán y Eva fueron expulsados del Jardín del Edén, la culpa se le atribuyó totalmente a Eva. Esta denigración a la mujer continuó y alcanzó su máximo con la cacería de brujas en Europa y América.

El miedo a las mujeres y a la magia que pueden hacer existe aún en ciertas áreas. A los marineros no les gusta que las mujeres estén en los muelles cuando los barcos zarpan. Las mujeres no deben despedirse agitando los brazos cuando sus maridos se van en el barco ni deben lavar sus ropas el día que el barco deja el puerto. Es de mala suerte que un hombre escuche a una mujer silbar o ver a una mujer bizca.

Ver *ropas, bizco, magia, menstruación, marineros, barcos, silbido, bruja.*

Muñequitas de maíz:
La muñequita de maíz es una pequeña imagen hecha con paja seca, torcida y doblada. A veces toman una figura femenina pero también pueden tener forma de campanas, cruces, abanicos, corazones y linternas. Las muñequitas de maíz se hacían tradicionalmente con el último haz de maíz y se colgaban en la chimenea para asegurar el éxito de la siguiente cosecha.

La tradición comenzó con la creencia de que el espíritu del maíz se preservaba en el último haz de maíz. Éste tenía que conservarse porque si no el espíritu del maíz moriría y no habría cosecha al año siguiente. Por consiguiente, al último haz se le daba la forma de una muñeca y se guardaba en un lugar seguro dentro de la casa hasta la siguiente primavera. Durante el invierno, esta figura protegía a la familia y funcionaba como un emblema de fertilidad. En la primavera se la regresaba al campo para que el espíritu pudiera entrar en las semillas recién sembradas y el ciclo recomenzaba.

Las muñequitas de maíz siguen siendo parte de la tradición folclórica y se pueden comprar en tiendas de artesanías. Se usan para atraer la buena suerte.

Murciélago:
Es fácil entender la forma como se generaron supersticiones alrededor del murciélago. Su aspecto, su chillido sobrecogedor y sus hábitos nocturnos sin duda aterrorizaron a la gente primitiva. Algunas personas asocian a los

murciélagos con las brujas, pues se creía que frotaban algunas gotas de sangre de murciélago en sus cuerpos antes de volar en sus escobas. La sangre permitía a las brujas volar de la misma forma en que lo hacen los murciélagos, sin el riesgo de chocar con nada.

Si un murciélago vuela cerca de ti, es un signo de que alguien trata de embrujarte. Siempre se ha pensado que da mala suerte matar a un murciélago. Un murciélago volando tres veces alrededor de una casa es un indicio de que alguien de allí morirá.

Encontrar un murciélago en una casa tiene el mismo significado. Si un murciélago vuela cerca de ti, estás a punto de ser engañado.

No todas las supersticiones sobre murciélagos son malas. Se considera un signo de buen clima si los murciélagos vuelan temprano por la mañana. A veces, en los platos chinos aparecen dibujados 5 murciélagos, simbolizan las 5 bendiciones de salud, prosperidad, longevidad, amor a la virtud y muerte apacible. Esto viene de que el ideograma chino para denotar al murciélago suena exactamente igual al de "bendición".

Ver *brujas, jade.*

Música:

Los músicos son tan supersticiosos como el resto de la gente. Gustav Mahler se rehusó a llamar a su novena sinfonía por su número y la llamó *Das Lied von der Erde.* Esto se debió a que varios compositores, incluyendo Beethoven y Schubert, murieron después de terminar su novena sinfonía.

A los músicos de orquesta les desagrada reiniciar una pieza en el mismo lugar en el que se detuvieron si pasó un tiempo sustancial. Tocarán algunas notas de otra pieza para evitar la mala suerte y luego regresarán a la pieza original. Se considera mala suerte guardar un violín en casa si nadie sabe tocarlo.

Los cantantes, y muchos ejecutantes, son muy supersticiosos. Judy Garland cantaba *Over the Rainbow* en cada actuación pues creía que le daba buena suerte.

Se creía que las plantas crecían más rápido cuando se tocaba música de fondo; que las vacas producían más leche cuando se tocaba música en el establo. No hay evidencia científica que sustente estas creencias.

Ver *plantas, vaca.*

Nacimiento:

Se cree que un niño que nace durante el verano será más inteligente que un niño nacido en otra estación. No hay evidencia científica que apoye esta antigua superstición.

Es de mala suerte nacer durante un eclipse ya que serás pobre y lucharás toda tu vida.

Ver *cigüeña, nudo.*

Nadar:

Muchos marineros nunca aprendieron a nadar. Esto puede parecer raro pero viene de la creencia de que el mar reclamará a quien quiera. Por lo tanto, los marineros supersticiosos desarrollan con frecuencia un actitud de: "¿Por qué debatirse y agonizar más de lo necesario?" También se pensaba que si se rescataba a una persona, el mar encontraría rápidamente a otra víctima.

Ver *marineros.*

Naranja:

Se considera a la naranja una fruta de buena suerte. Si un joven le da una naranja a su novia, se cree que aumentará el amor entre ambos. Una superstición curiosa dice que si un joven quiere ganarse el corazón de una mujer, tiene que pinchar totalmente una naranja con un alfiler y luego irse a dormir con la naranja fuertemente sostenida en su axila. Al siguiente día tiene que ofrecerle la naranja a la joven. Su afecto crecerá si acepta la naranja y se la come.

La flor de la naranja es posiblemente el símbolo floral de fertilidad más conocido. Los soldados que regresaban a casa de las cruzadas la introdujeron en Europa. Adornar a la novia con flores de naranjo es una tradición francesa que llegó a Gran Bretaña a principios del siglo XIX. La flor blanca simboliza la inocencia y la fruta significa la fertilidad. Por lo mismo, las novias llevan flores de naranja no solamente por la buena suerte sino para asegurarse que la pareja tendrá hijos.

Ver *alfiler, boda, niños.*

Narciso:

El narciso es una flor popular que le da la bienvenida a los primeros signos de la primavera cada año. Se cree que la primera persona de la casa que ve un narciso en el inicio de la primavera tendrá buena suerte y recompensas financieras en los siguientes doce meses. Da buena suerte poner ramos de nar-

cisos en la casa, pero un narciso solo no debe estar dentro de la casa ya que trae mala suerte.

Ver *flor.*

Nariz:

La gente primitiva veneraba a la nariz por estar íntimamente vinculada con el aliento. La nariz se perforaba en ocasiones con un anillo para evitar que los malos espíritus entraran en el cuerpo.

En un tiempo se creía que el tamaño de la nariz de un hombre indicaba el tamaño de sus órganos sexuales. En la fisionomía (el estudio de la determinación del carácter a partir de la apariencia física) se dice que la nariz revela las características personales escondidas. Una nariz larga denota una personalidad fuerte. La persona será ambiciosa, orgullosa y astuta. Una nariz pequeña señala que alguien es imaginativo e impulsivo. Alguien con una nariz ancha en la base será optimista y sensual. Una nariz delgada indica a alguien que es interesado en la estética e intuitivo. Una nariz aguileña denota a alguien que le gusta dominar la situación. Una nariz puntiaguda pertenece a alguien que es naturalmente curioso. Una nariz recta indica lealtad y una actitud positiva hacia la vida. Una nariz respingada indica una actitud feliz y optimista hacia la vida.

El sangrado de la nariz es tradicionalmente un signo de mala suerte. Si la sangre viene de la fosa derecha se piensa que es señal de una muerte inminente en la familia. Pero es un buen augurio si sale una sola gota de sangre de la fosa izquierda. Esto indica una gran cantidad de dinero.

Un método tradicional de curar el sangrado de la nariz era atar un listón rojo anudado alrededor del cuello. Éste es un ejemplo de magia simpática, el rojo simbolizando la sangre y los nudos simbolizando la coagulación. Un método alternativo era atar un hilo alrededor del dedo meñique de las dos manos, pero tal vez prefieras dejar caer una llave por tu espalda.

Un método más radical para curar el sangrado de la nariz era amarrar al cuello un sapo o una rana muerta en una bolsa de seda. Otro método era llevar una madeja de seda que hubieran anudado nueve mujeres vírgenes.

Ver *aliento, anillo, beso, comezón, hilo, hombre lobo, llave, mosca, nudo, nueve, rana, rojo, sangre.*

Navidad:

Es de buena suerte nacer en Navidad. Esto es un indicativo de una vida feliz, libre de problemas y preocupaciones.

En Shropshire, cada miembro de la familia, por tradición, debe turnarse para revolver el pudín de Navidad. En la Navidad, cualquier pastel cocinado en la casa tiene que ser horneado de noche. El cocinero no debe contar los pastelitos de Navidad. Igualmente, tiene que haber suficientes para que sean nombrados como cada uno de los miembros de la familia. Si uno de esos pasteles con nombre se rompe al hornearse, esa persona moriría supuestamente en los próximos doce meses.

Las empanadas navideñas de fruta (conocidas como tartas de Navidad) son una parte popular de la Navidad. Mucha gente piensa que ganarán un mes de buena suerte por cada tarta navideña que se coman en la temporada de navidad, mientras éstas hayan sido hechas por una persona distinta. Hace cien años, la tradición era que cada empanada se la tenía que comer una persona diferente de la casa y tenía que hacerse entre el 25 de diciembre y el 6 de enero. Esto te daba doce días para comer suficientes tartas y garantizarte un año de buena suerte.

Es un indicativo de una buena cosecha si brilla el sol a través de las ramas del manzano en Navidad.

Una canción de Nueva Inglaterra ilustra uno de los beneficios de una blanca Navidad:

Cuando la Navidad es blanca
el panteón es delgado,
pero el panteón es gordo
cuando la Navidad es verde.

La decoración de Navidad se debe quitar el 6 de enero. Es de mala suerte mantenerla después de esta fecha.

Ver *Doceava noche, fantasmas, hueso de la suerte, ladrón, muérdago, tartas de Navidad.*

Negocio:

A la gente de negocios se le considera comúnmente muy cuadrada y aterrizada, pero un buen porcentaje de ellos son altamente supersticiosos. Estas supersticiones incluyen las más generales, como no tomar decisiones de negocios en viernes 13 de cualquier mes.

El éxito en los negocios puede impulsarse con la ayuda de algunas supersticiones. Los amuletos y los talismanes se pueden usar para protegerse y atraer la buena fortuna. Una herradura hecha de flores se le regala en ocasiones al propietario de un nuevo negocio en su primer día de operación.

Es signo de una buena semana si la venta del lunes en la mañana se hace antes de las nueve de la mañana. Será un buen día si el cliente potencial de la mañana compra algo, sin importar qué tan pequeño sea.

Los contratos de renta tienen que ser en un número non de años para asegurarse de que el negocio prospere. Ésta es la razón por la cual se hacen las rentas por 99 años en lugar de cien.

Darse un apretón de manos para cerrar un negocio es una vieja costumbre que simboliza progreso mutuo y buena suerte.

Ver *amuleto, herradura, talismanes, trece, viernes.*

Negro:

A pesar del hecho de que se considere a las ovejas negras como de buena suerte, el negro se considera normalmente un color siniestro. El negro se usa en los funerales y la mayoría de la gente piensa que con eso se muestra respeto al difunto. De hecho, es la continuación de una costumbre romana que dice que, en presencia de la muerte, los hombres somos insignificantes.

A los actores y las actrices no les gusta vestir de negro en el escenario ya que sienten que es un presagio de muerte. Prefieren reemplazar cualquier tela negra por una azul oscuro.

Las brujas usualmente visten ropas negras y sus seres cercanos, con frecuencia un gato o un cuervo, también son negros. Los gatos negros comúnmente se ven en Halloween, ya que en la Edad Media se creía que el diablo se transformaba en gato negro cuando socializaba con las brujas.

Si te enfrentas con la presencia de un espíritu maligno, lo mejor que puedes hacer es ofrecerle un regalo de algo negro. Obviamente, después debes correr tan rápido como puedas, mientras el espíritu admira tu regalo.

Ver *actores y actrices, brujas, corneja, cuervo, diablo, familiar, gato, Halloween, trece, verde, zarzamora.*

Nido:
Se considera un signo de que viene un buen verano cuando se ve a las cornejas construyendo sus nidos en lo alto de los árboles.

Si un pájaro encuentra un pelo tuyo y lo usa para construir su nido, aparentemente sufrirás de dolores de cabeza hasta que el nido se desintegre.

Ver *pelo, dolor de cabeza.*

Nieve:
Cuando la nieve se acumula y no se derrite es un signo de que va a nevar más.

Ver *clima.*

Niños:
Es de buena suerte para un niño nacer en luna llena. Su buena suerte lo acompañará toda su vida. También es de buena suerte nacer por la noche. Esto significa que el niño nunca verá fantasmas o espíritus.

Es de mala suerte pasar por encima de un niño chico que está gateando. Se creía que esto atrofiaba el crecimiento del niño. También puedes afectar su crecimiento al medirlo con una cinta métrica.

Si regalas toda la ropa de bebé o la cuna, pronto comprarás más ya que otro bebé vendrá en camino.

Ver *beso, boda, cordón umbilical, cuna, fantasmas, luna, malaqui-*

ta, mesa, muérdago, naranja, nú-
meros, pastel de boda.

Niño cambiado:

Un niño ajeno, cambiado por otro, es un bebé que dejan las hadas para reemplazar a un niño humano que fue robado por duendes o hadas. El impostor se ve idéntico en todos los aspectos al niño robado, pero normalmente parece ser más precoz o ligeramente diferente. Los cambiados pueden identificarse en ocasiones ya que lloran frecuentemente y siempre tienen hambre.

Hay dos formas de desenmascarar a un niño impostor para que se delate y se rompa el encanto. Este proceso también regresa al verdadero hijo a sus padres. La primera forma es hacer que el impostor se ría. La segunda es pegarle hasta que su madre hada se lo lleve.

Los padres a veces justifican a los niños con defectos de nacimiento o con un comportamiento social inaceptable, diciendo que se los cambiaron.

Ver *hada.*

Nochebuena:

En Irlanda, la gente cree que la nochebuena es la única fecha en la que puedes morir y evitar el purgatorio. Por lo anterior, algunas personas entregan su alma al cielo antes de tiempo, ya que sus amigos y familiares los ayudan a morir en nochebuena.

Durante la Edad Media, los franceses temían a la nochebuena ya que se consideraba el día en que Satanás y sus secuaces andaban por la Tierra. Por consiguiente, la gente guardaba a los animales en los establos y se encerraban en sus casas. Solamente los bueyes y las mulas permanecían afuera, ya que habían sido testigos del nacimiento de Cristo. La gente también creía que los bueyes tenían la capacidad de hablar en la Navidad. Sin embargo, a nadie entusiasmaba la idea de oír lo que decían los bueyes, ya que nunca habían oído nada bueno de ellos mismos y temían escuchar la predicción de una muerte violenta e inesperada.

Cualquier vela encendida en nochebuena debe dejarse arder hasta la mañana de Navidad o hasta que se agote.

Da buena suerte comprometerse en Nochebuena. Esto indica un matrimonio feliz.

Ver *brindis, hombre lobo, oveja, Santa Claus, sombra, vela.*

Nogal:

Los nogales se consideran un refugio seguro para las brujas y los malos espíritus. Esto puede ser porque los nogales protegen de los relámpagos. Aparentemente, una bruja es incapaz de moverse si alguien pone una nuez debajo de la silla en la que está sentada.

Tendrás sueños placenteros sobre tu futuro amante si te quedas dormido bajo un nogal. Pero, ésta es una empresa arriesgada ya que tal vez jamás logres despertar del sueño.

En la antigua Grecia y en Roma, las nueces guisadas se usaban para favorecer la fertilidad. Pero se tenía la creencia opuesta en Rumania. Si una novia quería evitar tener hijos durante un tiempo, ponía en su corpiño una nuez tostada por cada año que quisiera permanecer sin hijos, antes de la boda. Después de la ceremonia tenía que enterrar las nueces.

Las nueces se han utilizado para curar el dolor de garganta y hasta para engrosar el cabello delgado. Los nativos norteamericanos usaban la corteza del nogal negro como laxante.

Ver *bruja, novia, pelo, pulgas, relámpago, silla, sueños, víspera de Verano.*

Nombres:

"¿Qué hay en un nombre? Eso a lo que nombramos rosa olería igualmente dulce con cualquier otro nombre" (*Romeo y Julieta*, acto 2, escena 2).

A pesar de las famosas palabras de William Shakespeare, los nombres son de vital importancia. La gente ha reconocido los nombres mágicos durante miles de años. Muchos padres quieren que sus hijos tengan nombres fuertes. También tienden a escoger nombres tiernos y femeninos para sus hijas. Esto porque consciente o inconscientemente, los padres creen que sus hijos desplegarán esas características.

Algunos nombres llevan más poder e influencia que otros. El nombre que te dieron tus padres no es simplemente una manera conveniente de identificarte sino una parte importante de tu personalidad.

A algunas personas les disgustan tanto sus nombres que se los cambian. El nombre de pila de John Wayne es Marion. Frecuentemente contaba los problemas que le ocasionaba este nombre. El apellido original de Josef Stalin era Dzugasvíli, que es derivado de "dross" que significa "desperdicio". El apellido Stalin significa "hombre de hierro". Es fácil ver por qué escogió este nombre.

Los actores usan muchas veces un nombre artístico para crear una imagen particular de ellos mismos. Los escritores en ocasiones usan seudónimos por diferentes razones. Mary Ann Evans utilizó el nombre de George Eliot porque creía que sus textos serían tomados más en serio si usaba un nombre de hombre. La gente también cambia sus nombres por razones religiosas. Cassius Clay se convirtió en Muhammad Ali.

Otra razón común para cambiarse de nombre es el matrimonio. Se considera de mala suerte para una mujer decir o escribir su nombre de casada antes de la boda, ya que esto puede acabar con la relación antes de que este acontecimiento tenga lugar. También se piensa que es riesgoso para una mujer casarse con alguien que tiene un apellido que comienza con la misma letra que su apellido de soltera. Sin embargo, es de extremada buena suerte casarse con alguien que tiene el mismo apellido. Se dice que esto le da a la mujer poderes cura-

tivos que beneficiarán a su futura familia.

Se considera de buena suerte tener siete letras en tu nombre. Trece letras son de mala suerte.

Era de mala suerte mencionar el nombre de alguien que había muerto sin decir "descanse en paz". Algunas personas todavía dicen esto.

Se cree que es de mal augurio ponerle a un niño el nombre de un hermano mayor que haya muerto. Esto es porque el recién nacido probablemente compartirá el mismo destino.

Una tradición judía dice que es peligroso ponerle a un niño el nombre de un pariente que esté vivo. Esto es porque se corre el riesgo de acortar la vida de la persona mayor. Otra tradición judía es cambiar el nombre de una persona enferma. El nuevo nombre crea, efectivamente, una nueva persona y con suerte la enfermedad se quedará en la otra persona que ha dejado de existir.

En una época era importante que nadie ajeno a la familia inmediata supiera el nombre que tendría un niño hasta que fuera bautizado.

Es de mala suerte ponerle a un niño el mismo nombre que a la mascota; debido al miedo de que cualquier cosa mala que le suceda al animal también afecte al niño.

Es de buena suerte ponerle a tu hijo el nombre de alguien famoso, ya que el niño recibirá un poco de la suerte de esa persona. También es de buena suerte ponerle a un niño el nombre de un santo, un mártir o un profeta, ya que el niño recibirá protección divina.

Los nombres de los barcos también tienen cualidades mágicas y es de mala suerte cambiar el nombre de un barco. Se cree que aumenta el riesgo de que el barco se pierda en el mar.

Ver *barcos, boda*.

Novia:

Hay muchas supersticiones relacionadas con las bodas y la novia ha sido objeto de muchas de ellas. Tradicionalmente la novia viste de blanco porque este color simboliza inocencia y pureza. Se considera extremadamente afortunado para la novia vestir el mismo vestido de novia que su madre. La seda es el material preferido ya que da suerte adicional. No se debe usar el satín ya que trae mala suerte.

El bouquet de la novia simboliza la fertilidad, asegurando que habrá familia después de la boda. Los listones amarrados al bouquet también traen buena suerte.

Es de mala suerte para la fiesta de la boda que se cruce un policía, un sacerdote, un doctor, un abogado o un ciego en el camino a la boda. La novia tiene que entrar y salir de la iglesia por la misma puerta.

El novio debe cargar a la novia por el umbral de su nueva casa después de la boda. Esta costumbre data de aquellos días cuando los hombres cargaban físicamente a sus esposas. Cargarla a través del umbral simboliza que el novio la sostendrá en su nueva vida.

Ver *ajo, boda, espejo, flores, gato, naranja, pastel de boda, plato, puerta, rosa, vestido de boda, viuda*.

Noviembre:

Noviembre recibe su nombre por *novem*, palabra latina para nueve, ya que era el noveno mes del año del calendario romano.

El poeta inglés Thomas Hood (1799-1845) describió a noviembre muy bien en su poema "Sin":

Sin calor ni alegría,
sin saludable calma,

sin sentimiento de comodidad
en ningún miembro–
sin sombra, sin brillo,
sin mariposas, sin abejas,
sin frutas, sin flores,
sin hojas, sin aves–
¡Noviembre!

Se piensa que un noviembre cálido promete un mal invierno. Los relámpagos en noviembre son un signo de que habrá buenas cosechas al año siguiente.

Ver *clima, relámpago.*

Nubes:

Es un signo de que el clima se ha asentado cuando las nubes se ven como esponjadas bolas de algodón. Es señal de lluvia cuando aparece un mayor número de nubes. Cuando disminuyen, es un indicio de que el clima mejora.

Las condiciones del clima eran extremadamente importantes para nuestros antepasados y siempre estaban pendientes de cualquier signo de cambio. Si las nubes se engrosaban y se veían más cerca del suelo, era indicativo de que el clima empeoraría.

Otras manifestaciones de mal clima eran que aumentaran las nubes y viajaran rápidamente por el cielo, nubes a diferentes alturas moviéndose en distintas direcciones, o los cambios de temperatura que no tenían relación con la temporada. Como regla general, entre más altas estuvieran las nubes, mejor estaría el clima.

Ver *cielo, clima, lado derecho, lluvia.*

Nudo:

Se dice que cuando la gente se casa, se está "atando". En la antigua Babilonia, se ataban los hilos que se extraían de la ropa del novio y de la novia. Ésta era una forma de magia que demostraba que la pareja era verdaderamente una.

Cualquier nudo en la ropa de una mujer pariendo se desataba para hacer la llegada del bebé lo más tranquila posible, tanto para la madre como para el bebé. En la Edad Media, la gente también abría las cerraduras, los cajones, los armarios y las puertas para asegurarse de que el nacimiento se daba sin contratiempos.

Muchas veces, los nudos se desataban en la casa cuando alguien agonizaba. Esto era porque los nudos podían estorbar —así se creía— la salida del alma fuera de casa.

En algunas partes de Europa, el novio iba al altar con un zapato desamarrado. Esto lo protegía de las brujas, los malos espíritus y hasta de rivales frustrados que pudieran lanzar un conjuro para hacerlo incapaz de "desatar" la virginidad de su novia en la noche de bodas.

En la Edad Media, la gente creía que podías evitar que se consumara un matrimonio atando un nudo en una cuerda mientras se llevaba a cabo la ceremonia nupcial. La cuerda anudada se lanzaba al río. El matrimonio se mantendría sin consumar hasta que se encontrara la cuerda y el nudo se desatara.

Un viejo juego en las fiestas incluía un trozo de algodón con un nudo en medio. El juego de "jalar la cuerda" se jugaba hasta que se rompía el algodón. Quien retuviera el trozo que contenía el nudo podía pedir un deseo con la confianza de que se le concedería.

En Rusia, los nudos se consideran protectores y muchos aldeanos llevan un trozo de hilaza anudada como amuleto. Las redes de pesca, que tienen muchos nudos, se avientan sobre la novia el día de la boda para darle buena suerte, larga vida y felicidad.

Ver *agujetas, amuleto, anillo, bebé, boda, bruja, coser, cuerda, matrimonio, muerte, nacimiento, nariz, pañuelo.*

Nueve:

El nueve siempre ha sido un número afortunado. "Una puntada a tiempo" se cree que "salva nueve" después. Un gato tiene nueve vidas. El hecho de que la gestación humana dure nueve meses demuestra la potencia y el poder de este número. Nueve también es tres veces el número sagrado tres. El nueve también se considera notable porque no importa por cuál número se multiplique, la suma de los dígitos en total siempre suman nueve.

Las mujeres solteras contaban el número de chícharos en cada vaina que desgranaban. Si encontraban nueve chícharos en una vaina, colgaban la vaina en la puerta principal. El primer hombre soltero que cruzara la puerta sería su futuro esposo.

Cuando la gente está extremadamente contenta se dice que están en la "nube número nueve". Esto significa que están más arriba de cualquier estado del clima que haya en la Tierra y pueden recibir todos los beneficios del sol. Alguien que está extremadamente bien vestido se dice que está "vestido hasta los nueves". Una "maravilla de nueve días" describe a alguien que ha adquirido un éxito enorme aunque fugaz.

El gato de las nueve colas era un látigo cruel que se utilizaba para castigar a los criminales en el ejército y la armada británicos. El hecho de tener nueve "colas" no era accidental. Por el poder mágico del nueve, se creía que cualquiera que era castigado con este látigo se convertiría en un soldado o marinero encomiable después de esto.

John Heydon escribió acerca del número nueve en su *Guía santa* (1962):

Si está escrito o grabado en plata o en Sardes y llevado con uno, quien lo porta se vuelve invisible, como hizo Calerón, el cuñado de Alejandro, y por este medio se acostó con las concubinas de su hermano tanto como él mismo. Nueve también obtuvieron el amor de las mujeres. En la novena hora, nuestro Salvador expiró... Prevaleció contra las plagas y las fiebres; causa larga vida y salud y por esto Platón ordenó las cosas para morir a la edad de nueve veces nueve.

Ver *chícharo, clima, marineros, nariz, números, olas, palabras, tres*.

Nuez:

Las nueces simbolizan la fertilidad y la vida misma. Por consecuencia, siempre se han considerado de buena suerte. Una buena cosecha de nueces es signo de que nacerán un buen número de bebés en la región durante el año. Es peligroso recoger nueces el 14 de septiembre. Se piensa que es el día en que el demonio recoge las nueces.

En época de los romanos, las parejas de recién casados se presentaban con bolsas de nueces pues se creía que éstas aumentarían su fertilidad. Arrojar arroz remplazó gradualmente esta tradición.

Puedes determinar con quién te vas a casar tostando castañas al fuego. Pon tantas castañas como el número de posibles parejas tengas. La primera en saltar indica la persona con quien te casarás.

Las parejas casadas pueden hacer un ejercicio similar poniendo dos castañas al fuego. Si se separan o se quiebran, la relación no va bien. Sin embargo, si las castañas permanecen juntas, lo mismo sucederá con la pareja.

Ver *arroz, diablo, fuego*.

Numerología:

La numerología es el arte de determinar la personalidad y las tendencias futuras que posee alguien al examinar su nombre completo y su fecha de nacimiento. La practicaban los antiguos babilonios y egipcios, convirtiéndola en la más vieja de las artes adivinatorias. Pitágoras tiene el crédito de haberla modernizado hace más de dos mil quinientos años.

El número más importante de la numerología es el número del Sendero de la Vida. Éste revela lo que la persona estará haciendo con su vida en esta encarnación. Se deriva de la fecha de nacimiento del individuo, reducida a un solo dígito. Por ejemplo, para la fecha de nacimiento del 25 de junio de 1965, suma 25+6+1965 y obtendrás 1996. Cuando sumas esos números (1+9+9+6), obtienes 25 y 2+5 son 7. Esta persona tendrá un número del Sendero de la Vida de 7.

Existen dos excepciones ya que el 11 y el 22 se consideran Números Maestros en la numerología. La presencia de estos números indica que la persona tiene un "alma vieja" que ha vivido muchas veces antes de esta vida. Por lo mismo, el 11 y el 22 no se reducen más.

El siguiente número más importante de la numerología se llama la Expresión. Esto revela las capacidades naturales del individuo y se deriva del nombre completo de la persona en el momento de nacer, convertido en números y reducido a un solo dígito (o a un Número Maestro). Las letras del nombre se convierten en números usando la siguiente tabla:

1	2	3	4	5	6	7	8	9
A	B	C	D	E	F	G	H	I
J	K	L	M	N	O	P	Q	R
S	T	U	V	W	X	Y	Z	

He aquí un ejemplo:

JOHN	DUNCAN	BROWN
1+6+8+5	4+3+5+3+1+5	2+9+6+5+5
2+0	2+1	2+7
2 +	3 +	9
	1+4	
	5	

La Expresión de John es 5.

El tercer número más importante es el llamado Impulso del Alma. En ocasiones se le llama el Deseo del Corazón y revela las motivaciones íntimas del individuo. Se deriva de la suma de las vocales en el nombre completo de la persona cuando nació y se reducen a un solo dígito (o Número Maestro). Solamente para complicar las cosas, la Y es normalmente clasificada como una vocal. Sin embargo, si se pronuncia cuando se dice el nombre, se clasifica como consonante. Por ejemplo, la Y de Yolanda es consonante, pero en Raymundo es vocal.

John Duncan Brown, en el ejemplo, tiene un Impulso del Alma de 7.

Estas son las claves para cada número:

1. Independencia, logro.
2. Cooperación, tacto, diplomacia.
3. Autoexpresión creativa.
4. Limitación, restricción y orden.
5. Libertad, variedad.
6. Responsabilidad, amor, servicio.
7. Análisis, sabiduría, espiritualidad.
8. Ambición, libertad material.
9. Humanitario, visionario, amor universal.
11. Iluminación, idealismo.
22. Constructor maestro, éxito máximo.

Ver *adivinación*.

Números:

Pitágoras y sus seguidores creían que los números tenían un significado místico. La mayoría de los sistemas ocultistas contienen sistemas de correspondencias numéricas, relacionando a los números con una amplia gama de ideas esotéricas y conceptos. El ejemplo más extremo de esto es la gematría cabalística.

En la actualidad existen todavía muchas supersticiones relacionadas con los números. Un buen ejemplo es la creencia de que tanto la buena como la mala suerte ocurre en grupos de tres. La gente dice con frecuencia "tres veces afortunado". Algunos ejecutantes como los acróbatas, fallan dos veces deliberadamente antes de tener éxito, ya que saben que el aplauso será mayor cuando finalmente logren su objetivo.

Los números pares pueden dividirse y reducir su valor. Por esto, los nones se consideran más afortunados que los pares. William Shakespeare se refirió a esto en *Las alegres comadres de Windsor* (acto 5, escena 1): "Ésta es la tercera vez; espero que la buena suerte estribe en números impares, sea en el nacimiento, el azar o la muerte." El trece es la excepción más obvia a esta creencia.

Se cree que el cuarenta es una edad peligrosa para los maridos.

La mayoría ha escuchado acerca del "número de la Bestia... seiscientos sesenta y seis" (Apocalipsis 13, 18), mejor conocido como 666. Este se considera el número del diablo.

Contar se puede considerar de buena y mala suerte. Un ejemplo de buena suerte al contar es una vieja cura para las verrugas. Todo lo que tienes que hacer es contar las verrugas y decirle el número a un extraño. Esto hace que las verrugas desaparezcan. Sin embargo, se considera desafortunado contar tu dinero, tus niños u otras posesiones. Esto tienta al destino, lo cual atrae la mala suerte.

Una superstición común concierne a la idea de que "morirás cuando llegue tu número". Incluso hoy, algunas personas creen que Dios, el destino o el hado de alguna manera decretan cuánto vas a vivir. Hace algunos años, ayudé a un hombre que casi es atropellado por un autobús. "No llevaba mi número", me dijo.

Mucha gente tiene números de la suerte que de alguna manera se asocian con ellos. Puede ser su día o su mes de nacimiento o cualquier otro número que parezca darles suerte.

Ver *diablo, dinero, niños, numerología, números individuales, verrugas.*

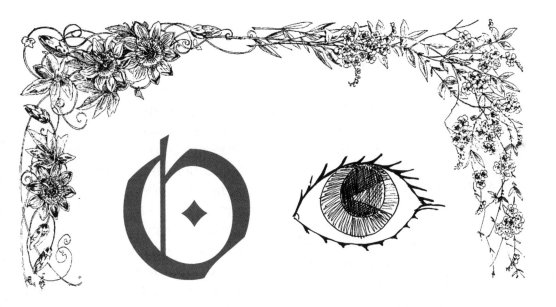

Obsidiana:

La obsidiana es un cristal semi-transparente de color negro marrón. La obsidiana se ha usado para la adivinación con espejos durante miles de años. Se cree que un verdadero espejo de obsidiana se verá nebuloso en principio y luego se aclarará cuando se mire dentro de él. John Dee (1527-1608), astrólogo de la reina Isabel I, tenía un espejo de obsidiana que llamaba su "cristal azabache". Lo usaba para contactar con el reino angélico.

La obsidiana se usa en la actualidad para enfocar la energía y motivar la claridad del pensamiento. También absorbe la energía negativa y evita la indecisión. Asimismo puede ayudar en los problemas digestivos.

Ver *espejo, gemas.*

Ocho:

Tiende a haber pocas asociaciones con el número ocho, comparadas con las que se hacen con otros números. El ocho simboliza la resurrección del hombre. Después de los seis de la creación y el séptimo día de descanso, el octavo día promete una vida nueva y mejor en el mundo por venir. El ocho también simboliza la supervivencia, ya que de acuerdo con la Biblia, ocho personas fueron salvadas por el arca de Noé (Génesis 7, 7)

El ocho se considera en ocasiones un número negativo. La expresión "detrás de la bola ocho" refleja esta forma de pensar, y significa una situación incómoda y difícil. En un juego de *pool*, catorce de las quince bolas están divididas entre dos jugadores. Un jugador tiene que meter en la buchaca las bolas uno a siete y el otro jugador de la nueve a la quince. La bola ocho tiene que meterse hasta el final. Sin embargo, la bola ocho tiene la costumbre de meterse en el camino de las otras bolas. Un jugador pierde su juego si él o ella sin querer mete la bola ocho antes de que entren las otras.

Ver *números*.

Octubre:

Octubre era el octavo mes del calendario romano y recibe su nombre de la palabra romana *octo*, que significa ocho.

Se dice que un octubre cálido es un signo de un febrero frío. Si las hojas se marchitan en los árboles y no caen al piso en el otoño, indican un invierno helado con mucha nieve.

Ver *clima, febrero*.

Oídos:

Si te zumban o te dan comezón los oídos es un signo de que alguien está hablando de ti. Ojalá que te zumbe o que te dé comezón el oído derecho, ya que significa que la persona está diciendo cosas buenas de ti. Si es tu oído izquierdo el que zumba, quien habla está diciendo cosas nocivas sobre ti. Afortunadamente, puedes hacer que la persona deje de hablar mal, mordiendo tu lengua o haciendo un nudo en tu pañuelo. Esto hará que esa persona muerda de inmediato su propia lengua.

En la antigua Roma, a la gente que tenía orejas grandes y lóbulos carnosos se consideraba generosa y fácil de relacionarse. La gente con orejas pequeñas y lóbulos pálidos se consideraban mezquinas y peligrosas. Julio César se rehusaba a tratar con gente con orejas pequeñas.

Un resonar en los oídos es un signo de muerte inminente de un amigo cercano o un familiar.

Las orejas perforadas son muy populares actualmente en individuos de ambos sexos. Una superstición popular, aunque falsa, dice que perforarse los oídos mejorará la vista del individuo.

Ver *anillo, comezón, concha, lengua, pañuelo, vino, zumbido de oídos.*

Ojo:

La comezón en el ojo puede indicar tendencias del futuro. Si tienes comezón en el ojo derecho, es síntoma de buena suerte. Comezón en el ojo izquierdo significa que la mala suerte viene en camino.

Los bizcos han sufrido mucho en la historia. Aún hoy, algunas personas piensan que es de buena suerte cruzarse por la calle con un bizco, en el caso de que la persona sea del sexo opuesto. Si el bizco es del mismo sexo, es de mala suerte. El remedio es escupir mientras la persona pasa, para evitar cualquier peligro.

Los problemas de los ojos muchas veces pueden ser curados frotando el ojo que está afectado nueve veces con un anillo de bodas de oro.

Los barcos, especialmente en el Mediterráneo, frecuentemente se adornan con símbolos de ojos para darle protección al bote y a la tripulación.

Ver *anillo de bodas, barcos, calabaza, carne, comezón, enfermedad, golondrina, lagartija, luna, lluvia,*

mal de ojo, menstruación, muerte, topacio, zafiro.

Ojo de tigre:

En ocasiones, al ojo de tigre se le llama "piedra de la independencia" ya que hace que quienes la usan tengan confianza en ellos mismos. Sin embargo, esto no siempre se considera algo bueno puesto que el ojo de tigre también brinda un deseo de independencia, lo cual puede conducir a una ruptura en las relaciones.

En muchas partes del mundo, el ojo de tigre se considera amuleto eficaz contra el mal de ojo.

Ver *amuleto, gemas, mal de ojo.*

Olas:

Las olas siguen un ciclo de nueve y se cree que la novena ola es la más grande del ciclo.

Ver *agua, nueve.*

Olmo:

Una superstición agrícola interesante del oeste de Inglaterra relaciona el tamaño de las hojas del olmo con el éxito de la cosecha. Si las semillas se plantan cuando las hojas del olmo son del tamaño de la oreja de un ratón, habrá una cosecha abundante de cebada.

Una buena cosecha de frijoles ocurrirá si se plantan cuando las hojas del olmo son tan grandes como un chelín, pero no tan grande como un *penny*.[18]

Ver *frijoles*.

Oniromancia:

La oniromancia es el arte de interpretar los sueños, sea para predecir el futuro o para acceder a la mente subconsciente del soñador. La interpretación de los sueños se ha practicado durante miles de años. La gente solía creer que lo sueños eran mensajes divinos, más que mensajes del subconsciente.

En la Biblia, José interpretó muchos sueños, tanto suyos como de otras personas. Interpretó el sueño del faraón sobre las siete vacas gordas y las siete vacas flacas como una predicción de siete años buenos seguidos de siete años malos. Esto permitió al faraón guardar alimentos en años buenos para que todos tuvieran suficiente comida durante la escasez que vendría (Génesis 41, 15-36).

Sigmund Freud y Carl Jung revivieron el interés por la interpreta-

ción de los sueños. Los usaron para descubrir emociones reprimidas y explorar la mente subconsciente.

Ver *sueños*.

Ónix:

Los griegos tenían una leyenda para explicar el origen del ónix. Venus, la diosa del amor, estaba dormida en los bancos del río Indo. Cupido usó una de sus flechas encantadas para hacerle la manicura. Las uñas cayeron al río y se transformaron en ónix.

Originalmente, se pensaba favorablemente del ónix, pero su reputación desapareció en la Edad Media. Sir John Mandeville, el aventurero del siglo XIV, escribió: "Aquel que lo usa en el cuello o en la espalda, verá demonios; causa muchas frivolidades, trae la furia y el desacuerdo, pero brinda fortaleza." También se creía que el ónix separaba a los amantes y creaba problemas maritales.

Camilus Leonardus, el médico italiano del siglo XVI, escribió que el ónix genera pesadillas y provoca peleas y desacuerdos.

Hoy el ónix se considera de forma mucho más favorable y se usa para aliviar el estrés, las preocupa-

---

[18] Un chelín medía entre 25 y 26 mm, mientras que un *penny* medía un poco más de 30 mm (N. del T.).

ciones y el nerviosismo. También brinda energía y vigor.

Ver *gemas*.

Ópalo:

Una antigua leyenda decía que los ópalos se formaban cuando el dios de las tormentas se ponía celoso del bello dios del arco iris. Finalmente, aquel hizo pedazos al arco iris y al caer éstos a la tierra, se transformaron en ópalos.

El ópalo consiste principalmente en óxido de silicio. También contiene una pequeña cantidad de agua, lo cual le da un destello de color único, conocido como "fuego".

Los antiguos romanos llamaron al ópalo la "piedra de cupido" y la relacionaron con el amor, la esperanza y la longevidad.

Sin embargo, se piensa que usar un ópalo te puede traer mala suerte. Esta superstición comenzó durante la Muerte Negra que azotó a Europa en el siglo XIV. Una mujer en Venecia se contagió de la enfermedad y continuó llevando su ópalo favorito en su lecho de enfermedad. La gente que la cuidaba le hacía comentarios sobre lo brillante que se veía la piedra. Después de su muerte notaron que la piedra había perdido su lustre. Esto los hizo pensar que el ópalo había sido la causa de la enfermedad y la noticia se difundió rápido, sobre lo infortunado que era el ópalo. Hoy sabemos que probablemente eran los cambios de temperatura en el cuerpo lo que causó que el ópalo reaccionara de esta forma.

Alfonso XII (1857-1885), rey de España, presumiblemente no sabía de esta superstición. Le dio a su esposa María un anillo de ópalo el día de su boda. Ella murió dos meses después. Alfonso entonces dio el anillo a su hermana, quien murió algunos días más tarde. El ópalo entonces se le presentó a su cuñada, quien murió tres meses después. Finalmente, el rey Alfonso llevó el ópalo él mismo como alfiler de corbata. Menos de dos semanas más tarde, murió. Las muertes probablemente se debieron más a una epidemia de cólera que al ópalo, pero el daño estaba hecho. El ópalo se consideró así la piedra de la muerte.

La reina Victoria no aceptaba esta superstición y usó muchas piezas de joyería que tenían ópalos bellísimos. La espalda del vestido que usó en su coronación estaba abrochada con un prendedor de ópalo. Durante la procesión, el broche se abrió, apenando a los invitados que vieron más de la reina de lo que se esperaba. Está de más decir que este incidente aportó más evidencias sobre lo desafortunada que era esta piedra.

El ópalo es la piedra de nacimiento para los nacidos en octubre. En la actualidad, se considera una piedra de buena suerte para los que nacieron en ese mes, pero de mala suerte para los demás.

Ver *arco iris, compromiso, gemas, muerte, piedra de nacimiento.*

Oración:

Orar es un acto de comunicación con la divinidad. Es una parte fundamental del culto en muchas religiones y ha sido practicada durante miles de años.

Durante la Edad Media, la Iglesia cristiana trató de abolir los encantamientos mágicos ya que se asociaban con el paganismo, la brujería y la magia. Se decía que era aceptable decir una oración pero que era malo decir un encantamiento para intentar curar una enfermedad o repeler un peligro potencial. La Iglesia no tuvo éxito en este intento de remplazar los encantamientos con oraciones. De hecho, se confundió tanto esta situación que muchas oraciones se usaron como encantamientos. Además, para tener una protección máxima, mucha gente usó tanto a la Iglesia como a la magia.

Los líderes del cristianismo enseñaron que orar al empezar el día brindaría protección contra las brujas y el demonio. La gente creía que las brujas eran incapaces de decir ciertas oraciones, incluyendo el Padre Nuestro, y esto se usó en ocasiones como prueba durante los juicios de las brujas.

Se considera de mala suerte arrodillarse a los pies de la cama para rezar en la noche. Sin embargo, es de buena suerte arrodillarse para rezar a un lado de la cama.

Ver *bruja, brujería, cuarzo, diablo, encantamientos, magia, siete.*

Orgía:

En una orgía, originalmente se solía brindar por alguien en medio de grandes celebraciones con mucha comida y alcohol. La palabra inglesa que se refiere a este brindis, *wassail*, referida también a un licor de manzana, viene de *waes haeil*, que significa "que estés bien". Ésta es una costumbre popular, particularmente en Devon y en Somerset, donde crecen las manzanas de sidra.

El cuenco del brindis es una copa de la cual se bebía la sidra condimentada, especialmente en Nochebuena y en la Doceava Noche. Se ponía una jarra lechera con sidra en el centro de la huerta y los cuencos se llenaban de ésta. Los participantes tomaban sus copas de licor de uno de los árboles, bebían un poco y luego tiraban el resto del líquido en el tronco del árbol diciendo:

Va por ti, viejo manzano,
¡que aquí surja tu brote,
y en este momento sople
y contenga suficientes manzanas!
¡Los sombreros llenos!
¡Las gorras llenas!
¡Llenas las fanegas y los sacos!
¡Y mis bolsillos llenos también!
¡Viva!

Frecuentemente, se disparaban rifles para espantar a los malos espíritus. Era buena idea visitar el granero y brindar con los animales antes de hacerlo con las plantas, campos y abejas.

Ver *abejas, brindis, Doceava Noche, manzana, Nochebuena, tabú.*

Orina:

La orina tiene un vínculo sobrenatural con el cuerpo y se debe tener cuidado de que no caiga en poder de las brujas o de otras personas que la puedan utilizar para hechizar a la persona. Se dice que escupir sobre la orina es una forma efectiva de prevenir que esto ocurra.

Se cree que la orina tiene poderosas propiedades curativas. Lavarte las manos con orina protege contra las brujas y el mal de ojo.

La orina también cura las mordeduras de serpiente y las infecciones de oído. Es interesante notar que la urea, componente sólido de la orina, es demasiado salada. Por lo mismo, cuando se pone orina sobre una herida abierta, la urea salada absorbe los líquidos de la herida y actúa como un antiséptico.

La orina puede igualmente determinar el futuro bienestar de alguien que sufre de una fiebre. Se deben poner hojas de ortiga en la orina del individuo. Si las hojas siguen verdes, el paciente sobrevivirá. Si se secan rápidamente, el paciente está condenado.

Ver *bruja, escupir, hechizo, mal de ojo.*

Orquídea:

Las orquídeas se consideran afrodisíacas. Esta creencia probablemente vino de la apariencia física de la flor. Algunas orquídeas tienen un par de tubérculos que se han relacionado con los testículos. El nombre "orquídea" viene de la palabra griega *orchis*, que significa testículos. Los hombres comían el tubérculo largo de una orquídea cuando deseaban tener un hijo varón y el pequeño cuando deseaban una niña.

Ver *afrodisíaco, flores.*

Ornitomancia:

La ornitomancia es una forma de adivinación que usa el canto, la apariencia y las acciones de las aves para predecir el futuro. La ornitomancia era demasiado popular en la época de los griegos y los romanos y se sigue practicando aún en zonas rurales alrededor del mundo.

Los marineros creen que ver un albatros es un signo de buena suerte. Sin embargo, lastimar a un albatros atrae la mala suerte.

He aquí algunas otras creencias acerca de las aves:

Ver a un cuervo es de mala suerte.

Ver a una paloma es muy favorable para los enamorados.

Ver a un águila es un signo de éxito después de una lucha prolongada.

Ver a una urraca es un signo de mala suerte.

Ver *adivinación, albatros, cuervo, marineros, paloma, urraca.*

Oso:

Los osos bailarines eran parte del entretenimiento popular en otras épocas, y era común que se montara a los niños en los lomos de esos osos para evitar que contrajeran tos ferina.

Una vieja superstición dice que los osos se aparean solamente una vez cada siete años. Cada vez que esto ocurre, todas las vacas preñadas en las cercanías producirán becerros muertos.

Ostra:

Las ostras se han considerado afrodisíacos durante miles de años. Los romanos las devoraban en sus fiestas por esta razón. Esta superstición puede haber evolucionado debido a la aparente similitud entre las ostras y los órganos genitales femeninos.

Una antigua superstición norte-americana dice que nunca debes comer ostras en un mes que no lleve "r". Como estos meses son mayo, junio, julio y agosto, la superstición debe haberse gestado en la época previa a la refrigeración, cuando era muy riesgoso comer una ostra que hubiera podido estar expuesta al calor del verano. Sin embargo, en Inglaterra se considera de buena suerte comer una ostra el día de San Jaime (5 de agosto). Esto asegura que a la persona nunca le faltará comida.

Ver *afrodisíacos, perla*.

Oveja:

Las ovejas siempre se han considerado animales afortunados pues se asociaban al Buen Pastor. Se creía que cada año recordaban a la Natividad durante la medianoche de la Nochebuena, cuando todas miraban al este e inclinaban la cabeza.

Se considera un signo de buena suerte encontrarse a un rebaño de ovejas en el camino, especialmente si logras pasar entre ellas. Esto es útil recordarlo cuando transitas por caminos rurales en Nueva Zelanda. El origen de esta creencia data de cuando la gente vivía aislada en las comunidades. La vista del pastor y su rebaño significa que habrá carne fresca disponible.

Todavía hoy, algunos pastores se entierran con una madeja de lana. Esto significa que se les excusará de asistir al Día del Juicio, ya que ningún buen pastor debe dejar a su rebaño.

Ver *Nochebuena*.

Óxido:

Aunque es raro, es un buen augurio que tus llaves o cubiertos se oxiden. Esto significa que alguien está ahorrando dinero que eventualmente heredarás.

Ver *cubiertos, llave*.

Pájaros:

Los hombres primitivos pensaban que los pájaros poseían cualidades mágicas especiales ya que tenían el poder de volar. Se creía que las aves eran mensajeros de los dioses y, por eso, la gente estudiaba sus movimientos con gran interés para ver si predecían buenas o malas noticias. Un águila que remontaba en lo alto con las alas extendidas, por ejemplo, era señal de prosperidad y buena suerte en el futuro próximo.

Los antiguos romanos eran particularmente proclives a predecir el futuro siguiendo el vuelo de las aves. A esto se le llamaba "auspi-cio". El agorero o adivinador se paraba delante de un lugar sagrado mirando al este y dividía el cielo en cuatro cuartos. Entonces esperaba a que apareciera un ave sola y notaba de dónde venía, qué dirección tomaba y dónde desaparecía. Todo esto era sujeto a interpretación. Los pájaros que volaban hacia la derecha indi-caban resultado positivo y; que las aves volando a la izquierda exhortaban a la cautela y a la postergación. Los pájaros que volaban directamente hacia el agorero indicaban que vendrían muy pronto los buenos tiempos. Los pájaros que se alejaban indicaban una carencia de oportunidades en el futuro próximo.

Entre más alto volaran las aves, mejor, ya que indicaban un resultado positivo. Un ave que cantaba mientras volaba indicaba que era el tiempo adecuado para actuar.

Los romanos también practicaban un tipo de adivinación usando pollos. Se dibujaban círculos en el piso y se marcaban con los diferentes propósitos. Se echaba maíz en los círculos y se observaba a los pollos para ver sobre qué área picaban primero. Esta forma de adivinación se llama alectomancia.

Aún ahora, se usa a los pájaros en diferentes formas de adivinación. Algunas aves como los cuervos y las cornejas siempre han tenido una mala reputación. El búho también ha sido visto con sospecha ya que vuela en la noche mientras los animales "decentes" duermen. Las urracas no traen ni buena ni mala suerte pero se interpretan por el número de ellas que sean vistas.

Afortunadamente, algunas aves traen buena suerte. El petirrojo y las golondrinas son ejemplos de lo anterior. El cucú también trae buena suerte, especialmente en Norteamérica. La cigüeña trae buena suerte, sobre todo a familias jóvenes. Dado que las cigüeñas son famosas por dedicarse tanto a sus crías, no es raro que se les haya asociado con el nacimiento de los seres humanos.

Es de buena suerte que cualquier ave arroje excremento sobre ti cuando está volando.

Ver *búho, cigüeña, corneja, cucú, cuervo, golondrina, lado derecho, petirrojo, urraca, varita*.

Pala:

Es de mala suerte que se rompa el mango de tu pala cuando estás trabajando en el jardín. Éste es un signo de que tu trabajo no dará frutos y tus cosechas serán decepcionantes. Puedes evitar esa posibilidad enterrando la pala rota en el jardín durante veinticuatro horas antes de tirarla.

También se considera de mala suerte si una pala que acabas de clavar en la tierra, se cae. Esto significa que las cosechas del año no serán tan buenas como las del año anterior.

Se necesita guardar las palas en el granero, en la cochera o en un cobertizo. Nunca se deben meter a la casa ya que esto es un augurio de que pronto se necesitará una pala para cavar la tumba de alguien que vive en la casa.

Es de mala suerte llamar la atención de alguien agitando una pala. Esto puede significar que la persona va a morir. Si alguien agita una pala hacia ti, inmediatamente echa un puño de tierra hacia la persona para evitar el peligro.

Ver *tumba*.

Palabras:

La Biblia dice: "En el principio era el Verbo, y el Verbo estaba con Dios y el Verbo era Dios", (Juan 1, 1).

Las palabras tienen poderes mágicos y funcionan con frecuencia como encantamientos. Se creía que las heridas y los dolores se podían curar repitiendo palabras curativas nueve veces mientras se hacía un círculo con el dedo en la parte afectada. También las palabras curativas se podían decir en silencio mientras se cubría con la boca la parte afectada del cuerpo.

Todas las palabras tienen su magia. La palabra "hogar" es más poderosa que la palabra "casa". Las palabras "te amo" están llenas de magia. Las palabras emotivas tienen una magia enorme. Pensemos en amor, odio, venganza y pena.

Los nombres que se dan al nacer también tienen un poder increíble. En *La rama dorada, un estudio sobre magia y religión*, James Frazer escribió que el indio norteamericano "ve su nombre, no solamente como una simple etiqueta, sino como una parte diferenciadora de su personalidad... y cree que se hará un daño a partir de una manipulación maliciosa de su nombre como una herida inflingida en cualquier parte de su organismo físico". Por consiguiente, saber el nombre de alguien aumenta tu poder, mientras que disminuye el de él.

El poder mágico asociado a las palabras se ejemplifica muy bien en el cuento "Rumplestilskin", de los hermanos Grimm. Es la historia de un pequeño hombrecito que enseña a la hija del molinero cómo convertir paja en oro a cambio de su primer hijo. Esta oferta le permite casarse con el rey. Sin embargo, cuando nace el niño, ella está tan desconsolada que el hombrecito le da tres día para que adivine su nombre. Sus conjeturas son falsas durante dos días, pero en el tercero uno de los sirvientes del rey escucha al hombrecito cantar:

Pequeños sueños mi delicada dama Rumplestilstskin es mi nombre.

Cuando descubre que sabe su nombre, el hombrecito se mata de furia. El rey, la reina y el bebé viven felices para siempre.

Ver *abracadabra, avión, dedo, encantamientos, magia, mentir, nueve.*

Paloma:

Dado que en la cristiandad están íntimamente asociadas con el Espíritu Santo, las palomas, especialmente las blancas, se han convertido en un símbolo popular de la pureza, la devoción y del Espíritu Santo. Cada cuatro años, miles de palomas son liberadas en los juegos olímpicos para expresar esta creencia. Se asocian con Astarté en Siria, Afrodita en Grecia y Venus en Roma.

Una antigua leyenda dice que el diablo puede tomar diferentes formas, pero no puede transformarse en paloma ni en cordero.

Otra superstición dice que nadie puede morirse si está acostado en un colchón relleno de plumas de paloma. Esto es porque las palomas simbolizan al Espíritu Santo y la muerte es incapaz de visitar

ningún lugar donde resida el Espíritu Santo.

Las palomas están fuertemente relacionadas con el amor y el romance y se considera de buena suerte para los amantes ver una paloma en el aire.

Ver *cordero, diablo, Día de San Valentín, mineros, muerte, ornitomancia, tórtola.*

Pan:

El pan es conocido como el "sostén de la vida". La frase "ganarse el pan" muestra la importancia que tiene en la vida de la gente. Por lo anterior, hay muchas supersticiones relacionadas con su preparación y consumo.

Es de buena suerte llevar un pedazo de pan en el bolsillo. Las mujeres que están menstruando no deben manejar la masa ya que no se esponjará. Alguien en la familia morirá si la hogaza se rompe en el momento de cocinar. Toda la masa debe usarse. Cualquier sobra debe ser cocinada en pequeños pedazos para que se los coman los niños (esto se debe a que todo lo que se cocine se echará a perder si algo se desperdicia). El cocinero no debe cantar cuando cocina pan.

La hogaza debe de ponerse hacia arriba en la mesa. Si se pone de lado, ocurrirá un grave infortunio. Si la hogaza se desmorona cuando se corta, es signo de que surgirá una discusión.

Si una rebanada de pan con mantequilla se cae al piso con el lado con mantequilla hacia arriba, es un signo de que pronto tendrás una visita.

Marcar el pan con una cruz es algo todavía común en algunos lugares. Esto protege a la casa de las fuerzas del mal.

Las brujas no ponen pan en sus mesas ya que está muy cerca de convertirse en el cuerpo de Jesucristo.

Los niños que comen mucho pan se convertirán en hombres con mucho pelo en el pecho. Los niños pequeños deben mantenerse bien lejos de las mujeres que amasan la masa dado que nunca les saldrá barba si una mano con masa les toca la cara.

Se considera generalmente de mala suerte tomar el último pedazo de pan de un plato. Sin embargo, hay una excepción. Un soltero puede aumentar sus posibilidades de casarse con una mujer rica al tomar el último trozo de pan. Una soltera nunca se casará si toma ese último pedazo. La excepción a esto sucede si te ofrecen el último pedazo de pan. Siempre lo debes aceptar ya que te traerá amor y buena fortuna.

Finalmente, he aquí dos supersticiones extrañas sobre el pan. Se considera de mala suerte para cualquiera poner una hogaza de pan boca abajo. Y se piensa que es muy peligroso para una mujer poner una hogaza de pan redonda boca abajo. Esto es un signo de que pasa mucho tiempo acostada. Obviamente estas supersticiones tienen connotaciones sexuales.

Ver *barba, brindis, brujas, cantar, cruz, hechizo, inauguración, mesero, pozo.*

Pan con mantequilla:
Al pan que tiene mantequilla nunca se le debe quitar la mantequilla. Por lo mismo, si dos personas caminan lado a lado y se separan temporalmente por un objeto u otra persona, pueden decir "pan con mantequilla" para reparar la mala suerte que ha causado la separación.

Decir "pan con mantequilla" también elimina cualquier problema generado por ciertos actos que hayan traído mala suerte, como caminar bajo una escalera. Si dos personas están involucradas, ambos tienen que decir las palabras.

Ver *escalera*.

Pañuelo:

Si accidentalmente tiras un pañuelo, es de mala suerte levantarlo tú mismo. Si alguien te lo levanta, el pañuelo le dará buena suerte tanto a ti como a la persona que lo levantó.

Sin embargo, si encuentras un pañuelo, es de mala suerte levantarlo si el dueño no está presente. Esto es porque la gente llora en sus pañuelos. Como las lágrimas significan tristeza y pesar, recibirás malas noticias si tocas el pañuelo encontrado.

La gente sigue haciendo nudos en los pañuelos para evitar olvidar algo. La creencia original era que el nudo evitaba que el diablo hiciera que se te olvidara alguna cosa.

Hacer un nudo en un pañuelo también te puede proteger. Si tu oído izquierdo te da comezón o te arde, significa que alguien está hablando mal de ti. Si haces un nudo en tu pañuelo, esa persona se morderá la lengua.

Los hombres solteros no deben doblar su pañuelo antes de guardarlo en su bolsillo. Si lo hacen, nunca se casarán.

Ve *diablo, lengua, nudo, oído*.

Papa:

Cuando llegó la papa por primera vez a Europa en el siglo XVI, se pensó que funcionaba como afrodisíaco. Esta creencia no duró mucho. Comenzó una nueva superstición cuando la gente supuso que llevar una papa en uno de los bolsillos del pantalón curaría el reumatismo.

Se creía que las papas curaban las verrugas. Tenías que rebanar la papa a la mitad y frotarla contra la verruga. Sin embargo, esta creencia aseguraba que esta cura funcionaba en ocasiones.

Otra vieja superstición decía que podías oscurecer tu cabello enjuagándolo en agua que previamente se había usado para hervir cáscara de papa.

Se decía que las papas deberían ser plantadas en Viernes Santo para protegerte contra los malos espíritus y el demonio. La primera persona de la familia que comiera una papa nueva podía pedir un deseo.

Ver *afrodisíaco, cebolla, diablo, enfermedad, pelo, Viernes Santo, verrugas.*

Paraguas:

Hasta el siglo XVIII, los paraguas no se usaban para proteger a la gente de la lluvia. Antes de esto, se usaban como sombrillas. La palabra inglesa *umbrella*, que significa "paraguas", viene del italiano *ombrella*, que significa "pequeña sombra". Los faraones egipcios las usaban como parasoles hace miles de años. Cuando los paraguas se empezaron a comercializar en Inglaterra a finales del siglo XVIII, muchas veces se decoraban con bellotas para proteger al usuario de los relámpagos.

Una superstición común es la creencia de que abrir un paraguas dentro de casa trae mala suerte. El origen de esto es que un paraguas funciona como un escudo contra el sol o la lluvia fuera de casa. Abrirlo en un lugar techado ofende al espíritu del paraguas, lo que traerá mala suerte. Es también de mala suerte poner un paraguas en la cama.

Se dice que abrir un paraguas al aire libre cuando no está lloviendo provocará que llueva. Llevar un paraguas es una buena forma de asegurar que haya buen clima.

Otra superstición dice que si se te cae el paraguas, alguien más tiene que levantarlo. Las mujeres solteras se arriesgan a nunca encontrar marido si levantan su propio paraguas.

Ver *bellota, lluvia, relámpago, sol, suerte, teatro.*

Pascua:

La Pascua es el evento más importante del calendario cristiano. Celebra la resurrección de Jesucristo al tercer día de su crucifixión. Dado su significado religioso, las costumbres como los huevos decorados, bollos en forma de cruz, conejos y ropa nueva parecen fuera de lugar. De hecho, cada una tiene una larga historia, algunas incluso anteriores a la cristiandad.

La Pascua se celebra el primer domingo después de la primera luna llena subsecuente al equinoccio. Por lo mismo, la Pascua puede caer cualquier día entre el 22 de marzo y el 25 de abril. Esta fecha fue definida por el emperador Constantino en el Concilio de Nicea en el año 325 d. C.

Nadie sabe el origen la de palabra inglesa correspondiente a Pascua, *Easter*, aunque según Beda el Venerable (*circa* 673-735 d. C.), teólogo e historiador inglés, pensaba que venía de una diosa germánica precristiana de la primavera llamada Eostre o Eastre. Su nombre se relaciona con el este. El símbolo de Eastre era la liebre y su festival se celebraba más o menos en la época de la Pascua.

La gente creía que el sol bailaba el día de Pascua. Sir John Suckling dice en su poema, "Balada sobre una boda" (1646):

Pero ¡oh!, ella baila de tal modo,
que no hay sol en día de Pascua
que sea a la vista
la mitad de agradable.

El concepto de los huevos, simbolizando la fertilidad y la renovación de la vida es antiguo, al igual que la costumbre de pintar los huevos y comerlos en el festival de primavera. En la cristiandad, el huevo llegó a simbolizar la Resurrección.

Tendrás buena suerte durante el año si usas tres nuevas prendas en el domingo de Pascua. Los desfiles de Pascua celebran esta tradición. Incidentalmente, es de mala suerte rechazar un huevo de Pascua como regalo. También te arriesgas a perder la amistad de la persona que te lo ofrece.

Una vieja tradición dice que si llueve el domingo de Pascua también lloverá durante los siguientes siete domingos.

Ver *comida, conejo, Este, huevos, liebre, panes en cruz, ropas, sol.*

Pastel:

Los talismanes de pastel, conocidos como Agnus Dei, se hacían para proteger a la gente de las desviaciones de Satán. Un lado del pastel tenía el dibujo de un cordero llevando una bandera y la imagen de Jesús en el otro lado. El pastel llevaba dentro un pedazo de papel con textos del Evangelio según San Juan. Esos pasteles no se comían sino que se mantenían como amuletos protectores. Del mismo modo, panes calientes con forma de cruz se ofrecían para mantener a la familia protegida de la enfermedad, de un Viernes Santo, al siguiente.

Una interesante superstición bávara consistía en la fabricación de pasteles de cadáveres. La masa se dejaba fermentar sobre el cuerpo muerto. Esto permitía que todas las buenas cualidades y virtudes del finado entraran en la masa. Los parientes del muerto se comían los pasteles para asegurar que las cualidades especiales de la persona se quedaran en la familia.

Los pasteles deben ser horneados en la mañana mientras el sol está subiendo en el cielo. El primer pastel (de un lote de pequeños pasteles) sacado del horno debe abrirse y no cortarse. Si se corta, el resto de los pasteles cocinados ese día estarán húmedos.

Se considera de mala suerte tirar los cascarones de huevo hasta que el pastel esté listo.

Es de mala suerte si una rebanada de pastel se pone en tu plato y se cae de lado. Si esto pasa, se evita la mala suerte diciendo "pan con mantequilla".

Ver *amuleto, comida, huevos, pan con mantequilla, pastel de boda, sol, talismán, Viernes Santo.*

Pastel de boda:

En la época de los romanos, los invitados rompían un pastel hecho para la comida sobre la cabeza de la novia para desearle buena suerte. Entonces esparcían las migajas sobre sus propias cabezas para asegurarse también de la buena suerte.

El pastel de boda simboliza la fertilidad, la abundancia y la buena suerte para todo el que lo come. Por lo mismo, el pastel debe ser de buen sabor; la superstición dice que si el pastel es un fracaso, será igual el matrimonio. La novia no debe participar en lo absoluto en la preparación del pastel y no debe probarlo antes de la recepción.

La novia tiene que ser la primera persona que parta el pastel para asegurar la felicidad del matrimonio. En la actualidad, el novio pone su mano sobre ella y juntos cortan la primera rebanada para asegurar la buena suerte y una larga vida juntos.

La novia debe conservar una rebanada del pastel para usarla como un futuro pastel de bautizo. Esto asegura que los niños llegarán a su tiempo.

Una vieja tradición dice que la novia tiene que poner un pedazo del pastel bajo el lecho nupcial para asegurar la fidelidad de ambos.

Una vieja superstición dice que una joven debe hacer pasar un pequeño pedazo del pastel a través del anillo de compromiso antes de ponérselo en su media izquierda. Si luego pone su media bajo la almohada antes de irse a la cama, soñará con su futuro marido. Todo esto es más fácil para las solteras el día de hoy. Si les das un pedazo de pastel en una caja, ellas deben ponerlo bajo la almohada.

Ver *anillo de boda, bautizo, cama, matrimonio, niños, novia, pastel.*

Pasto:

Una vieja superstición dice que si ves a un gato o a un perro comiendo pasto, es seguro que va a llover. En realidad, los gatos y los perros comen pasto para ayudar a su digestión.

Ver *clima, lluvia.*

Pata de conejo:

La pata de conejo es quizá el más popular de los talismanes. Los orígenes de éste son desconocidos, pero existen varias posibilidades. Ya que los conejos nacen con los ojos abiertos, el talismán puede originalmente haber sido usado para dar protección contra el mal de ojo. Los conejos se conocen por su fecundidad. Por consiguiente, ya que sus patas son consideradas símbolos fálicos, la pata de conejo puede haber sido originalmente un símbolo de fertilidad.

Hace cientos de años, la gente estaba aterrorizada por los espíritus que vivían bajo tierra. Los conejos obviamente poseían poderes especiales ya que podían vivir bajo tierra y criar ahí a su descendencia con relativa seguridad. La gente notaba la extraña manera en la cual los conejos se movían, con sus patas traseras tocando el piso antes que las delanteras. También veían a los conejos cavando sus madrigueras con sus patas traseras. Los conejos también advierten a otros conejos de cualquier peligro inminente golpeando con su pata trasera. Estos actos hicieron que la gente pensara que la suerte de los conejos radicaba en sus patas traseras.

Los actores están entre la gente más supersticiosa. Hace muchos años, usaban una pata de conejo para ponerse maquillaje. Cuando se inventaron las almohadillas para el maquillaje, ya no se requirieron las patas de conejo pero los actores los mantuvieron como amuletos.

Samuel Pepys (1633-1703) llevaba una "pata de liebre" como talismán. El 31 de diciembre de 1664, escribió sobre su buena fortuna y buena salud de los doce meses previos. Escribió que estaba "en un gran problema de saber si había sido mi pata de liebre, o por tomar cada mañana una píldora de trementina o por haber dejado de usar una toga".

Hoy día, la mayoría de las patas de conejo de la suerte están hechas con las patas delanteras del conejo. Pero eso es muy poco probable que sean de buena suerte ya que únicamente la pata trasera izquierda era la afortunada. De hecho, si quieres verdaderamente tener suerte, la pata izquierda tiene que ser cortada por un bizco durante la luna llena.

Los marineros creían que las brujas podían transformarse en conejos o liebres. Por lo mismo, éstos eran considerados animales malignos que debían ser destruidos. Era de mala suerte ver a un conejo o tan solo mencionar su nombre antes de zarpar.

En Gales, a los recién nacidos se les cepillaban las frentes con una pata de conejo. Se creía que esto les daba buena suerte en su vida futura. Con frecuencia se colgaba una pata de conejo sobre la cuna para darles protección.

Ver *actores y actrices, amuleto, bizco, bruja, cuna, encantamientos, liebre, mal de ojo, marineros.*

Patrón de desaparición:

Un patrón de desaparición se usa para curarse de ciertos padecimientos al hacerlos desaparecer letra por letra. El ejemplo más común de esto es la palabra "abracadabra". La primera línea contiene la palabra completa. La segunda línea muestra la palabra sin la primera o la última letra, o a veces sin ambas letras. Este patrón se repite línea tras línea hasta que sólo queden una o dos letras. Se cree que el padecimiento desaparecerá de la misma forma que la palabra.

Ver *abracadabra.*

Pavo real:

Tanto los griegos como los romanos consideraban al pavo real sagrado y solamente los sacerdotes podían manipular estas aves divinas. Era una ofensa merecedora de un castigo si otra gente tocaba a las aves o incluso si tenía una pluma de ellas. Los ojos de las colas de los pavo reales se consideraban un signo de que los dioses estaban constantemente alertas y vigilando lo que hacían los humanos.

Sin embargo, otros pueblos antiguos sospechaban de los múltiples ojos que tenían los pavo reales.

Pensaban que los ojos pertenecían al demonio o eran un ejemplo del mal de ojo. Les preocupaba que la gente pudiera ser engañada por el magnífico plumaje y que tomaran una pluma para llevarla a casa, poniéndose en riesgo de mal de ojo. En el Islam se creía que un pavo real permitió que Iblis, el demonio, entrara al paraíso, haciendo que la humanidad perdiera la gracia.

Sin embargo, no todos los griegos consideraban sagrado al pavo real como lo muestra la historia de Zeus y su romance con una mortal. Un día Zeus bajó del Monte Olimpo mientras Hera, su esposa, dormía. Cuando ella se despertó y vio que él no estaba, inmediatamente corrió a la Tierra para averiguar dónde estaba Zeus. Zeus, quien estaba en el proceso de seducir a Io, una joven mortal, la oyó venir y rápidamente transformó a Io en una vaca. No engañó a Hera, pero ella le hizo sentir que así había sido. Hera comentó lo bella que era la vaca y le pidió que si la podía tener en su rebaño. En esos días, la mayoría de los dioses tenían rebaños de ganado en diferentes lugares de la Tierra. Zeus no le pudo decir que no sin tener que enfrentar cuestionamientos difíci-

les. Hera tomó a la vaca y le pidió a Argos Panoptes, un gigante con cien ojos, que la cuidara. Argos la cuidó fielmente al menos con un ojo todo el tiempo. Sin embargo, Zeus le pidió a Hermes que liberara a la vaca para que Io volviera a tomar forma humana. Hermes tuvo éxito tocando su flauta y finalmente aburrió al gigante y lo hizo dormir con historias interminables. Entonces Hermes mató al gigante y cortó su cabeza. Io, aún en forma de vaca, corrió en busca de su padre. Hera envió un tábano para atormentarla, pero finalmente Io galopó hasta el Bósforo, lo cruzó nadando y se dice que terminó en Egipto, donde volvió a adquirir forma humana. Hera estaba muy enojada por la muerte de el gigante Argos y puso sus ojos en la cola del pavo real para recordar su horrible muerte. El pavo real se convirtió en un ave de mal agüero, con ojos en su cola para recordarle a la gente el triste destino de Argos.

Con el tiempo, las plumas del pavo real se asociaron con los funerales y la muerte. Esto aconteció cuando la gente se dio cuenta de que las plumas no se despintaban ni perdían brillo, lo cual fue visto como un signo de inmortalidad o resurrección. Los primeros cristianos decoraron los muros de las catacumbas con dibujos de pavo reales usando sus plumas para ilustrar su fe en la resurrección. Aún hoy, cuando el papa es conducido en su *sedia gestatoria*, o silla portátil, sus ayudantes, dispuestos a cada lado, llevan grandes abanicos, conocidos como *flabella*, hechos de plumas de pavo real o de avestruz con sus fijos ojos.

En la actualidad, algunas personas tienen la superstición en la que evitan que entren plumas de pavo real en sus casas ya que las consideran un augurio de muerte.

Sin embargo, una tradición opuesta se da en Japón, China y la India, donde las plumas de pavo real brindan protección. En la India es común ver abanicos hechos con plumas de pavo real. Tienen tantos ojos como sea posible y se usan como protección.

Ver *actores y actrices, funeral, mal de ojo, muerte, pluma.*

Pecas:
Las pecas son puntos café claro que encontramos comúnmente en la cara, pero que pueden aparecer en otras partes del cuerpo. No a toda la gente le gusta tenerlas. Afortunadamente hay un remedio. Todo lo que necesitas hacer es encontrar una rana y frotártela sobre las pecas. Deja a la rana donde la encontraste y permite que se lleve tus pecas con ella.

Ver *rana.*

Peine:
Se rumora que es de mala suerte levantar un peine que se ha caído por accidente. Para evitar la mala suerte, pisa el peine ligeramente antes de levantarlo.

También es de mala suerte tirar un peine. El remedio para esto es caminar alrededor del peine tres veces en el sentido de las manecillas del reloj y luego levantarlo.

Si una joven está interesada en un hombre, nunca debe permitirle que él lleve su peine en su bolsillo. Si lo hace, él perderá inmediatamente el interés por ella.

Nunca debes contar el número de dientes que tiene un peine. Si lo haces, perderás alguno de tus dientes.

Ver *dientes.*

Pelo:
Darle a alguien que tú quieres un mechón de pelo es una costumbre

muy antigua basada en la superstición de que el pelo contiene la esencia o el espíritu de la persona. Por lo mismo, cualquiera que tiene un pequeño mechón de tu pelo, tiene el poder de embrujarte o dominarte. Se consideraba un signo de confianza y amor incondicional darle esta parte tan valiosa de ti a alguien. Sin embargo, los padres no deben guardar mechones de sus hijos si desean que lleguen a la edad adulta. Los padres que deciden guardar un mechón de su bebé necesitan guardarlo con mucho cuidado.

El pelo siempre ha sido asociado con la fuerza, el cual viene de la fuerza vital o espiritual de la persona. En la Biblia, Sansón pierde su fuerza cuando Dalila le corta el cabello mientras duerme (Jueces, 16, 19).

Se supone que los jóvenes con brazos velludos serán ricos.

Los pelirrojos han sufrido por la superstición relacionada con su color de pelo. El color del pecado es el escarlata, razón por la cual Judas Iscariote siempre se representa pelirrojo. Se cree que los pelirrojos tienen un temperamento fiero. La reina Elizabeth I es un buen ejemplo de una pelirroja feroz. Se cree que la gente con cabello negro o castaño es confiable y valiente, mientras que la gente de cabello claro se supone que es tímido.

Si el cabello de una mujer crece hasta la mitad de su frente, creando un pico de viuda, se piensa que sobrevivirá a su esposo. Si su cabello de pronto se vuelve rizado, es un signo de que a su marido no le queda mucho por vivir. Es de mala suerte sacarse las canas. Si lo haces, te saldrán diez más.

Es un signo de longevidad si se queman rápido los mechones de una persona cuando se arrojan al fuego. Sin embargo, es augurio de una muerte temprana si arden lentamente. En Irlanda, la gente creía que no debías quemar el pelo de alguien porque en la Resurrección el dueño vendría a buscar su pelo. Por eso, el pelo debía ser enterrado y no quemado. Lo contrario se practicaba en Europa, donde el pelo siempre era quemado. Una razón importante de esto era evitar que el pelo llegara a las manos de una bruja y pudiera usarlo para hacer magia negra.

Otra razón para deshacerse del cabello con cuidado es la vieja creencia de que te dolerá la cabeza si un pájaro usa mechones de tu pelo para construir su nido. Los dolores de cabeza se mantendrán hasta que el nido se destruya.

Aún hoy, mucha gente cree que cortarse el pelo estimula su crecimiento. De hecho, crece media pulgada por mes, sea cortado o no.

Otra superstición dice que el pelo se puede volver blanco de la noche a la mañana si la persona se espanta repentinamente o debido al estrés.

El viejo dicho de "el pelo de un perro" se aplica cuando se sugiere que la gente que sufre una resaca beba otro trago. Esta idea de que "lo igual cura lo igual" viene de la creencia de que teniendo algunos pelos del perro que te mordió, te curarás de la mordedura.

Ver *bebé, blanco, bruja, calvicie, dolor de cabeza, enfermedad, fuego, hada de los dientes, nido, nuez, papa, perro, rojo, ron, sexo, tormenta, trece, viernes 13, vino.*

Péndulo:

Un péndulo es un peso atado a una cadena o a una cuerda. Se usa para la radiestesia o la adivinación. Cuando era niño, mi madre siempre usaba su anillo de bodas, ama-

rrado a un hilo, para determinar el sexo de los bebés por nacer de nuestra familia.

Ver *aguamarina, anillo de bodas, bebé.*

Penny (moneda de un centavo):

El sencillo *penny*, o la moneda de un centavo, siempre se ha considerado de buena suerte y muchos lo llevan como talismán. Algunas personas arrojan un centavo al agua dondequiera que viajen en barco. Esto apacigua a los dioses del agua y asegura un arribo seguro a su destino.

Ver *encantamientos, moneda.*

Perejil:

El mejor momento para plantar perejil, de acuerdo con la superstición, es en Viernes Santo. Sin embargo, las jóvenes que quieren un bebé pueden plantar perejil en cualquier momento ya que aumenta las posibilidades de embarazarse. Un viejo dicho dice: "Siembra perejil, siembra bebés." Las mujeres no deben plantar perejil a menos que se quieran embarazar. Sin embargo, de acuerdo con la superstición, comer perejil evita el embarazo.

La leyenda dice que solamente la gente pecadora puede cultivar bien el perejil. Esta historia probablemente comenzó con los romanos, cuando el perejil se plantaba en las tumbas.

Otra superstición relacionada con el perejil dice que es de mala suerte trasplantarlo ya que puede provocar muerte en la familia. También se considera de mala suerte dar o recibir perejil como un regalo.

Ver *afrodisíaco, bebé, muerte, tumba, Viernes Santo.*

Perla:

Una perla nace cuando un elemento irritante, como un grano de arena, entra en un molusco bivalvo como las ostras. El molusco, incapaz de deshacerse del irritante, genera una secreción alrededor de éste, el cual se convierte en una perla.

Se supone que Cleopatra (69-30 a. C.) se bebió una perla disuelta en un brindis en honor de Marco Antonio. Esto fue para demostrar la increíble riqueza de Egipto. El esfuerzo fue debidamente considerado ya que la perla valía más que todo el festín que se había organizado en su honor. Sir Thomas Gresham respondió a este gesto seiscientos años después, cuando disolvió una perla, valuada en quince mil libras, para brindar por la reina Elizabeth I.

Los antiguos romanos veneraban las perlas y las usaban de muchas maneras. Las portaban tanto hombres como mujeres y hasta los muebles eran tachonados con perlas para crear sentimientos de opulencia y abundancia. El emperador Calígula tenía sandalias totalmente incrustadas de perlas. Plinio el Viejo, historiador romano, escribió que las perlas eran gotas de rocío del cielo que cayeron en el mar y fueron capturadas por las ostras.

Las perlas se volvieron muy populares en el Renacimiento, al grado de que algunas familias reales decretaron que solamente los miembros de la nobleza podían utilizarlas.

Existen muchas supersticiones sobre las perlas, de las cuales la más importante es que al ser símbolos de las lágrimas de la ostra, las personas enamoradas no las deben de usar. Si lo hacen es probable que derramen muchas lágrimas. Aunque no debes darle una perla a alguien enamorado, es de buena suerte darle una a un bebé ya que le asegura una larga vida. Las perlas son valiosas también porque se cree que dan serenidad, pureza, virtud y paz mental.

Las perlas también tienen la fama de poseer propiedades afrodisiacas y se cree que dormir con una perla bajo la almohada ayuda a las parejas sin hijos a concebir.

La perla es la gema de los nacidos en junio.

Ver *afrodisíaco, aniversarios de boda, bebé, brindis, compromiso, ostra, piedra de nacimiento.*

Perro:

Los perros se han considerado los "mejores amigos del hombre" por miles de años. Una vieja superstición dice que cuando un perro aúlla cerca de una puerta es signo de una gran calamidad, posiblemente hasta de muerte. Es un signo seguro de muerte si un perro le aúlla a la luna. Si un perro gime cuando va a nacer un bebé, el niño al crecer se convertirá en criminal.

La gente cree que los perros tienen poderes sobrenaturales que les permiten ver o al menos sentir a los fantasmas. Esto les permite saber cuándo está en peligro su dueño. Los perros también tie-nen la fama de sentir el carácter de la gente de manera instantánea y gruñirán y se alejarán de cualquiera que desconfíen.

Es de buena suerte ser seguido por un perro amarillo o dorado. También es buen augurio que un perro extraño te siga hasta tu casa.

Tendrá siete años de mala suerte cualquiera que mate deliberadamente a un perro. La única excepción es cuando un veterinario sacrifica al perro para evitar que el animal sufra más.

Ver *blanco, boda, diablo, escalera, fantasma, juego, luna, matrimonio, muerte, pelo, puerta, rayo, sirviente, vino.*

Pervencha:

La pervencha es una planta perenne que crece en las veredas, con flores que se parecen a las violetas. Comúnmente se siembran sobre los marcos de las puertas y ventanas porque se cree que alejan la mala suerte y los malos espíritus.

Solamente la gente virtuosa, pura de corazón, puede cortar la pervencha. Aún así, deben hacerlo solamente la primera, novena, onceava o décimotercera noche después de la luna nueva.

Ver *flores, luna, violeta.*

Petirrojo:

Al petirrojo siempre se le ha considerado un signo de buena suerte. Una tradición de los primeros cristianos dice que unas cuantas gotas de la sangre de Cristo crearon el pecho rojo característico del petirrojo. También se ha sugerido que el petirrojo se pinchó accidentalmente cuando trató de quitar las espinas de la frente de Cristo.

Se cree que cualquiera que lastima a un petirrojo recibirá el mismo daño como castigo. Además, cualquiera que mate a un petirrojo experimentará una caída inmediata y permanente de su riqueza.

Hay tres situaciones en las cuales ver a un petirrojo no es bien recibido. Es un signo de muerte inminente si un petirrojo vuela a una casa o a una iglesia o si se posa cerca del tiro de una mina.

Es de buena suerte ver al primer petirrojo de la primavera y debes pedir un deseo cuando lo ves. La suerte aumenta si el petirrojo está volando hacia arriba. Se considera de buena suerte encontrar el nido de un petirrojo con huevos mientras no se afecte al nido. Disfrutarás de buena suerte durante todo un año si los petirrojos construyen un nido cerca de tu casa.

Los primeros colonos americanos confundieron al tordo americano con el petirrojo. Esto no es raro ya que además de que es mucho más grande, tiene marcas similares y hasta el pecho rojo. Toda la buena suerte asociada al petirrojo europeo se transmitió al petirrojo americano, situación que permanece hasta nuestros días.

Ver *deseo*, *Día de San Valentín*, *huevos*, *mineros*, *muerte*, *pájaros*.

Pesadilla:

En la palabra inglesa *nightmare*, pesadilla, la terminación "mare" no se refiere a una yegua (*mare* en inglés). La palabra viene de Morrigain, la reina irlandesa de los duendes a quien se creía que era un súcubo. Un súcubo es un demonio lujurioso que visita a los hombres dormidos y tiene sexo con ellos (íncubo es el término de unos demonios similares que hacen presa de las mujeres dormidas) haciéndoles creer, por consiguiente, que los sueños sexuales son una experiencia real.

Se creía que las pesadillas las generaba el demonio, quien lograba infiltrarse en los sueños de la gente en un intento deliberado de causar preocupación y estrés. Afortunadamente existen remedios para la gente que regularmente experimenta pesadillas. Un método es poner tus zapatos bajo la cama con las puntas hacia direcciones opuestas. También son efectivas cualquier tipo de cruces. Estos métodos van desde dormir con tus manos cruzadas sobre tu pecho hasta poner tus calcetines en forma de cruz a los pies de la cama.

Alternativamente puedes usar un collar de cuentas de coral rojo para asegurarte de tener una noche de sueño tranquilo. Se decía que el coral rojo evitaba el mal de ojo.

Un clavo tomado de una tumba y puesto en el marco de la puerta del dormitorio también puede protegerte de las pesadillas.

Ver *clavo, cruz, diablo, mal de ojo, sueños, zapatos, verbena.*

Pescar:

La superstición ofrece diferentes métodos para mejorar tu suerte cuando vas a pescar. Evita vestirte de blanco ya que es de mala suerte pescar con ropa blanca. Es improbable que pesques algo si te cruzas con un cerdo o con una mujer descalza en tu camino al bote o al lugar donde vas a pescar. No pesques sentado en una cubeta boca abajo. También es de mala suerte cambiar de caña mientras pescas, a menos de que la primera se haya dañado. Mantén tu red fuera del agua hasta que hayas atrapado a un pez. No le contestes a quien te pregunte cuántos peces has pescado. Si lo haces, no pescarás más ese día.

La buena suerte te sonreirá si escupes en el gancho de pescar antes de tirarlo al agua. También da buena suerte regresar el primer pez que atrapes.

Ver *blanco, gaviota, tabú, viernes 13, Viernes Santo.*

Pescado:

La superstición de que el pescado es "alimento del cerebro" comenzó en el siglo XIX. En esa época los científicos descubrieron que el pescado era rico en fósforo. Dado que el cerebro humano también contiene fósforo, la gente inmediatamente comenzó a creer que comer pescado de alguna manera alimentaba al cerebro. Esto significaba que entre más pescado comieras, más inteligente te volverías. Desafortunadamente, esto no es verdad. El pescado es nutritivo y bueno pero comerlo mucho no te hará más inteligente.

Una vieja superstición dice que el pescado debería comerse de la cola para arriba, con ello se asegura buena pesca en el futuro.

Ver *afrodisíaco*.

Pescadores:

La mayoría de las supersticiones atribuidas a los marineros también se aplican a los pescadores, éstos también tienen una buena cantidad de supersticiones propias.

Es de buena suerte pelear con tu esposa antes de salir al mar, ya que eso quiere decir que la pesca será buena. El chiste es que la pelea sea por casualidad.

Para un pescador es de mala suerte cruzarse en su camino al barco con una mujer que lleve puesto un delantal blanco, con un hombre bizco, con un miembro del clero, con una monja o con un perro.

Es de mala suerte contar los peces que se han pescado. Esta tarea se tiene que hacer hasta que los pescadores lleguen a la costa.

También da mala suerte pescar todos los días de la semana. Esto envía el mensaje de que eres codicioso y sufrirás las consecuencias.

Se considera de mala suerte preguntarle a un pescador si ha tenido una buena pesca. Si lo haces estás sugiriendo subliminalmente que ha hecho algo mal y que ha perdido el favor de los dioses.

Ver *escupir, marineros, monjas, perro, rojo*.

Pestaña:

Casi todo mundo sabe que no se debe confiar en alguien cuyas pestañas están pegadas. Sin embargo, no toda la gente sabe acerca del significado de las otras variantes. Alguien con muchas pestañas se supone que es obstinado, autoritario y pendenciero. Alguien con pestañas delgadas, casi no existentes, se supone que es indeciso, sensible y débil. Se piensa que alguien con pestañas largas y gruesas es apasionado, entusiasta y lleno de energía. De la gente con pestañas que están muy separadas entre sí se dice que son buenos escuchas; alguien con pestañas rizadas, se considera que es decidido y asertivo.

Ver *hombre lobo*.

Pichón:

Es de mala suerte que un solo pichón blanco se pose en un tejado.

Sin embargo, es de buena suerte que pichones de otros colores se posen ahí. Trae buena suerte a los habitantes de la casa si un grupo de pichones se posa en el tejado. Se considera de buena suerte dar de comer a los pichones y que probablemente hagas nuevos amigos como resultado de esto.

Si tu amado te ha dejado, puedes alentarlo a que regrese perforando el corazón de un pichón muerto con alfileres.

Ver *alfiler, pájaros*.

Pico de viuda:

Pico de viuda es la línea del cabello con forma de V que se ve en la frente. Cuando Ana de Bretaña (1476-1514) perdió a su marido, el rey Carlos VIII, su diseñador de tocados elaboró un sorprendente sombrero negro en forma de V para que lo usara durante el luto. Un año después, se casó con el rey Luis XII y la superstición comenzó a decir que si tienes un pico de viuda, perderás pronto a tu primer marido y rápidamente te volverás a casar.

Pie:

Comezón en el pie es signo de un viaje en un futuro próximo. Normalmente significa visitar un lugar exótico por primera vez.

Ver *dedos de los pies*.

Piedra lunar:

La piedra lunar es sagrada en la India y se cree que da buena suerte a quien la lleve puesta. Es un regalo muy popular entre los amantes ya que despierta las pasiones y permite a las parejas visualizar su futuro juntos.

La piedra lunar ha sido asociada con el ciclo lunar desde la época de los romanos, convirtiéndola en un amuleto muy popular entre las mujeres. Se usaba para aumentar la fertilidad, aliviar el dolor menstrual, aumentar la lactancia y aplacar el dolor del parto. También se utiliza con frecuencia en conjuros ejecutados tanto durante la luna creciente como en la luna decreciente para vislumbrar el futuro.

La expresión "una vez en la luna azul" viene de la piedra lunar. Los indios creían que cada veintiún años el sol y la luna creaban una yuxtaposición especial entre sí y que en dicho momento se podían encontrar piedras lunares azules en la costa.

La piedra lunar se utiliza también para proteger a los viajeros y aumentar sus capacidades psíquicas naturales.

Ver *amuleto, aniversario de bodas, gemas, hechizo, luna.*

Piscis:

Piscis es el doceavo signo del zodiaco. Su símbolo es dos peces nadando en direcciones opuestas. Su elemento es el agua y su piedra es la aguamarina. La frase clave de Piscis es: "Yo creo."

Los nacidos en Piscis son amables, imaginativos y soñadores, aunque pueden dar una impresión equivocada de que viven en un mundo de fantasía. Sin embargo, son pensativos, filantrópicos y altamente creativos. Son sensibles, pueden ser lastimados con facilidad y tienden a preocuparse. Los nacidos en Piscis son propensos a ser indecisos y pueden ser manipulados por los demás. Además, son naturalmente intuitivos y pueden desarrollar este talento hasta un nivel muy alto.

Ver *agua, aguamarina, astrología, elementos, gemas, zodiaco.*

Pixies:

No es lo mismo *pixy* que hadas. Los *pixies* son gente pequeña que siempre está vestida de verde. Les encanta bailar en círculos mágicos. Se cree que los *pixies* son las almas de los bebés que murieron antes de ser bautizados. El rey de los *pixies* le da a cada *pixy* una tarea específica. Algunas de estas tareas son benéficas para la humanidad, pero otras son travesuras, como jugar bromas y sacar a la gente de sus casillas.

La gente solía tener un cuenco con agua junto a la chimenea para los *pixies.*

Ver *bebé, chimenea, hada, verde.*

Planta:

A las plantas se les ha atribuido una gran cantidad de propiedades benéficas, desde generar buena suerte hasta curar enfermedades y dar protección contra los malos espíritus. Muchas plantas tienen supersticiones específicas asociadas a ellas, pero también existen algunas creencias más generales que se pueden aplicar a todo el mundo vegetal.

La más común de estas creencias es que es de mala suerte dormir en un cuarto con plantas, ya que éstas utilizarán todo el oxígeno.

Otra superstición dice que avises a tus plantas de todos los sucesos importantes que se den en la familia. Si las plantas no se enteran, probablemente se mueran. Si alguien en la familia se muere, las plantas deben adornarse con un trozo de tela negra para permitirles tener el duelo con la familia.

Ver *dormir, escupir, flores, música.*

Plata:

La plata se considera femenina y está asociada con el agua y la luna. En la magia occidental, se simboliza a la luna con un cuarto creciente de plata. Debido a estos elementos mágicos, la plata no puede ser encantada pero aumenta el poder de cualquier amuleto, talismán o encantamiento que se haga con ella.

En una época se creía que la única manera de matar a un vampiro, una bruja o un hombre lobo era dispararle una bala de plata. Esta creencia se perpetuó con la industria cinematográfica.

La plata siempre se ha considerado de buena suerte y la gente tiende a coleccionar y atesorar monedas de plata para asegurar su prosperidad futura.

Ver *agua, amuleto, aniversario de bodas, bruja, cólico, encantamientos, hombre lobo, luna, talismán, vampiros, zapatos de bebé.*

Plátano:

Una extraña superstición dice que engordarás si comes plátanos. No hay base científica que apoye lo anterior.

Entre la gente que vive en la meseta de Ozark, un método para eliminar los piojos en los gallineros era colgando cáscara de plátano de un clavo.

Plato:

Si rompes accidentalmente un plato, puedes garantizar que dos rupturas más se darán en el futuro cercano. Afortunadamente, puedes evitar daños mayores a tu vajilla rompiendo deliberadamente dos piezas baratas de cerámica o vidrio.

Es particularmente de mala suerte que una novia rompa un plato en su fiesta de boda. Esto es signo de que su matrimonio no tendrá éxito.

Ver *boda, matrimonio, mesero, novia, tres.*

Pluma:

Se considera de mala suerte caminar donde hay una pluma. Pero, es de buena suerte levantar la pluma y clavarla en el piso. La suerte se duplica si la pluma es negra.

Se cree que las plumas en el cuarto de alguien que está agonizando retrasan la muerte. Esto permite que los visitantes que vienen de lejos tengan tiempo suficiente para visitar al paciente en su lecho.

Ver *búho, muerte, pavo real, tormenta.*

Pies:

De acuerdo con la superstición, serás afortunado si siempre te pones el zapato derecho antes que el izquierdo.

La gente solía creer que podías hacer que alguien cojeara si ponías un objeto afilado en sus huellas.

Piedra bezoar:

La piedra bezoar es un cálculo que se forma en el estómago o en los intestinos de muchos animales, incluyendo chivos, venados, caballos y vacas. Las piedras se ponían en las bebidas para determinar si habían sido envenenadas. Además, en ocasiones se hacían polvo y se tragaban para proteger a la gente de los venenos.

Piedra de nacimiento:

La tradición de que a cada mes del año le corresponde una piedra data del primer siglo de la época del historiador judío del siglo I, Josefo. Se creía que cada piedra contenía una virtud específica que se relacionaba con el nacimiento de la gente en los diferentes meses. Josefo conectó esas piedras con las doce piedras del peto del Sumo Sacerdote (Éxodo 28, 17-30). Según Josefo, las piedras en el peto eran: sardónice, topacio, esmeralda, ántrax, jaspe, zafiro, liguro, amatista, ágata, crisólito, ónix, berilo.

A lo largo de los años, los estudiosos de la Biblia no han podido ponerse de acuerdo acerca de las piedras que llevaba el peto de la armadura de Aarón. Las diferentes traducciones e interpretaciones de los nombres antiguos de las piedras han generado varios cambios. En la versión de la Biblia del rey James (1611 d. C.), la lista dice:

Sardónice, topacio, carbunclo, esmeralda, zafiro, diamante, liguro, ágata, amatista, berilo, ónix, jaspe.

En la traducción de la Biblia de New World Translation, de 1963, la lista dice:

Rubí, topacio, carbunclo, esmeralda, zafiro, jaspe o diamante, jacinto (*leshem* en hebreo), ágata, amatista, berilo, ónix, jade.

San Jerónimo, uno de los padres de la Iglesia católica romana, también escribió acerca de las piedras de nacimiento a principios del siglo v. La tradición de llevar la piedra de nacimiento viene de los escritos de Josefo y de San Jerónimo.

A pesar de esta larga historia, la tradición de llevar piedras de nacimiento es relativamente reciente. El Instituto de Gemología de América dice que la costumbre comenzó en Alemania en 1562. Otras fuentes dicen que empezó en el siglo xviii en Polonia.

En los siglos xvi y xvii, aparentemente la gente tenía un juego de doce piedras, una para cada mes, y las usaba de acuerdo con el mes correcto para recibir los beneficios y cualidades terapéuticas de esa piedra. Gradualmente, la gente comenzó a usar la piedra de nacimiento que se relacionaba con el propio mes de nacimiento. Las piedras fundamentales que se enumeran en el Apocalipsis 21, 19-20, reemplazaron a las originales del peto. Esto dio una nueva lista de piedras y hay una que tiene cierta similitud con ésta:

Marzo – jaspe
Abril – zafiro
Mayo – calcedonia
Junio – esmeralda
Julio – sardónice
Agosto – sardio
Septiembre – crisólito
Octubre – berilo
Noviembre – topacio
Diciembre – crisopracio
Enero – jacinto
Febrero – amatista

La nueva lista de piedras de nacimiento comenzaban con marzo, de acuerdo con el calendario romano (a pesar del calendario juliano que se usaba en el siglo xvi). Con el tiempo, la gente en diferentes partes del mundo desarrolló diferentes listas basadas la mayoría de las veces en las piedras disponibles localmente. Para terminar con la confusión, y sin lugar a dudas para aumentar el interés en las piedras de nacimiento, la Asociación Nacional de Joyeros creó su propia lista en 1912:

Enero – granate
Febrero – amatista
Marzo – hematites o aguamarina
Abril – diamante
Mayo – esmeralda
Junio – perla o selenita
Julio – rubí
Agosto – sardónice

Septiembre – zafiro
Octubre – ópalo o turmalina
Noviembre – topacio
Diciembre – turquesa o lapislázuli

No todo el mundo está de acuer-do con esta lista y varios grupos de comerciantes han desarrollado sus propias listas. La Asociación Nacional de Orfebres de la Gran Bretaña generó una nueva lista en 1937. El Consejo de la Industria Joyera en Estados Unidos aceptó esta lista en 1952. Por consiguiente, ésta es la lista con mayor aceptación actualmente y tiene poco más de medio siglo:

Enero – granate
Febrero – amatista
Marzo – aguamarina o hematites
Mayo – esmeralda
Junio – perla o selenita (también alejandrita en Estados Unidos)
Julio – rubí
Agosto – sardónice u olivino
Septiembre – zafiro (también lapislázuli en la Gran Bretaña)
Octubre – ópalo (también turmalina rosa en Estados Unidos)
Noviembre – topacio (también citrina en Estados Unidos)
Diciembre – turquesa (también zirconio en Estados Unidos).

A pesar de todos los cambios que se han dado desde que Josefo escribió por primera vez acerca de ellas, se cree todavía que llevar una piedra de nacimiento de tu mes trae buena suerte. Una superstición dice que es de mala suerte llevar una piedra que no está conectada con tu mes de nacimiento. Éste es el caso particular del ópalo, que se piensa que trae buena suerte a la gente nacida en octubre, pero mala suerte para los demás.

Ver *gemas, ópalo, perla, rubí.*

Pordiosero:

Es de mala suerte ver a un pordiosero poco tiempo después de haber salido de tu casa. Para evitar la mala suerte, necesitas regresar a tu casa y emprender el recorrido nuevamente.

Pozo:

Los pozos eran esenciales a toda comunidad y un buen número de supersticiones han surgido alrededor de ellos. Se cree que todos los pozos tienen un espíritu guardián que tiene que ser tratado con cortesía y respeto. Algunos pozos se volvieron famosos por sus poderes curativos. Otros son renombrados por sus capacidades adivinatorias ya que hacen sonidos extraños cuando hay una amenaza de desastre.

Se debe ofrecer a los pozos un trozo de pan en Año Nuevo para asegurar que no se sequen durante los siguientes doce meses. Se decía que cualquiera que bebiera de la primera cubeta de agua que se sacara de un pozo el primero de enero, gozaría de buena suerte durante el año. La gente que regularmente bebía agua de un pozo crecería alta y fuerte.

Ver *adivinación, agua, Año Nuevo, buenos deseos, pan.*

Pozo de los deseos:

Un pozo de los deseos es un estanque o un pozo en el cual la gente tira monedas o piedras creyendo que lo que pida se le concederá. Ésta es una de las supersticiones más antiguas. Una noche de luna llena, una joven puede aventar una moneda a un pozo de los deseos y ver la imagen de su futuro marido en el agua.

Ver *luna, moneda, pozo.*

Presentimiento:

Actuar por un presentimiento significa llevar a cabo un acto a partir de una corazonada o intuición. Originalmente, habría que tocar a un jorobado para alejar el mal y la mala suerte.[19] Esto viene de una vieja costumbre en la cual cualquier deformación o asunto fuera de lo normal es potencialmente maligno. Por lo mismo, cuando tocabas a alguien maligno, podías transferir cualquier posibilidad de cosas malas que te pudieran pasar a ti al objeto que tocaras. Para tener mejores resultados, había que tocar la joroba del jorobado sin que se diera cuenta.

Ver *jorobado.*

Presagio:

Presagios o augurios son signos y advertencias sobre el futuro. Pueden ser buenos o malos. Un ejemplo de un buen augurio es alguien nacido envuelto en una membrana. Una mal augurio es tropezarte al bajar las escaleras. Los presagios se dan totalmente al azar y por eso es común que se ignoren fácilmente.

Ver *anillo, cubiertos, rojo, tropezar.*

---

[19] Se refiere a la frase *have a hunch*, que significa tener un presentimiento, en la frase la palabra *hunch* significa encorvarse. La palabra inglesa para jorobado es *hunchback* (N. del T.).

Primavera (flor):

La primavera es una flor de la temporada conocida como las "llaves del cielo". Estaba consagrada a la diosa madre Freya. En la Edad Media, la gente creía que la primavera podría abrir tesoros o secretos ocultos. Se creía que la primavera abría la temporada y que con sólo mirar la flor se podían aliviar los sentimientos de abatimiento y melancolía que producía un largo invierno.

Se consideraba de mala suerte llevar una o dos flores de primavera a la casa, o regalar un número pequeño de ellas. Los ramos deben contener al menos trece primaveras. Esto no solamente trae buena suerte sino que también aleja los malos espíritus y cura el insomnio.

Ver *flores, insomnio, trece.*

Profecía:

La palabra profecía viene del griego *prophetes*, que significa "el que habla antes". Se cree que muchas profecías han sido predicciones hechas por medio de la guía o la intervención divina.

Se cree que la gente que está a punto de morir tiene el don de profetizar, ya que han comenzado a retirar el velo y a obtener un vistazo del futuro.

Pudín de Navidad:

La buena suerte viene si todos revuelven el pudín de Navidad cuando se está preparando. Siempre ha sido de buena suerte agregar monedas a un pudín de navidad. Quien las encuentre gozará de buena suerte durante los siguientes doce meses. Tradicionalmente, una moneda de plata, un anillo y un dedal se ponen en el pudín. La persona que encuentre la moneda tendrá buena suerte. La persona que encuentre el dedal tendrá prosperidad y la persona que encuentre el anillo se casará pronto. Si quien encuentra el anillo está casado, alguien cercano a esta persona se comprometerá.

Puente:

Como los puentes pueden simbolizar el cruce de la vida a la muerte, deben ser tratados con respeto. No debes despedirte de alguien en un puente ya que no lo volverás a ver. Una antigua creencia dice que la primera persona que cruce un puente nuevo tiene que dar su alma al demonio.

Es de mal agüero detenerse y hablarle a alguien bajo un puente.

Es de mala suerte caminar bajo un puente de ferrocarril mientras el tren pasa. Sin embargo, es de buena suerte estar sobre el puente cuando un tren pasa por debajo.

Ver *diablo*.

Puerta:

La puerta es la entrada principal de la casa, da acceso a la gente, a la suerte y a los malos espíritus. No nos sorprende que la superstición demande que esta entrada esté bien protegida. Colgar una herradura de caballo sobre la puerta da buena suerte y protección. Se usan también adornos, como las estatuas. Se puede poner una cruz en la puerta para repeler a las brujas. La puerta de entrada y de servicio no deben abrirse al mismo tiempo pues permite que los malos espíritus entren y salgan con facilidad.

Una recién casada no debe entrar caminando a su nueva casa. Su esposo debe cargarla para atravesar el umbral de la puerta. Para mejor buena suerte, es importante que la cargue por la puerta delantera en lugar de usar cualquier otra entrada.

Los visitantes deben entrar en la casa primero con su pie derecho. Si dan el primer paso con el pie izquierdo pueden traer mala suerte a la casa. Los visitantes deben dejar la casa por la misma puerta por la que entraron. Si salen por otra puerta se llevarán con ellos la buena suerte de los habitantes.

Una puerta que se abre sola es un signo de que alguien vendrá de visita. Quizá no sea un amigo. Una puerta que se azota es de mala suerte, ya que puede dañar al espíritu de la casa. Alguien que azota la puerta deliberadamente experimentará mala suerte por el resto del día.

Las puertas y ventanas deben mantenerse abiertas cuando un niño nace o cuando alguien se está muriendo. Esto permite que las almas se muevan con mayor libertad.

Ver *cruz, bruja, herradura, muerte, novia, perro*.

Pulgar:

El pulgar es un signo de independencia. Los bebés revelan su dependencia manteniendo sus pulgares en los puños. Puedes mantener tu pulgar de esta manera para alejar de inmediato a los fantasmas y las brujas. Esto también cura el hipo.

La comezón en un pulgar es signo de que muy pronto llegarán visitantes. Estos visitantes no necesariamente serán huéspedes bienvenidos.

Una superstición que data de la época de los romanos dice que es de mala suerte pinchar accidentalmente tu pulgar con un alfiler o con una aguja. William Shakespeare se refiere a esto en *Macbeth* cuando la segunda bruja dice:

Al pinchar mis pulgares
viene en camino algo siniestro.
(Acto 4, escena 1)

El conocido gesto de poner los dos pulgares hacia arriba data de la época de los romanos. Cuando caía un gladiador, el público decidía si viviría (poniendo los pulgares hacia arriba) o moriría (poniéndolos hacia abajo). En la actualidad, los pulgares hacia arriba son un gesto de aprobación o una manera de felicitar a alguien. Los pulgares hacia abajo indican desaprobación o falla.

En la quiromancia, unos pulgares largos indican motivación y energía. Unos pulgares rígidos y que no se doblan hacia atrás con facilidad revelan a una persona testaruda. Por el contrario, alguien que puede doblar sus pulgares hacia atrás con facilidad se supone que fácilmente puede ser presionado para que tome una decisión.

Ver *aguja, alfiler, blanco, bruja, fantasma, hipo, quiromancia.*

Pulgas:
Si encuentras a una pulga en tu cabeza es un signo de que te llegará una carta importante.

Puedes eliminar a las pulgas de tu casa arrojando hojas de nogal en el piso de todos los cuartos.

Ver *nuez.*

Pústula:
Una pústula es una úlcera inflamada y llena de pus causada por una infección microbiana. Hay muchas curas supersticiosas para este problema. Una cura útil, si vives en el campo, es hacer una cataplasma con un bistec fresco y aplicarlo a la pústula. Ésta se tiene que cambiar cada vez que se caliente hasta que desaparezca la pústula. Un método mucho más sencillo era encontrar una zarza enraizada con forma de arco y pasar bajo ella tres veces en dirección

del oeste. Puedes también colgar tres nueces moscadas o una bolsa de alcanfor alrededor de tu cuello para eliminar las pústulas.

Se pueden poner sobre la pústula hojas de pervenca para bajar la inflamación. Otro método es mojar pétalos de azucena en brandy y ponerlos contra la pústula con el envés hacia abajo.

También puedes curar las pústulas de amigos mientras sean del sexo opuesto. Esta cura implica caminar seis veces alrededor de una tumba recién cavada y luego cruzarla arrastrándote tres veces durante una noche sin luna.

Ver *luna*.

Queso:

Hasta hace relativamente poco, la gente pensaba que las vetas del queso roquefort eran causadas por las agujas de cobre que se usaban para perforar el queso, a fin de permitir que el aire entrara y facilitara el crecimiento de las bacterias. Esto era lógico ya que el cobre toma un color azul verdoso cuando se oxida. Una vez que se empezaron a utilizar agujas de acero inoxidable, la gente descubrió que eran las bacterias en el queso, más que las agujas de cobre, lo que generaban las vetas azules.

Quiromancia:

La quiromancia es el arte de estudiar tanto la forma como las líneas de las manos de la gente para determinar su carácter y predecir su futuro. La quironomía o quirología son los nombres que se le dan al estudio de las formas de la mano; la quiromancia estudia las líneas y marcas en la palma. Como la mayoría de las formas de adivinación, la quiromancia da a conocer oportunidades y posibilidades, pero como todo mundo tiene libre albedrío, no puede decir con exactitud lo que sucederá.

La quiromancia comenzó probablemente en la India, hace unos

cuatro mil años. Gradualmente se difundió hacia el este, a China y Japón; y al oeste, a Persia, Medio Oriente y Europa. A Aristóteles se le atribuye haber escrito un libro de quiromancia para Alejandro Magno.

La quiromancia se menciona tres veces en la Biblia: "Mirad, os he grabado sobre la palma de mis manos; vuestros muros están siempre frente a mí" (Isaías 49, 16); "Él selló la mano de cada hombre para que todos los hombres puedan conocer su tarea" (Job 37, 7); "La duración de sus días está en la mano derecha; y en su mano izquierda, la riqueza y el honor" (Proverbios 3, 16).

La tradición de cruzar con plata la palma de un gitano data del siglo xv, cuando la Iglesia cristiana decía que los gitanos estaban relacionados con el demonio. Para contrarrestar esto, los gitanos explicaron que el demonio tenía miedo de la plata y del signo de la cruz. Por lo mismo, si hacías el signo de la cruz con algo de plata sobre la mano de un gitano, estarías protegido. Naturalmente, el gitano se quedaba con la pieza de plata.

En la actualidad, los científicos ven a la quiromancia desde una perspectiva tanto psicológica como médica. Los investigadores científicos del Centro Kennedy-Galton de la Universidad de Londres están empezando a confirmar el conocimiento que los quirománticos tienen desde hace miles de años. Parece que los mejores años de la quiromancia están por venir.

Ver *diablo, cruz, dedo, mano.*

Rana:

Los amuletos de rana se usaban en la época de los romanos para proteger las casas y sus habitantes. Los romanos también las usaban para mantener el romance y el amor.

En la Edad Media, la gente llevaba el cuerpo seco de las ranas, en pequeñas bolsas de seda, alrededor de sus cuellos para protegerse de los puñetazos.

Los chinos estaban fascinados con las ranas ya que, como la luna, cambian su forma con las diferentes etapas de su vida. Hoy, el amuleto de la rana de la luna china se sigue usando alrededor del cuello para atraer la longevidad y la riqueza. A veces esta rana tiene una moneda en su boca. Esto atrae a la riqueza y ahuyenta a los malos espíritus.

Una tradición americana dice que tomes nota de lo que haces cuando escuches a la primera rana del año. Esto es porque pasarás gran parte del resto del año haciendo la misma tarea.

Ver *amuleto, moneda, nariz, sirviente, pecas.*

Rata:

Siempre se ha considerado un mal presagio que las ratas salten del barco. Esta superstición aparentemente comenzó con una antigua creencia de que las ratas contenían las almas de los muertos. Dado que ellas se habían cruzado en sus vidas previas, la gente pensaba que las ratas podían predecir futuros desastres. De esta forma, se cree que es un buen augurio que las ratas aborden un barco.

Se considera signo de que alguien de la familia pronto morirá cuando las ratas salen de la casa. También habrá una muerte inminente si las ratas comienzan a roer los muebles del cuarto. Si las ratas dejan una casa y se mudan a otra, le traerán buena suerte a los ocupantes de la nueva casa.

Una vieja superstición dice que puedes deshacerte de las ratas atrapando una, pintándola y dejándola libre. Esta extraña rata coloreada confundirá al resto de las ratas, quienes inmediatamente saldrán del área.

Una superstición interesante dice que los dientes de leche de los niños deben ser desechados mientras se pide a los ratones que envíen dientes más fuertes para reemplazarlos.

Dado que las ratas y ratones pueden oler a sus enemigos humanos, una creencia decía que lo mejor era poner las trampas de los ratones usando guantes para que el roedor no oliera la presencia humana. Esta superstición ha sido desacreditada hace mucho.

Muchos gitanos llaman a las ratas "colas largas", ya que piensan que es de mala suerte decir su verdadero nombre en voz alta.

Ver *agua bendita, barcos, dientes, mal de ojo, marineros, mineros, muerte.*

Rayos y relámpagos:

Originalmente se pensaba que el rayo y el relámpago eran una expresión de la ira de Dios. Por eso surgió una gran cantidad de supersticiones para proteger y consolar a la gente. Los primeros cristianos decían que la Virgen María creó los relámpagos para advertirnos sobre el trueno de Satanás. La luz del relámpago le daba a la gente tiempo suficiente para persignarse antes del trueno. La mayoría de las supersticiones sobre relámpagos se olvidaron después de que Benjamín Franklin inventó el pararrayos.

La superstición más común sobre los rayos es que nunca caen dos veces en el mismo lugar. Pero esto no es verdad. El Empire State en Nueva York es golpeado por los rayos más de cincuenta veces al año.

Se pensaba que diferentes árboles ofrecían el mejor resguardo para aquellos que estaban atrapados por la tormenta. Generalmente se creía que el roble era el árbol más seguro, pero mucha gente recomendaba el espino. Una canción de Sussex también favorecía al espino:

Cuídate del roble; atrapa los rayos.
Evita el fresno; corteja al
relámpago;
Resguárdate bajo un espino;
puede salvarte del daño.

Mucha gente pensaba que el tallo de un espino, especialmente si era cortado el día de la Ascensión, los protegería de los relámpagos.

También se pensaba que el tañido de las campanas de la iglesia protegía a la gente de rayos y los relámpagos.

Era importante abrir las ventanas durante una tormenta eléctrica. Esto hacía que cualquier relámpago que entrara a la casa, saliera nuevamente.

Como se suponía que las colas de los perros atraían a las centellas, era mejor mantener lejos al perro de la familia cuando azotaba una tormenta.

Los indígenas norteamericanos enterraban a la gente que había sido muerta por un rayo en el lugar donde ocurrió el incidente. La persona se enterraba boca abajo y se hacían hendiduras en las plantas de los pies para evitar que la persona se convirtiera en un fantasma.

Ver *árbol*, *campana*, *clima*, *espino*, *hoz*, *nuez*, *paraguas*, *perro*, *roble*, *tormenta eléctrica*, *trueno*, *ventana*, *verbena*.

Rayos X:
Una superstición relativamente moderna dice que atraerás la mala suerte si te ríes cuando te sacan una radiografía.

Reloj:
Una superstición comparativamente moderna dice que un reloj dejará de caminar cuando su dueño muera. Esto puede venir de que los relojes viejos necesitan mucha atención. Si el dueño se pone mal y deja de dar cuerda al reloj, es posible que deje de caminar al mismo tiempo que su dueño muere. El compositor y cantante norteamericano Henry

Clay Work (1832-1884) estuvo en el George Inn, en Piercebridge, Yorkshire, en 1875 y se le mostró un reloj de péndulo que se había detenido cuando murió su dueño. Un año después, compuso su canción más recordada, "El reloj del abuelo":

Tick, tock, tick, tock,
Su vida se cuenta en segundos,
tick, tock, tick, tock,
se detuvo pronto,
para nunca empezar de nuevo,
cuando el viejo murió.

Es señal de muerte si un reloj da más de doce campanadas.

Ver *trece*.

Repollo o hierba de San Juan:

Los romanos llamaban a la hierba de San Juan "la cazadora del demonio" y la colgaban en sus casas por protección. La planta recibe su nombre en honor de San Juan Bautista y sus flores se queman la víspera del día de San Juan. En ocasiones se pueden notar puntos rojos traslúcidos en las hojas de la hierba de San Juan. Los pétalos de las flores también producen una resina carmesí cuando se frotan. Se dice que estos puntos son la sangre de Juan el Bautista.

Una intrigante superstición de las mujeres que tienen problemas para embarazarse dice que se quiten toda la ropa la víspera de San Juan y, desnudas, corten una rama de la hierba de San Juan de su jardín.

Se dice que poner hierba de San Juan bajo tu almohada motiva sueños en los que puedes ver a tu futuro consorte.

La hierba de San Juan se usa con frecuencia como antidepresivo. El nombre científico de la planta es *Hypericum perforatum*. El ingrediente activo del *Hypericum* es la hipericina, que estabiliza y equilibra los niveles de serotonina en el cerebro. La serotonina afecta directamente nuestros sentimientos de bienestar y felicidad. La hipericina también se usa para tratar el insomnio, los desórdenes nerviosos y la tensión premenstrual.

Ver *flores, sueños, víspera de verano*.

Resaca:

Una cura popular para la resaca era tomarte otra bebida, siguiendo el adagio de que "lo igual cura a lo igual". Esta curación de la resaca es llamada "un pelo del perro que te mordió". Esto viene de una vieja creencia que dice que si un perro con rabia te muerde, inmediatamente debes comer un pelo quemado de éste perro para que no te dé rabia.

Resfriados:

Una forma bien conocida de evitar un resfriado es llevar una cebolla todo el tiempo contigo. Otra buena cura es irte a la cama con una bebida hecha con una cucharada de miel, dos cargas de whisky y agua hirviendo. Después de beberla, estarás contento de estar resfriado.

Una cura norteamericana interesante era clavar una estaca de nogal en la tierra. Era importante no decirle a nadie que lo estabas haciendo. Tenías que desclavar la estaca todos los días durante doce días, soplar en el agujero siete veces y volver a clavar la estaca. Con esto, transferías el resfriado al suelo.

Un método menos apetitoso era comer un ratón cocido. Se creía que los ratones tenían propiedades curativas y al comerlos te transferían estas cualidades. Si esto no te apetece, puedes intentar atar un calcetín de lana sucio alrededor de tu cuello.

Naturalmente es mucho mejor no pescar un resfriado en primera instancia. Una manera de lograr esto es pararse bajo un roble en el otoño y esperar a que las hojas caigan. Si logras cachar una antes de caer, no tendrás resfriados durante los siguientes doce meses.

La magia popular dice que no puedes agarrar un resfriado en la iglesia.

Ver *ajo, cebolla, hoja, roble, romero, salvia, topacio, vino.*

Reumatismo:

El reumatismo es una dolencia dolorosa y un gran número de curaciones populares han intentado encontrar su alivio. Entre las curas comunes está llevar una pata de conejo, una papa o una ramita de serbal en el bolsillo. Se puede atar un hilo rojo en el cuello o alrededor de las zonas adoloridas o también provocar que las abejas piquen las articulaciones afectadas. Asimismo se creía que este problema se curaba poniendo una almohada llena de lúpulo bajo la cama del enfermo, aunque igualmente los anillos de cobre y los brazaletes se siguen usando hoy día para conseguir la curación.

Por mucho, la cura más rara para el reumatismo era la tradición galesa de enterrar a la víctima verticalmente en el atrio de la iglesia en repetidas ocasiones durante dos horas, hasta que los síntomas desaparecieran.

Ver *abejas, anillo, papa, pata de conejo, rojo, serbal, serpentina, tórtola.*

Risa:

La risa es buena para tu salud, pero mucha risa significa que esa persona tiene los días contados. Una risa atípica en alguien que difícilmente sonríe o se ríe, es un signo de mala suerte y puede indicar su muerte inminente. Unos amigos míos en Wiltshire me decían con frecuencia que la gente que se reía antes de desayunar, lloraría antes de cenar.

Ver *viernes 13.*

Roble:

Los antiguos druidas veneraban al roble y le atribuían poderes mágicos. El hecho de que aparentemente sea golpeado por los rayos con más frecuencia que los otros árboles aumentó sus características místicas y también hizo que lo consagraran a Thor, dios nórdico del rayo. Es gracioso que otra superstición diga que guardar algunas bellotas en casa, protegerá de los relámpagos.

A las parejas que tienen dificultadas para concebir bebés se les recomienda que abracen a un roble. Se cree que esto también cura las hernias.

El rey Carlos II (1630-1685) se escondió en un roble después de la Batalla de Worcester (3 de septiembre de 1651). Cuando recuperó el poder en 1660, sus seguidores usaron hojas de roble para proclamar su lealtad. Al 29 de mayo, cumpleaños del Rey Carlos, se le conoció como el Día del Roble Real. También fue el día en que entró a Londres después de su restitución.

Los robles y los encinos se usaban para predecir el clima, dependiendo a cuál le salieran las hojas primero:

Si el roble es antes que el encino,
solamente tendrás un remojón;
si el encino precede al roble,
puedes esperar empaparte.

Muchas de las salas de la Grand Central Station de Nueva York poseen representaciones de ramas de roble. Se pusieron ahí para darle ánimo simbólicamente a los pasajeros que estaban a punto de emprender un viaje en tren a lo largo del país.

Ver *árbol, bellota, dolor de diente, encino, enero, hoja, relámpago, resfriados, trueno.*

Rojo:

Rojo es el color de la sangre, por lo que se cree que posee una fuerte energía sobrenatural que ahuyenta a brujas y demonios. Un hilo rojo se ha utilizado en hechizos para curar hemorragias nasales y reumatismo. Los granjeros solían atar un hilo rojo alrededor de los cuernos o las colas del ganado para protegerlo de las brujas.

En una época se consideraba de mala suerte conocer a alguien pelirrojo, ya que se pensaba que la persona tendría un temperamento violento. Era especialmente desafortunado conocer a un pelirrojo en el Año Nuevo. A los pescadores no les gustaba zarpar con compañeros pelirrojos, pues lo consideraban mal presagio. Se creía que los niños pelirrojos eran la progenie de madres infieles.

Se piensa que el rojo trae buena suerte a las niñas jóvenes. En este sentido, un listón rojo atado al pelo de una niña le brinda protección hasta que alcance la pubertad.

Ver *Año Nuevo, blanco, bruja, Día de San Valentín, nariz, pelo, pescadores, presagio, reumatismo.*

Romance:[20]

Hace tiempo se le llamaba a la gente simple "cucharas"[21] porque parecían tan poco profundas como una cuchara. Gradualmente el nombre cambió su significado para referirse a alguien dedicado a un juego amoroso y alegre. A las personas que hacían esto se le llamaba "románticos". A los besos, los abrazos y los afectos entre una pareja joven que no estuviera casada se le llamó romance *spooning*.

En Gales se volvió una costumbre que un joven le regalara a su prometida una cuchara de madera hecha a mano. Las iniciales de la pareja se grababan en la cuchara para simbolizar el compromiso.

Ver *compromiso, cuchara.*

---

[20] Traduzco aquí la expresión británica *spooning* como romance, la cual se deriva de la palabra *spoon*, que significa cuchara (N. del T).
[21] Ver nota anterior.

Romero:

"Está el romero, para el recuerdo"
(*Hamlet*, acto 4, escena 5).

Ya que el romero está consagrado a la amistad y al recuerdo, se solía echar en los ataúdes durante los funerales como un signo de que los deudos no olvidarían al finado. Las novias y los novios ponían romero en el vino de sus recepciones de boda para simbolizar su amor y fidelidad.

Se creía que el romero protegía de la enfermedad y del mal de ojo, como también de las brujas y los demonios. Se creía que una ramita de romero, usada como talismán, brindaba buena fortuna y oportunidades de expansión.

Las hojas de romero pueden frotarse en el pecho para curar los resfriados. También parece que pueden frotarse en el cuero cabelludo para curar o prevenir la calvicie.

Ver *ataúd, boda, bruja, calvicie, funeral, mal de ojo, resfriados, vino.*

Ron:

Una superstición de Maine dice que derramar ron en la cabeza evita la calvicie. En algunos casos pone el pelo chino.

Ver *calvicie, pelo.*

Ropa:

Hay muchas supersticiones relacionadas con ropa. Una de las mas antiguas nació con Guillermo El Conquistador, quien accidentalmente se puso la malla al revés antes de la batalla de Hastings. Su cortejo estaba muy molesto por eso ya que lo consideraban una mala señal. Guillermo los tranquilizó diciéndoles que era una buena señal pues iba a ascender de duque a rey. Desde entonces se ha considerado de buena suerte ponerse accidentalmente una prenda al revés. Sin embargo, debes mantenerla de esta forma todo el tiempo en que la usarías normalmente, para que la buena suerte tenga su efecto máximo. Otro origen posible de esta superstición es que la muerte nos reconoce por nuestras ropas. Si usamos nuestra ropa de forma distinta, la muerte y otros malos espíritus no nos reconocerán.

Las esposas de los pescadores en ocasiones usan sus blusas al revés de forma deliberada, creyendo que esto protegerá a sus maridos en el mar.

Siempre debes comenzar a ponerte la ropa usando la mano o pie derechos. Se cree que usar la mano o el pie izquierdos atrae la atención del demonio.

Es de buena suerte usar un día un calcetín que tiene un agujero, pero se vuelve de mala suerte si te lo vuelves a poner sin remendar.

Es de mala suerte abotonarte cualquier prenda de manera equivocada. Sin embargo, deshacer los botones y volver a empezar puede evitar la mala suerte.

También es de mala suerte reparar cualquier prenda mientras la estés usando. Quien lo haga probablemente sufra una pérdida mayor, en su reputación, de dinero o de su familia.

Puedes pedir un deseo cuando te pongas una prenda de ropa por primera vez. Siempre debes vestirte con algo nuevo en la mañana de Pascua. Nunca te quedarás sin dinero si pones una moneda en el bolsillo derecho de tu ropa cuando la uses por primera vez.

En una época, se consideraba de buena suerte que una novia se casara sin usar nada debajo de su vestido de novia. Esta costumbre comenzó cuando un marido tuvo que pagar todas las deudas adquiridas por su novia antes de la boda. Se creía que los acreedores sentirían pena por la novia que se casaba solamente con su vestido y que no insistirían en su pago.

Cuando vivía en Escocia, en los años sesenta, una superstición común decía que era de mala suerte empezar a confeccionar una prenda de ropa a menos que fuera a ser terminada antes del final del año.

Ver *bebé, deseo, diablo, días de la semana, hilo, lado derecho, lado izquierdo, lavar, muerte, mujeres, Pascua, pescadores, vendedores.*

Ropa interior:

Una vieja creencia sugiere que cualquier mujer que se quiera casar debe obtener una prenda de una recién casada. Si lo hace, se casará en menos de un año.

También se piensa que una mujer puede atraer a un hombre poniendo unas cuantas hojas de valeriana en sus pantaletas o en su brasier.

Si una joven pone una de sus enaguas bajo la almohada, soñará con su futuro marido.

Si a una joven se le caen los calzones sin razón es que está pensando en su amado. Si su camisón se le sube en la noche, es señal de que él está pensando en ella.

Si estás pasando por una racha de mala suerte, ponte tu ropa interior al revés hasta que cambie tu suerte.

Rosa:

La rosa es el símbolo máximo del amor. Se han encontrado dibujos antiguos de la rosa en las cuevas de Cnosos, en Creta. A las islas de Rodas se les dio ese nombre en honor de la flor.

En la mitología griega, Cloris, la diosa de las flores, encontró el cuerpo de una joven ninfa muerta y creó la primera rosa con éste. Afrodita, la diosa del amor, fue responsable de su belleza y Dionisio, el dios del vino y la fertilidad, le agregó el aroma. Apolo calentó el botón para permitir que se abriera. Otro mito dice que Cupido creó las primeras rosas. Cupido tropezó cuando llevaba el néctar de los dioses al monte Olimpo. Las rosas inmediatamente florecieron en la tierra donde cayó el néctar.

Los romanos adoraban la rosa, con ella se tejían guirnaldas y los novios la usaban mucho. Los pétalos se dispersaban dondequiera que hubiera procesiones y banquetes. Los invitados usaban coronas de rosas en las celebraciones para evitar embriagarse.

Los romanos asociaban a la rosa con la discreción y el secreto. Una rosa se suspendía del techo dondequiera que se llevara a cabo una junta confidencial. Esta costumbre se recuerda aún en el término *sub rosa*, que significa "bajo la rosa". El aspecto secreto de la rosa continuó siendo vigente en la Inglaterra de los Tudor, por lo que muchos techos contienen patrones de rosas o una sola rosa en el centro. Las reuniones secretas se anunciaban pasándose rosas.

Los primeros cristianos se rehusaron a que hubiera rosas dentro de las iglesias, ya que las relacionaban con el libertinaje de los romanos. Sin embargo, gradualmente se añadieron otras creencias a la historia de la rosa. Aparentemente todas las rosas eran rojas hasta que la Virgen María descansó su manto sobre un rosal. Cuando lo hizo, las flores se hicieron blancas, para indicar su pureza. A partir de esto, la rosa se volvió sagrada para los cristianos ya que simbolizaba las heridas de Cristo (roja) y la pureza de la Virgen María (blanca).

Los musulmanes creen que las rosas fueron creadas por el sudor de la frente de Mahoma. Por lo mismo, la rosa se volvió una flor sagrada y se la vinculaba con el viaje del alma. Es probable que las bellas rosetas de las catedrales europeas estén relacionadas con esta idea.

Se considera un signo inequívoco de amor y buena fortuna soñar con rosas. En el lenguaje de las flores, las rosas tienen diferentes significados, de acuerdo con su color. Las rosas blancas simbolizan el amor casto; las rosas rojas simbolizan pasión; y las rosas amarillas simbolizan celos.

Ver *amor, boda, cordón umbilical, Día de San Valentín, flores, iglesia, novia.*

Rubí:

El rubí es la variedad roja del corindón y es una piedra legendaria de la India. Las esculturas de Buda normalmente llevan un pequeño rubí en la frente, ya que el rojo simboliza la reencarnación de Buda. Si se hacía una ofrenda de rubí a Krishna, se esperaba que el individuo renaciera como rey (si la piedra era pequeña), o como emperador (si la piedra era grande).

En la época de los primeros cristianos, el rubí se consideraba la más valiosa de las piedras creada por Dios. Se pensaba que Dios había ordenado a Aarón que llevara un rubí en su cuello y otro en su peto de gemas.

El rubí siempre ha sido visto como una piedra de buena suerte que imparte alegría y felicidad. De hecho, entre más rubíes tengas, mayor será tu felicidad. Llevar un rubí también llena de miedo el corazón de tus enemigos, te protege de los excesos de todos tipos y preserva tu salud.

También se creía que el rubí cambiaba de color cuando la fortuna de su dueño estaba por disminuir. Se cree que un rubí que perteneció a Catalina de Aragón (1485-1536), la primera esposa de Enrique VIII, cambió de color cuando él pensó divorciarse de ella.

El rubí es la piedra correspondiente al mes de julio.

Ver *aniversarios de boda, gemas, piedra de nacimiento.*

Ruda:

La ruda es una hierba acre que se planta cerca de las construcciones de las granjas para repeler a los depredadores potenciales. Simboliza el arrepentimiento y la tristeza. Si estás enojado con alguien, puedes echarle un puño de ruda y decir "que se haga rudo tu día". En *Hamlet,* William Shakespeare llamó a la ruda la "hierba de la gracia". Hizo que Ofelia dijera: "Hay ruda para ti; y hay ruda para mí. Podemos llamarla 'hierba de la gracia' los domingos", (*Hamlet*, acto 4, escena 5).

Ruidos:

Los ruidos extraños, como los crujidos o los golpeteos nocturnos siempre se han considerado un mal augurio. Tres golpeteos en la pared de la recámara significan una muerte en la familia, pero no necesariamente de la persona que escucha los sonidos.

Ver *muerte.*

Rupturas:

Una vieja superstición dice que si rompes dos cosas, romperás una tercera. A veces un objeto barato se rompe a propósito después de haber roto otras dos cosas, para eliminar la posibilidad de romper algo de valor.

Si alguien rompe objetos con frecuencia, como platos y vasos, tiene que ir y comprar algo para cambiar su suerte.

Si se rompe un espejo, en el pasado se decía que era signo de que había una muerte en la familia al año siguiente. Ahora se dice que romper un espejo significa siete años de mala suerte.

Ver *espejo.*

Sábado:

El sábado es el peor día de la semana para empezar un trabajo. La gente que empieza un trabajo en sábado, no lo conservará mucho tiempo.

Sagitario:

Es el noveno signo del zodiaco. Su símbolo es el arquero. Su elemento el fuego y su gema la amatista. La frase clave para Sagitario es: "Yo veo."

Los nacidos en Sagitario son amigables, abiertos, optimistas, con una visión de la vida positiva y entusiasta. Son honestos y leales aunque tienen la tendencia a ser por momentos demasiado francos. Son gente independiente y gozan de tener espacios libres alrededor de ellos. Por lo mismo, están frecuentemente interesados en los deportes y en los viajes.

Ver *amatista, astrología, elementos, fuego, gemas, zodiaco.*

Sal:

La sal es de las necesidades básicas en la vida ya que conserva los alimentos. Ha sido valorada y atesorada a lo largo de la historia de la humanidad. La palabra salario viene del latín *sal*. Esto se debe a que a los soldados romanos se les pagaba frecuentemente con sal. El increíble valor de la sal fue lo que ocasionó frases como la "sal de la tierra" y "se ha ganado su sal".

La sal representa aproximadamente el uno por ciento del cuerpo humano. Puede percibirse con el gusto en nuestra sangre, en el sudor y en las lágrimas. Dado el sabor salado de las lágrimas, con frecuencia se relaciona la sal con la tristeza. Se sirve comida salada comúnmente después de los funerales judíos para ayudar a los deudos a reemplazar la sal que perdieron a través de las lágrimas en el duelo.

Se cree que el demonio detesta la sal, ya que es incorruptible inmortal y está relacionada con Dios. La sal es un conservador que lo convierte en enemigo de aquel que busque destruir. Si una persona supersticiosa tira accidentalmente sal, debe inmediatamente echar una pizca de sal sobre su hombro izquierdo. Esto se debe a que el diablo tiende a atacar por la izquierda, que es el lado siniestro. La presencia de la sal inmediatamente espantará al diablo antes de que tenga tiempo de crear cualquier dificultad.

Si estás a punto de llevar a cabo una tarea importante, puede resultar útil llevar una pequeña cantidad de sal de mar en tu bolsillo para darte buena suerte y evitar cualquier posible mala suerte.

Reginald Scott, autor de *The Discoverie of Witchcraft* (1584), no creía en ninguna forma de superstición. Escribió que "considerar de buena o mala suerte, cuando la sal o el vino, se cae en la mesa o es derramada, es tanto vanidad como superstición".

Leonardo Da Vinci usó el simbolismo de la sal derramada en su cuadro *La última cena*, haciendo que Judas volcara el salero.

Ver *carrera de caballos, demonio, funeral, inauguración de la casa, lado izquierdo, maldición, sangre, viernes 13, virginidad.*

Salud:[22]

Cuando alguien estornuda, comúnmente decimos "salud" (en inglés *bless you* o *que seas bendecido*). Esta costumbre data de los días en que se creía que un estornudo tenía el poder de expulsar al alma del cuerpo. En la India, África y Norteamérica, un estornudo era señal de malos espíritus.

---

[22] Se refiere a la frase en inglés: "Bless you!" que significa "Que seas bendecido". En español decimos ¡Salud! (N. del T.).

Obviamente, se tenía que dar una bendición para exorcizarlo.

Salvia:

Se considera a la salvia como una planta de buena suerte que mejora la sabiduría y la memoria. Se ha utilizado para curar las heridas y prevenir los resfriados. Antes de que se inventara la pasta de dientes, mucha gente los limpiaba frotándolos con una hoja de salvia. La salvia puede ser usada hasta contra el mal de ojo.

La salvia también se usaba para ayudar a la fertilidad y aliviar el dolor del parto. A las mujeres que tienen problemas para concebir se les recomienda irse a la cama cuatro días y beber un jugo hecho de salvia. Después de esto, la concepción debe darse con facilidad y se gestará un niño sano. También se creía que la salvia absorbía la negatividad y las malas influencias, lo cual la hacía una planta muy útil en la casa. Sin embargo, ya que se consideraba de mala suerte cultivar salvia en el jardín, había que sacarla de otro lugar.

Puedes escribir un deseo en una hoja de salvia y enviarla al universo, quemándola. Si tienes la suficiente fe, tu deseo se hará realidad.

Ver *deseo, diente, calvicie, mal de ojo, resfriados*.

San Cristóbal:

San Cristóbal es el santo patrono de los viajeros y mucha gente cree que una medalla o un amuleto del santo la protegerá. La leyenda de San Cristóbal es muy atractiva. Su nombre original era Ofero. Se hizo amigo de un ermitaño que lo introdujo al cristianismo. Después de que Ofero fue bautizado, el ermitaño le dijo que viviera cerca de un río y cruzara a la gente de un lado al otro. Una noche cruzó a un niño pequeño por el río y el niño crecía y se hacía más pesado cada vez que avanzaba. Cuando finalmente alcanzaron la orilla, el niño le dijo a Ofero que él era Jesús y que el peso eran todas las preocupaciones del mundo que estaba llevando en sus hombros. También le pidió a Ofero que cambiara su nombre a Cristóbal, que significa "el que lleva a Cristo" en griego.

Se dudaba de que realmente San Cristóbal hubiera existido y en 1969 la Iglesia católica lo quitó de su lista de santos. Sin embargo, parece que esto no marcó ningún cambio en su popularidad.

En 1968, la Armada de los Estados Unidos falló en su intento de poner varios cohetes Vanguard en órbita. Los contratistas culparon esta falla a la ausencia de medallas de San Cristóbal en los cohetes. Se puso una medalla en el siguiente cohete y funcionó perfectamente.

Recientemente, las parejas jóvenes intercambian medallas de San Cristóbal como símbolo de su amor. Estos collares protegen a quienes los usan durante los viajes y proclaman el amor de la pareja al mundo. Si termina la relación, se regresan las medallas.

La fiesta de San Cristóbal es el 25 de julio.

Ver *coche, suerte, viaje*.

San Esteban:

San Esteban fue el primer mártir cristiano (Hechos de los Apóstoles 6, 7). Las autoridades judías lo acusaron de hablar en contra del Templo y de la Ley y lo condenaron a morir apedreado. Dado que ésta es una forma particularmente dolorosa de morir, la gente que sufre dolores de cabeza crónicos lo invoca para que ayude a aliviar su padecimiento.

Ver *dolor de cabeza*.

Sangre:

Los judíos creen que "la sangre es la vida" y por lo tanto equivalente al alma. Por lo mismo, se rehúsan a comer sangre de animales. La dieta *Kosher* mantiene aún este precepto.

Las parejas de gitanos suelen mezclar su sangre el día de su boda. A veces comen un pastel que contiene unas gotas de su sangre.

Yo tuve un par de hermanos de sangre cuando era niño. Nos picamos los dedos e intercambiamos sangre simbólicamente para hacernos hermanos (esta antigua costumbre es probablemente menos popular hoy por enfermedades como el sida).

Herodoto (*circa* 485-425 a. C.) hablaba de una versión mucho más antigua de este ritual. La gente que se convertía en hermanos de sangre derramaba algo de su sangre en una copa de vino. Después bebían la mezcla de sangre y vino.

Los sacrificios de sangre son comúnmente asociados con la protección de las nuevas construcciones. En Normandía, por ejemplo, se mata a un gallo y se salpica con su sangre el umbral de una nueva casa antes de ser ocupada. Si no se hace esto, se cree que el nuevo inquilino morirá en los siguientes doce meses.

Se cree que los vampiros chupan la sangre de los vivos. Las mordeduras de vampiro son consideradas fatales a menos de que la víctima haya podido comer tierra tomada de la tumba del vampiro y se haya untado con su propia sangre.

La sangre de dragón, una goma utilizada para teñir la madera, puede quemarse a la medianoche para reavivar la pasión de un amante que parece estar perdiendo el interés.

En Europa se creía que una persona asesinada sangraría si era tocada por su asesino. Por ello, a los sospechosos se les pedía que pusieran dos dedos en la cara de la persona muerta, en la herida y en el ombligo. Si la persona muerta sangraba con el contacto, el sospechoso era considerado culpable del crimen. Esto probablemente se derive de lo que dijo Dios a Caín después de que mató a Abel: "La voz de la sangre de tu hermano me llamó desde la tierra", (Génesis 4, 10).

Ver *bruja, coral, coser, nariz, sal, vampiros, zafiro.*

Santa Claus:

Santa Claus es una superstición importante que las tiendas y los padres alientan activamente. Se piensa que Santa Claus es un hombre gordo y feliz que vive en el polo norte, con su esposa y un ejército de duendes que hacen juguetes que él entrega a los niños que se portan bien. En la Navidad, Santa Claus se pone un traje rojo brillante y una gorra, carga su trineo con juguetes y engancha a sus renos. Conduce su trineo de casa en casa y entrega los juguetes bajando por las chimeneas. Regresa de su viaje alrededor del mundo antes de la mañana. Aunque Santa Claus y su trineo son comúnmente invisibles, a veces se pueden oír las campanas de los arneses que llevan los renos.

Esta feliz superstición se deriva probablemente de San Nicolás, un obispo del siglo IV de Asia Menor, quien llevaba regalos a los pobres en la Navidad.

Ver *calcetines de Navidad, campana, chimenea, Navidad.*

Sauce:

El sauce siempre se ha asociado con la melancolía, la tristeza, los amores trágicos y el duelo. En ocasiones la gente llevaba una ramita de sauce durante el duelo, creyendo que los ayudaría a aliviar el dolor.

Una superstición dice que no se deben meter a la casa las florecillas del sauce ya que entraría la tristeza. El Día de Mayo es el único día en el cual se puede meter una flor de sauce a la casa.

Tocar un sauce da buena suerte. Una fronda de sauce es un protector eficiente contra las brujas y el mal de ojo. Las varitas mágicas se hacen muchas veces de sauce.

Como se cree que los sauces son chismosos, no debes discutir secretos importantes cerca de ellos. Si lo haces, los secretos se difundirán con el viento.

Ver *bruja, magia, mal de ojo, viento.*

Seis:

El cubo tiene seis lados, lo que hace que el seis sea el número de la armonía y el equilibrio. El cubo también representa a la materia y a las tres dimensiones.

La estrella de David, estrella de seis picos generada con la sobre imposición de dos triángulos, es uno de los talismanes más famosos. También simboliza tanto a la religión judía como a la nación de Israel. En el hebreo original, a la estrella de David se le llama el escudo de David ya que protegía a la gente de las energías negativas.

El seis también se relaciona con los seis días de la creación y el 666 se ha convertido en el número de la Bestia.

Los ladrones y los hombres de confianza consideran al seis un número de mala suerte.

Todos tenemos un "sexto sentido", término usado para describir nuestra intuición o nuestra capacidad de conocer algo sin utilizar los cinco sentidos habituales.

Ver *números, talismán.*

Sentido contrario:

La palabra inglesa para el sentido contrario, *widdershins*, viene de dos antiguas palabras inglesas: *vithr* (contra) y *sinni* (movimiento). Significa hacia atrás o en reversa. Esta palabra se usa todavía en Escocia y en el norte de Inglaterra. En la actualidad se usa en la magia cuando alguien tiene que hacer algo en el sentido inverso a las manecillas del reloj. Si un hechizo pide que un número de velas se enciendan en el sentido de las manecillas del reloj, se pueden prender al final del ritual en un sentido inverso a las manecillas del reloj, conocido en inglés como *widdershins*.

Se consideraba de mala suerte hacer cualquier cosa en sentido contrario. Hasta revolver la comida en una olla debía de hacerse en el sentido de las manecillas del reloj. Los musulmanes pasan los bocados de comida alrededor de la comida en el sentido de las manecillas del reloj. Cortésmente rechazan la mesa que se les ofrece en sentido contrario por alguien que desconoce la tradición.

Actuar en sentido contrario también garantiza llamar la atención de los fantasmas y los espíritus malignos. Por lo mismo, debes asegurarte que siempre que camines alrededor de una iglesia o de una casa embrujada debes hacerlo en el sentido de las manecillas del reloj.

Todo esto inició cuando la gente comenzó a ver el movimiento del sol en el cielo. Se dieron cuenta que salía en el Este y se ponía en el Oeste. Sentían que si seguían la dirección del sol, aseguraban el éxito. Ir en contra resultaría en problemas, fracasos y mala suerte.

Ver *cielo, fantasma, hechizo, iglesia, magia, sol, vela*.

Septiembre:

En Europa, las tormentas en septiembre se consideran tradicionalmente un signo de buenas cosechas para el año siguiente. En California se cree que un septiembre húmedo indica sequía en el verano siguiente.

Ver *clima, tormenta*.

Sepultura:

Aunque los cementerios de las iglesias se consideran tierra sagrada, el lado norte de un cementerio siempre ha sido muy impopular, ya que la gente cree que está habitados por fantasmas y malos espíritus. Por esto, el lado norte se reserva comúnmente para los suicidas, la gente que no ha sido bautizada y los bebés nonatos. William Wordsworth se refería a esto en su poema "Se ha dicho que alguien ha muerto de amor":

Se ha dicho que alguien
ha muerto de amor:
Y aquí y allá
una tumba en el cementerio
se ha hallado
en la fría tierra profana del norte,
ya que el hombre desdichado

se ha dado muerte,
su amor le ha dado
tan grande dolor.

Se creía que el Norte era la morada de Satán. Jesús vino del Este y se creía que regresaría al mundo desde esa dirección en el Día del Juicio. También parece que yació en el sepulcro con los pies apuntando al Este. Esto ponía al Norte a su izquierda. En la parábola de las ovejas y las cabras, las ovejas estaban a la derecha y las cabras a la izquierda (Mateo 25, 33), por consiguiente, nadie quiere estar entre las cabras.

Una antigua superstición europea dice que el primer cuerpo sepultado en un cementerio pertenece al demonio. El remedio para esto era enterrar a un perro o a un cerdo en el cementerio. Esto quitaría el problema y el suelo estaría listo para los sepulcros humanos.

Ver *fantasma*.

Serbal:

El serbal, o fresno de la montaña, es un árbol con fuertes propiedades protectoras. Se pensaba que plantado en el jardín, protegía de las brujas y los malos espíritus.

Se obtenía una protección similar clavando ramas de serbal en la construcción. Se consideraba que dos pequeños trozos de serbal, atados con un listón rojo para formar una cruz y llevados en el bolsillo, eran un efectivo amuleto personal que aseguraba la protección. En Escocia, las cruces de serbal se ponían sobre las puertas y ventanas para alejar a los malos espíritus y las brujas. El uso del serbal para ahuyentar a las brujas generó esta canción:

Árbol de serbal o caña
hace correr a las brujas.

Los árboles de serbal se encuentran muchas veces en los cementerios porque se cree que aseguran que los muertos gozarán de un sueño pacífico y sin perturbaciones. También eliminan cualquier posibilidad de espanto.

Ver *amuleto, árbol, bruja, cementerio, cruz*.

Serpiente:

La serpiente es la única víbora venenosa encontrada en las Islas Británicas y está asociada a una gran cantidad de supersticiones. El simple hecho de verla se considera de mala suerte, aunque se advierte que también es de mala suerte matarla. Se cree que recitar los primeros dos versos del Salmo 68[23] vuelve a las serpientes inofensivas. Además, puedes dibujar un círculo alrededor de ella y hacer el signo de la cruz dentro del círculo.

Una serpiente viva en la puerta es un signo inequívoco de una muerte inminente dentro de la casa. Se cree que saltar sobre el agua es un remedio para las mordeduras de serpiente. La tradición gitana dice que matar una serpiente y frotar su cuerpo sobre una herida es curación segura para la mordedura de serpiente. En *El regreso del nativo,* Thomas Hardy perpetuó la superstición relacionada con curar una mordedura frotando la herida con una pasta hecha de la grasa frita de una serpiente.

En algún momento se creyó que las serpientes eran sordas pues no tenían orejas. De hecho, detectan la vibración en sus lenguas. La gente también creía que las serpientes se tragaban a sus crías cuando estaban en peligro.

Servilleta:
Doblar una servilleta al terminar de comer es una actividad común que la gente no piensa en ella. Sin embargo, hay una situación en la cual se considera de mala suerte hacerlo. Esto es cuando vas una casa por primera vez para comer. Si doblas tu servilleta después de comer, estás efectivamente doblando la amistad y nunca jamás comerás en esa casa. Esta superstición no aplica si resulta que te estás quedando en esa casa y haces varias comidas ahí.

Ver *mesero.*

Sexo:
El número de supersticiones concernientes al sexo es increíble. Hablar de sexo en estos días ya no es un tema tabú como lo era hace muchos años.

Una de las supersticiones más comunes es que los hombres con manos y pies largos tienen el pene igualmente largo. De la misma forma, las mujeres de boca grande tienen vagina larga. Es igual de co-

---

[23] Salmo de David. "Sálvame, oh Dios, porque las aguas han penetrado hasta mi alma. Atorado estoy en un profundísimo cieno, sin hallar dónde afirmar el pie. Llegué a alta mar y me sumergió la tempestad."

mún la creencia de que la masturbación excesiva te volverá ciego.

Aparentemente si un hombre tiene sexo con una mujer que está menstruando, él perderá el pelo o se volverá impotente.

Hipócrates (*circa* 460-377 a. C.) era el médico más famoso de su tiempo. Él y sus contemporáneos creían que el esperma de un testículo creaba a los varones y el esperma del otro creaba a las mujeres. Por eso se pensaba que podías escoger el sexo de tu bebé amarrando el testículo que creaba a los bebés del sexo que no querías.

La potencia sexual masculina se ha asociado con el poder fecundador del sol. Ésta es la razón por la que aún hoy los hombres de piel morena y los hombres de países cálidos se consideran más apasionados que otros hombres.

El pelo también se consideraba indicador de potencia sexual y decían que los hombres velludos eran más viriles que los que tenían menos pelo.

Ver *afrodisíaco, pelo, sol, tabú.*

Silbido:

En la Edad Media, los marineros creían que podían generar viento silbando. Un silbido suave provocaría brisa y uno fuerte produciría un vendaval. Incluso hoy, muchos marineros chiflan para buscar el viento. Sin embargo, esto se debe hacer con cuidado. Un silbido fuerte y vigoroso puede generar una tormenta. Por eso, silbar en altamar se considera de mala suerte cuando las condiciones del clima son favorables. Silbar solamente es de buena suerte cuando el barco está inmóvil y se desea viento.

Silbar se consideraba algo que solamente hacían los hombres. Era de mala suerte ver u oír que lo hiciera una mujer, ya que podía producir toda clase de infortunios incluyendo ventarrones desde una dirección equivocada. Se les decía a las niñas que si silbaban les crecería barba. Una canción norteamericana dice:

Las niñas que silban
y las gallinas que cacarean
siempre terminan mal.

En la actualidad, chiflarle a una mujer es considerado una forma vulgar de llamar la atención del sexo opuesto. Originalmente se creía que se les chiflaba de esta manera para cautivar mágicamente a la muchacha, quien entonces se sentiría atraída por quien chiflaba.

Los actores piensan que es de mala suerte silbar tras bambalinas.

Siempre han existido dudas sobre la eficacia de silbar, desde el punto de vista de la superstición. La expresión "lo puedes silbar" viene de ahí. Cuando alguien te dice esto, es poco probable que obtengas lo que quieres.

Ver *actores y actrices, barba, barcos, escaleras, marineros, mineros, mujeres, teatro, tormenta, tronar los dedos, viento.*

Silla:

Es signo de mala suerte que se caiga una silla. La persona que lo provocó debe persignarse mientras la levanta para evitar la mala suerte. Si la silla se cae sobre una soltera, su futura boda se retrasará varios meses. Si la silla cae sobre alguien que se está levantando de la mesa, es un signo de que ha estado mintiendo.

Los jugadores pueden cambiar su suerte ya sea volteando la silla tres veces o caminando alrededor de ella tres veces. Esto se debe hacer solamente cuando se está perdiendo. Las sillas no deben ser vol-

teadas en otros momentos, ya que eso puede generar peleas.

Es de mala suerte tener una silla vacía en una cena formal. La silla y el servicio de la persona que no llegó deben retirarse para evitar la mala suerte.

Ver *boda, cruz, juego, mesa, nuez.*

Sierpe:

Los antiguos veían a las sierpes cambiar su piel y pensaban que eran inmortales. Por lo mismo, las serpientes se convirtieron en símbolos de longevidad y representaron al dios de la medicina, tradición que sobrevive hoy. Los amuletos de serpiente pueden encontrarse de muchas formas. Los anillos y los brazaletes siempre han sido populares, especialmente aquellos en lo cuales la sierpe se está mordiendo su propia cola, que es el amuleto contra todas las formas de la enfermedad.

Ver *amuleto, anillo, víbora.*

Siete:

El siete siempre ha sido un buen presagio y un número de la suerte. El siete no se relaciona con ningún otro número del uno al diez y es indivisible. A los numerólogos siempre les ha fascinado por esta razón. Le tomó a Dios siete días crear el mundo. Había siete "planetas" en el mundo antiguo (Mercurio, Venus, Marte, Júpiter, Saturno, la Luna y el Sol). Hay siete mares y había siete maravillas del mundo antiguo. Hay siete días de la semana, siendo el séptimo el día tradicional de la oración y el descanso. También hay siete virtudes, siete pecados capitales y siete edades del hombre. La menorah, el candelabro sagrado de los judíos, tiene siete velas representando siete cielos.

Se cree que el séptimo hijo de un séptimo hijo es una persona muy afortunada. Muchas veces posee fuertes capacidades intuitivas y poderes curativos. Si la suma de la fecha completa de nacimiento es divisible entre siete, siempre tendrá buena suerte.

La "comezón del séptimo año" se cree que tienta a la gente que ha estado en una relación durante ese tiempo a que busque nuevas conquistas. Esta idea se deriva de la creencia antigua de que cada siete años se dan cambios mayores en la vida.

Cuando estás en el "séptimo cielo" experimentas la máxima alegría y felicidad.

Ver *espejo, herradura, números, oración.*

Signo de la V:

El signo de la "V de la victoria" se popularizó con Sir Winston Churchill en la Segunda Guerra Mundial. Se hace levantando los dedos índice y medio con la palma viendo hacia delante. Este gesto fue probablemente utilizado para significar "victoria" por primera vez por un refugiado belga, Víctor de Lavelaye, quien comenzó una campaña para popularizar el gesto y motivar a la gente.

Los amuletos con la V eran populares en el antiguo Egipto, donde se usaban en parte en honor de Horus. Aparentemente, Horus fue sumergido en la oscuridad por Set, quien era el mal encarnado. Afortunadamente, el padre de Horus, Osiris, el dios del sol, bajó una escalera para que Horus escapara. Horus usó su índice y dedo medio para salvar a otras personas que también estaban atrapadas en la oscuridad.

Los sacerdotes cristianos tienen una larga tradición en levantar los mismos dos dedos, aunque juntos, como signo de bendición.

Si el signo de la V se hace con la mano apuntando hacia abajo, simboliza los cuernos del diablo.

Ver *amuleto, dedo, diablo, escalera.*

Sirvientes o familiares:

Los sirvientes o familiares son espíritus animales que ayudan y protegen a las brujas. Normalmente aparecen como gatos, cuervos, perros, chivos, liebres, búhos, cornejas, serpientes o ranas.

La Iglesia cristiana denunció a los sirvientes como demonios y agentes del demonio. En los juicios a las brujas, virtualmente cualquier animal podía ser sospechoso de ser un sirviente, hasta una mosca que zumbaba en la ventana. La Biblia dice: "No consultes a aquellos que tienen familiaridad con los espíritus ni busques adivinos que te desafíen" (Levítico 19, 31). Desafortunadamente esta creencia llevó a la muerte a mucha gente que tenía mucho cariño por sus animales pero muchas dificultades para relacionarse con el resto de la gente. Una mujer solitaria con un gato negro, por ejemplo, de inmediato hubiera sido sospechosa de ser bruja. A veces hasta los animales se sometían a un juicio. En 1692, durante los jui-

cios de Salem, ¡un perro fue colgado después de ser encontrado culpable de ser una bruja!

Inclusive William Shakespeare menciona a los espíritus familiares en *Enrique VI*, parte II: "¡Aléjate de él! Tiene un espíritu familiar bajo su lengua" (acto 4, escena 7).

Una bruja inglesa del siglo XVIII llamada Moll White tenía un familiar impresionante, su gato hablaba inglés con un fuerte acento regional.

Los modernos seguidores de la Wicca, en ocasiones tienen animales que los ayudan en la magia, pero no consideran que esos animales sean demonios o espíritus de forma animal. Son compañeros en la magia debido a la conexión psíquica entre animales y humanos.

Ver *bruja, búho, chivo, corneja, cuervo, diablo, gato, liebre, magia, perro, rana, serpiente, Wicca.*

Sol:

Los primeros hombres temían al sol y lo consideraban un dios. Seguían sus movimientos con gran interés y ejecutaban rituales para alentarlo, especialmente durante el invierno, cuando sentían que perdía poder. Las celebraciones con hogueras son las reliquias sobrevivientes de estos rituales.

Dado que el sol sale por el Este, esta dirección también se asociaba con la resurrección. Se consideraba buena suerte nacer en el amanecer y mala suerte nacer en el atardecer. También era afortunado revolver las ollas de Este a Oeste, en el sentido de las manecillas del reloj.

Siempre se ha considerado de mala suerte apuntar al sol.

Ver *águila, catarina, círculo, embarazo, insolación, julio, lado derecho, lluvia, marineros, miércoles, paraguas, Pascua, sentido contrario, sexo, virginidad, víspera del verano, zorro*.

Sombra:

Hace miles de años la gente creía que su sombra era su alma. Por lo mismo creían que morirían si alguien atacaba su sombra con intención enfermiza. Definitivamente no querrás que nadie, ni siquiera un animal, camine sobre tu sombra, si chupan tu sangre vital en tal acción.

Recuerdo que de niño me paraba a propósito en la sombra de una persona más alta cuando hacía calor. Una tía anciana me dijo que nunca me parara en la sombra de nadie ya que era importante que fuera yo mismo. No estaba seguro a lo que se refería en ese momento, pero como sigo recordando el incidente, debió tener gran efecto en mí.

Aún hoy, algunas personas consideran de mala suerte que su sombra toque un ataúd o una tumba abierta. Esto significa que pronto estarán ahí dentro.

Era importante permanecer alerta a las fuerzas del mal que tratan de robar tu sombra. Se creía que alguien sin sombra había vendido su alma al demonio.

En Nochebuena, la gente solía mirar las sombras que se proyectaban en las paredes por el fuego. Si alguna de las sombras aparecía sin cabeza era un signo de que esa persona moriría antes de la siguiente Navidad.

Ver *ataúd, diablo, fuego, nochebuena, tumba*.

Sombrero:

Los sombreros nunca se deben usar en un lugar cerrado ya que te darán dolor de cabeza. Los hombres deben siempre quitarse los sombreros cuando pasa un cortejo fúnebre. Se arriesgan a convertirse en la siguiente persona que muera si no lo hacen. Es de mala suerte poner un sombrero en la cama o en una mesa. Es todavía de peor suerte guardar un sombrero bajo la cama. Si un sombrero se pone accidentalmente de cabeza, la persona tendrá mala suerte el resto del día. Sin embargo, comprar un sombrero nuevo evitará la mala suerte.

Ver *cama, estornudar, funeral, hadas, mesa.*

Sonámbulo:

Una vieja superstición dice que es peligroso despertar a un sonámbulo. Esto por la creencia de que el alma deja al cuerpo durante el sueño (lo que explica los sueños en los cuales la persona viaja libremente por el mundo). Si despiertas a un sonámbulo, se teme que el alma esté ausente y la persona muera.

Ver *sueños.*

Sonrojarse:

La gente se sonroja cuando siente pena o vergüenza. Sin embargo, una vieja superstición dice que la gente solamente se sonroja cuando dice una mentira. Esto debe haber causado muchos proble-

mas a la gente que se sonroja con facilidad.

Sueños:

La gente siempre ha estado fascinada por sus sueños y cree que éstos les brindan un vínculo directo con lo sobrenatural. Miles de años antes de que el psicoanálisis se interesara en los sueños, la gente estudiaba y evaluaba sus sueños para determinar su significado y sentido. Se desarrollaron, naturalmente, gran número de supersticiones relacionadas con sueños y el acto de soñar.

Una creencia popular era que soñar el mismo sueño tres noches seguidas significaba que se haría realidad.

Muchos libros se han escrito sobre la interpretación de los sueños, pero normalmente es mejor evaluar tus propios sueños. Esto es porque las interpretaciones de los libros de los sueños comúnmente se contradicen unos con otros. Por ejemplo, soñar con un caballo blanco puede indicar riqueza futura o muerte, dependiendo del libro que consultes.

Da buena suerte levantarte sabiendo que has soñado, pero sin recordar en qué. Si recuerdas tus sueños no debes contárselos a nadie antes del desayuno.

Ver *cebolla, dientes, hierba de San Juan, jade, laurel, luna, nuez, oniromancia, pesadilla, sonambulismo.*

Suerte:

Nuestras vidas están constituidas por miles de posibles sucesos. Estamos tan cerca de estos acontecimientos que no tenemos manera de saber cuáles pueden llegar a cambiar nuestras vidas. Una noche de septiembre de 1967, llegué a Londres sin conocer a nadie. La mañana siguiente caminaba por Haymarket y me crucé con dos amigos de Nueva Zelanda. Esa noche tenían una fiesta y me invitaron. En la fiesta conocí a una joven que se llamaba Margaret, quien sería mi esposa cuatro años después. El haberme encontrado a mis dos amigos en la calle fue obviamente afortunado para mí. Haber aceptado ir a la fiesta fue extremadamente afortunado. El hecho de que Margaret haya decidido ir a la fiesta también fue un golpe de suerte. El hecho de que nos conociéramos y que quedáramos de ver a una pareja unos días después también podría ser considerado como suerte. Clara-

mente, la suerte me brillaba ese día. Si hubiera caminado por Haymarket dos minutos antes o después, no hubiera encontrado a mis amigos y mi futuro hubiera sido completamente diferente.

La palabra *luck*, que significa suerte en inglés, se deriva de un antiguo verbo anglosajón que significa "atrapar". La suerte es una cualidad que tienen algunos objetos, aunque muy pocos, y la gente afortunada parece tenerla todo el tiempo. A esta gente se le describe como "nacida con suerte". Esta gente no necesita talismanes ni amuletos pues de alguna manera atrae la suerte independientemente de lo que haga.

Pero para mucha gente, la suerte es algo intangible que en ocasiones funciona en nuestro favor y otras veces en contra. Ésta es la razón por la cual la suerte se ha personificado como la "Dama Fortuna". A veces está con nosotros, guiándonos, apoyándonos y ayudándonos, pero al siguiente instante –irracional y caprichosa– se aleja de nosotros y no tenemos ninguna manera de saber cuándo volverá. Por consiguiente, siempre tiene que ser cortejada constantemente.

La gente siempre ha creído en la suerte y muchas supersticiones han evolucionado en los intentos de la gente para atraer la buena suerte y alejar la mala suerte. A lo largo de la historia la gente ha llevado amuletos y talismanes esperando obtener buena suerte o al menos evitar la mala suerte.

Mucha gente sigue creyendo que todo lo que nos sucede es destino, a pesar de la evidencia aparente de que controlamos nuestros actos. Esta gente cree todavía en las inmortales palabras de Shakespeare en *Julio César:*

> Existe una marea en los
> asuntos humanos,
> que, tomada en pleamar,
> conduce a la fortuna;
> pero omitida, todo el viaje
> de la vida
> queda rodeado de escollos
> y desgracias.
> (Acto 4, escena 3).

Muchas civilizaciones han tenido dioses de la fortuna. Los antiguos egipcios tienen a Bes y a Beset. Son criaturas de corta estatura, patizambas, como enanos, que protegen a la gente de los daños y la mala suerte. Fortuna era la diosa de la suerte para los antiguos romanos. La palabra "fortuna" se deriva de su nombre. El término "Dama Fortuna" igualmente hace referencia a ella. La Fortuna se representaba comúnmente llevando un cuerno lleno de buena fortuna, que se le daba a la gente que la adoraba. Los japoneses tienen un dios obeso y alegre llamado Hotei que reparte la buena suerte que trae en una bolsa que contiene abundancia y buena fortuna.

Cada año se gastan millones de dólares en talismanes y mucha gente lleva objetos como monedas de la suerte o tréboles de cuatro hojas, con la esperanza de obtener buena suerte a cambio. Otra gente ejecuta pequeños rituales, esperando evitar los caprichos del destino.

Nadie es inmune a esta superstición. La gente que se burla de los talismanes bien puede llevar una medalla de San Cristóbal cuando viajan. Cuando le pregunto a la gente al respecto me dicen que realmente no creen en esto pero no hace daño. Pocas personas caminarán bajo una escalera o abrirán un paraguas intramuros. Mucha gente toca madera para ahuyentar el destino y dicen "salud" cuando alguien estornuda.

Muchos creen firmemente en la eficacia de sus talismanes. Cantidad de deportistas tienen sus tenis de la suerte, bates o prendas que usan para un juego importante. Bobby Robson posee una bufanda de la suerte y cree que le ayudó al equipo de Inglaterra, que él dirigía, a clasificarse a la Copa del Mundo en 1990.

Ricos y famosos tienen amuletos para asegurar la buena suerte. John D. Rockefeller Sr. tenía una piedra de la suerte que llevaba a todos lados. El doctor Samuel Johnson, el crítico y escritor británico, siempre cruzaba las puertas usando su pie derecho.

Los talismanes pueden ser casi cualquier cosa, pero los más populares son los tréboles de cuatro hojas, las herraduras, las patas de conejo y las medallas de San Cristóbal. Los objetos que dan mayor suerte al encontrarlos son las herraduras, los tréboles de cuatro hojas y los dientes.

Ver *amuleto, anillo, diente, encantamientos, escalera, herradura, moneda, paraguas, pata de conejo, San Cristóbal, tocar madera, trébol, viaje.*

Suerte de principiantes:

Una vieja superstición dice que un tipo especial de suerte está reservada para los principiantes de cualquier actividad. Aunque esto pueda ser cierto, la ley de las probabilidades asegura que la suerte de principiantes es sólo temporal. A pesar de eso, los equipos de fútbol soccer en el Reino Unido siempre pasan el balón del más veterano al más novato en la última parte del calentamiento antes de que comience el juego. Esto asegura que la suerte de los principiantes acompañará a todo el equipo.

Suéter:

Es de buena suerte ponerte al revés un suéter. Si metes los brazos en las mangas de un suéter antes de meter la cabeza, nunca morirás ahogado.

Siempre se ha considerado de mala suerte usar hilos oscuros para zurcir un suéter de colores claros.

Ver *ahogarse.*

Suicidio:

Se cree que el alma de cualquiera que se suicida está condenada a vagar por la Tierra para siempre, incapaz de progresar y pasar al mundo siguiente. Se han utilizado diferentes métodos para evitar que los espíritus de esta gente regresen a espantar en la zona donde vivían. Se pensaba que enterrarlos en cruceros, en lugar de un cementerio, confundía a los espíritus, por lo que en ocasiones se utilizaba una estaca para clavarlos al piso.

Se decía que si una mujer embarazada caminaba sobre la tumba de un suicida, tendría un aborto.

Ver *cadáver, cruceros, diamante, fantasmas, muerte, tumba.*

Superioridad racial:

La creencia de que una raza es superior a otra es una superstición perniciosa que ha causado enormes daños a lo largo de la historia de la humanidad. Esta superstición todavía prevalece en gran medida, generando odios interminables y prejuicios contra los demás.

Tabú:

Algo que es proscrito o prohibido es descrito como tabú. Sigmund Freud escribió un libro llamado *Tótem y tabú*, y describió al tabú como "la forma humana más antigua de ley no escrita... el tabú es más viejo que los dioses y data de un periodo anterior a la existencia de ningún tipo de religión". Por consiguiente, mucha gente desafortunada se volvió marginada debido al tabú. La gente supersticiosa tiene miedo de otros que presentan alguna deformidad como los jorobados o de la gente que se cree que es bruja o que tiene el mal de ojo. Algunos tabús son temporales. La menstruación y el nacimiento de los niños son ejemplos de esto. Tabús menos conocidos son aquellos que incluyen las muchas supersticiones que se practican en los botes de pesca cuando están en alta mar y las actividades como ciertos brindis que se llevan a cabo durante algunas épocas del año.

Ver *brindis, bruja, cerdo, jorobado, mal de ojo, menstruación, orgía, pescar, sexo.*

Talismán:

Los talismanes son objetos que brindan beneficios especiales, como poder, protección o energía, a quienes los poseen. Pueden ser hechos de casi cualquier material y frecuentemente tienen inscritas palabras o imágenes. Muchas veces se hacen en momentos cósmicos significativos para atrapar el poder y la energía del universo. Los amuletos se hacen para proteger, pero los talismanes normalmente tienen la intención de que el poseedor obtenga un beneficio específico.

Ver *amuleto, anillo, azabache, seis.*

Tatuaje:

Los tatuajes se han puesto de moda, pero hasta hace poco los marineros eran lo únicos que tradicionalmente llevaban tatuajes en occidente. Esto se basaba en la superstición de que los tatuajes protegían a quien los tuviera de la mala suerte y las influencias nefastas. Por lo mismo, muchos de los tatuajes que llevaban los marineros eran símbolos de buena suerte como corazones, flores y cruces. El tatuaje, en efecto, se convirtió en un amuleto protector. Es interesante que en los días cuando las flagelaciones eran comunes, muchos marineros tenían tatuado a Jesús en la cruz en sus espaldas, con la esperanza de que

esto hiciera que la persona que tuviera el látigo lo hiciera más suavemente.

La palabra tatuaje se incorporó al inglés del siglo xix, cuando el capitán James Cook descubrió las islas de Hawai y encontró que los nativos grababan su cuerpo y lo llamaban *tatou.*

Ver *amuleto, corazón, cruz, flores, marineros.*

Tauro:

Tauro es el segundo signo del zodiaco. Su símbolo es el toro. Su elemento es la tierra y su gema la esmeralda. La frase clave para Tauro es: "Yo tengo."

Los nacidos en Tauro son prácticos, pacientes y decididos. Como son naturalmente cautos, piensan antes de actuar. Por lo mismo, se les acusa de ser necios u obstinados. Los nacidos en Tauro aman las comodidades, el lujo y la belleza. Profundizan en lo mejor de todo. Son generosos pero les gusta mantener reservado un "tesoro personal" en caso de que se necesite. Son leales y dedicados a sus amigos.

Ver *astrología, elementos, esmeralda, gemas, tierra, zodiaco.*

Té:

Si revuelves el té en la tetera, asegúrate de hacerlo en el sentido de las manecillas del reloj. Si lo haces en sentido inverso, sin querer prepararás una pelea. Nunca debes revolver el té de alguien más, ya que te arriesgas a pelearte con esa persona.

Si una mujer pone leche en su taza antes que el azúcar, se piensa que nunca se casará. Si una mujer permite que un hombre le sirva más de una taza de té en la misma ocasión, ella se verá atraída hacia él. Si dos mujeres se sirven té de la misma tetera, una de ellas quedará embarazada en pocos meses. Si permites que la tapa de la tetera quede abierta, pronto recibirás visitas.

Ver *calvicie, leche, mosca.*

Teatro:

Existen innumerables supersticiones en el teatro. Los actores y actrices son gente muy supersticiosa y se ha dicho que si no existe una superstición sobre un tema particular, ellos inventarían una.

Es de mala suerte silbar en los camerinos, abrir un paraguas en el escenario, ver un gato cruzando el escenario durante el ensayo o repetir la última línea de una obra durante éste.

Sin embargo, las pelucas y los zapatos que rechinan se consideran buenos augurios. Tropezarse en el escenario es igualmente un signo de buena suerte ya que significa que la producción será duradera.

Ver *actores y actrices, gato, paraguas, silbido, zapatos.*

Telaraña:

Las telarañas son un augurio de prosperidad. A menos de que sea estrictamente necesario, es mejor dejarlas donde estén. Quitar las telarañas también quita la riqueza potencial.

Tejo:

El tejo es un longevo árbol de hojas perennes que se ha asociado con la vida después de la muerte. Como resultado, se encuentra con frecuencia en los cementerios de las Islas Británicas y en Europa. En la época isabelina, se consideraba una planta desafortunada. William Shakespeare aludió a esta actitud en la *Noche de Epifanía;* Feste dice: "Vete, vete muerte... mi blanca mortaja, cargada de tejo", (acto 2, escena 4). La gente de la época echaba ramas de tejo en las tumbas para asegurarse de que los espíritus de los muertos no regresaran a aparecérseles a los vivos.

El tejo también es conocido por proteger las casas y otros edificios de las brujas y los malos espíritus. Se cree que es probable que mueras en los próximos doce meses si cortas o talas un tejo.

En una época se consideraba peligroso meter una rama de tejo en tu casa. Sin embargo, otra superstición tiene un sesgo diferente. Una mujer soltera puede arrancar una ramita de tejo de un panteón que no haya visitado antes y ponerla bajo su almohada. Esto le permitirá ver a su futura pareja en sus sueños.

Temblor:

Se dice que tener un temblor involuntario es un signo de que alguien está caminando sobre el punto donde serás enterrado. Si tiemblas justo cuando te levantas de la cama es un signo de que tendrás mala suerte todo el día.

Ver *estremecimiento*.

Testamento:

Una vieja superstición dice que es de mala suerte hacer un testamento ya que es probable que acelere tu muerte. El testamento solía ser leído frente al ataúd del individuo, para darle la oportunidad al finado de protestar si los parientes parecían estar insatisfechos con él.

Ver *ataúd*.

Tierra:

La gente solía pensar que la tierra era mágica ya que nutría y sostenía las cosechas y los árboles. A veces la gente se entierra temporalmente con la esperanza de curarse de sus enfermedades.

Una vieja superstición dice que una mujer soltera puede saber la ocupación de su futuro marido cavando un agujero en la tierra al mediodía del día de San Juan. Tiene que poner su oído en el agujero y escuchar con atención lo que la tierra le quiera decir.

La tierra es uno de los cuatro elementos de la filosofía occidental. Los otros son el aire, el fuego y el agua. Los tres signos zodiacales que simbolizan al elemento de la tierra son Tauro, Virgo y Capricornio. La tierra se considera nutriente, fértil, femenina y práctica ya que alimenta los asuntos materiales también. En la Wicca, la tierra elemental ayuda a energizar los conjuros para que se realicen.

Ver: *agua, aire, árbol, Capricornio, elemental, elementos, fuego, hierba, Tauro, Virgo, Wicca, zodiaco.*

Tijeras:

Se debe tener cuidado con las tijeras ya que cualquier error o accidente "corta" tu suerte. Es de mala suerte tirar un par de tijeras, si lo haces, alguien tiene que levantarlas en tu lugar. Si no hay nadie disponible, debes pisar las tijeras antes de levantarlas. Antes de volverlas a usar, debes calentarlas en tus manos para evitar la mala suerte.

Las tijeras no son una buena opción para regalar a un amigo. Esto se debe a que pueden "cortar" la amistad. Dale tijeras solamente a la gente que sabe que tiene que darte una pequeña moneda a cambio para pagártelas.

Las tijeras son unos amuletos protectores poderosos, ya que están hechas de metal y pueden cortar. Por lo mismo, las tijeras se abren con frecuencia para semejar una cruz y ponerlas bajo el tapete de entrada de la casa y ahuyentar a las brujas y a otros malos espíritus.

Ver *amuleto, bruja, cruz, moneda.*

Tocar madera:

El origen de la superstición de tocar madera para evitar la mala suerte se ha perdido con el tiempo. Probablemente es de hace miles de años, cuando la gente pensaba que los dioses vivían en los árboles. Con tocar el tronco de un árbol se reconocía al dios, quien entonces otorgaría la ayuda. Muchos cristianos creen que tocar madera viene del hecho de que Jesucristo fue crucificado en una cruz de madera.

Ver *cruz, madera.*

Tomate:

Una vieja tradición dice que fue un tomate, en lugar de una manzana, lo que Eva ofreció a Adán en el Jardín del Edén. Esto puede explicar por qué los tomates son llamados *pomme d'amour* o manzana del amor.

El tomate se consideraba un afrodisíaco y las mujeres jóvenes temían comerlo, al menos hasta que estuvieran comprometidas o casadas.

Una mujer soltera que buscara marido podía acelerar el proceso llevando un pequeño saco con semillas secas de tomate colgando alrededor del cuello.

Un tomate rojo grande puede ser puesto en una ventana para alejar a los malos espíritus. Por otro lado, puede ponerse en una repisa para atraer el dinero a la casa. Se dice que los tomates de plástico que se usan para contener las salsas funcionan tan bien como los reales. Se cree que también la salsa de tomate brinda buena salud y prosperidad.

Se piensa que los alfileteros con la forma de tomate atraen la buena suerte.

Ver *afrodisíaco, dinero, manzana, Viernes Santo.*

Tommyknocker:

Los *Tommyknockers* son los espíritus de los mineros muertos. La gente que los ha visto dice que miden menos de treinta centímetros de alto. Ayudan a los mineros vivos avisándoles si ocurrirá un desastre golpeando (en inglés *knocking*) las paredes de las minas. También ayudan a los mineros a encontrar nuevas vetas de carbón.

Desafortunadamente los *Tommyknockers* no siempre son buenas personas y pueden ser rencorosos si no se sienten reconocidos. Han sido culpados por muchos derrumbes y los supervivientes juran que los oyeron reírse cuando ocurrió el desastre. Por eso, muchos mineros les dejan un poco de su comida para mantenerlos contentos. Algunos otros les hacen figuras de barro para hacerles compañía.

Ver *mineros.*

Topacio:

Durante la época de los romanos, el topacio se consideraba una piedra que daba fuerza y protegía de cualquier peligro mientras se viajaba. El emperador Adriano llevaba un anillo de topacio para tener protección y fuerza.

En la Edad Media el topacio se llevaba en el brazo izquierdo para proteger al dueño de cualquier maldición y para evitar el mal de ojo. La gente también creía que llevarlo aumentaba el calor corporal, lo que permitía a la gente curarse de los resfriados o la fiebre.

En la tradición cristiana, se pensaba que el topacio curaba problemas de los ojos y en ocasiones la ceguera. Algunas autoridades dicen que San Mateo usaba el topacio para curarse de cualquier enfermedad de los ojos.

En la actualidad, el topacio se utiliza para aliviar la ansiedad, el miedo, el estrés y el insomnio. El topacio es la piedra de nacimiento de noviembre.

Ver *anillo, aniversarios de bodas, gemas, mal de ojo, ojo, piedra de nacimiento, resfriados.*

Tormenta:

Las tormentas siempre han generado temor y fueron en una época consideradas la ira de los dioses. Una superstición austriaca dice que aventar un puño de comida por la ventana, mientras le dices a los dioses que la terminen, es suficiente para aquietarlos.

Se creía que las tormentas particularmente violentas o fuera de temporada eran un presagio de algún acontecimiento terrenal importante, como la muerte de un líder o un soberano. Si la tormenta ocurría cuando se realizaba el juicio de unos criminales, era signo de que más criminales que los habituales recibirían la pena de muerte.

A los marineros no les gusta cortarse las uñas o el pelo cuando están en el mar ya que se piensa que esos actos alientan a las tormentas. Supuestamente silbar también genera tormentas.

Una superstición escocesa dice que si una tormenta llega cuando un ataúd desciende en la tumba, el finado ha vendido su alma al demonio.

Ver *ahogarse, arco iris, ataúd, barcos, bruja, campana, cisne, diablo, marineros, muerte, pelo, silbido, tumba, uña, vela, ventana, viento, vino.*

Tormenta eléctrica:

Una superstición del sur dice que nunca serás alcanzado por un rayo si tienes una cama de plumas.

Ver *pluma, relámpago.*

Tórtolo:

Es extremadamente afortunado si un par de tórtolos hacen su nido cerca de tu casa. Esto significa que nadie de tu familia sufrirá de reumatismo.

Puedes curar la neumonía poniendo un tórtolo muerto en el pecho de quien la sufre.

Ver *paloma, reumatismo.*

Tos ferina:

Hasta hace poco, una cura popular para la tos ferina era coser una oruga dentro de una bolsa de tela que se colgaba alrededor del cuello del enfermo.

Trébol:

Dado que un trébol de tres hojas se considera de buena suerte, el trébol de cuatro hojas, más inusual, sería de una suerte excepcional.

Una leyenda dice que cuando Adán y Eva fueron expulsados del Jardín del Edén, Eva tomó un trébol de cuatro hojas para cubrirse y recordar la felicidad que vivió ahí. Por consiguiente, encontrar un trébol de cuatro hojas se volvió un signo de buena suerte y felicidad.

A los cristianos les gusta el trébol de cuatro hojas ya que la cruz de Jesús tiene cuatro partes. Las cuatro hojas simbolizan la fe, la esperanza, el amor y la suerte. Cuando era niño, me enseñaron una canción muy sencilla que tenía diferentes significados:

Una hoja para la fama,
Una hoja para la prosperidad,
Y una para un amante fiel,
Y otra para darte salud gloriosa,
Todas en un trébol
de cuatro hojas.

En el siglo XVII se echaban tréboles de cuatro hojas en el camino de las novias para darles una protección adicional contra los malos espíritus en ese día tan especial para ellas.

Algunas personas dicen que cuando encuentras un trébol de cuatro hojas debes ponerlo en un zapato. Un escondite más popular es la Biblia familiar.

Si una soltera encuentra un trébol de cuatro hojas y lo pone en un zapato, el primer soltero que encuentre será su futuro esposo. Otro método es prender el trébol de cuatro hojas sobre la puerta principal de su casa. Nuevamente, el primer hombre soltero que cruce la puerta se hará su marido.

Si alguien ha hecho el bien en su vida, se dice que "vive en un trébol". Esto probablemente se origina del hecho de que el ganado crece mejor cuando pasta en campos de tréboles.

El trébol de cuatro hojas más afortunado es el que te encuentras sin que lo busques.

Ver *amuleto, Biblia, cruz, suerte, viaje, zapato.*

Trece:

La superstición del desafortunado trece ha existido desde que la gente aprendió a contar. Diez dedos y dos pies dan un total de doce, lo cual dejaba el número siguiente como temido, desconocido e impredecible. El miedo al número trece se conoce como triscaidecafobia. Por este miedo, muchos edificios no tienen piso trece, la mayoría de las aerolíneas no tienen fila trece y muchas calles no tienen una casa en el número trece.

Existe una historia en la mitología nórdica que se refiere al miedo al número trece. Doce dioses fueron invitados a un banquete en el Valhalla. Desafortunadamente, Loki, el espíritu del mal, oyó sobre la reunión y saboteó la fiesta. Como resultado de esto, Balder, el favorito de los dioses, fue asesinado. Esto se atribuyó a que llegaron trece personas al banquete.

Los aquelarres de las brujas tienen tradicionalmente trece miembros.

Trece personas estuvieron presentes en la última cena y la mayoría de la gente intenta evitar tener este número de personas sentadas en la mesa. En Francia es posible contratar a una persona adicional si descubres que en tu cena hay trece comensales. Una vieja leyenda dice que la primera persona en levantarse de una mesa con trece personas, morirá en un año. El remedio contra esto es hacer que todo mundo se levante al mismo tiempo. Charles Mackay, autor de *Ilusiones populares extraordinarias y la locura de las masas* (1841) escribió: "Si trece personas se sientan en una mesa, uno de ellos morirá en un año; y todos ellos serán infelices. De todos los malos augurios, éste es el peor."

Charles Dickens en *Un cuento de Navidad* (1850), aludió a esta superstición, cuando una muerte sucedió en la familia al sonar trece campanadas en el reloj. Sin embargo, un reloj que sonó trece veces fue al menos de buena suerte para una persona. El soldado James Hatfield se encontró ante una corte marcial por dormirse durante su guardia. Pero fue capaz de probar que estaba despierto alegando que el reloj de la catedral de San Paul había tocado trece campanadas en lugar de doce. Como otras personas tenían miedo de comprobar esta terrible afirmación, el joven soldado fue liberado.

El treceavo día de cada mes se considera desafortunado, pero hay un día más desafortunado. El viernes trece combina dos supersticiones, creando un día que aún atemoriza a mucha gente. Los negocios se caen y muchos eventos importantes como las bodas o las compras de casa se retrasan si la fecha cae en viernes 13. Se cree que los niños que nacen en viernes 13 serán desafortunados toda su vida. Sin embargo, otra superstición dice que es de buena suerte nacer en viernes 13. Igualmente, no debes cortarte el pelo en viernes 13, si lo haces, alguien en tu familia morirá. Si te vistes de negro en viernes 13, pronto volverás a hacerlo en un funeral.

Los jugadores, que son de la gente más supersticiosa, consideran al trece como un número de la suerte. El trece de la suerte es un número que juegan popularmente los tahúres y es más popular aún el viernes 13. Sin embargo, es difícil encontrar un hotel en Las Vegas con un piso trece.

A Richard Wagner (1813-1883), el famoso compositor alemán, le gustaba el número trece. Su nombre completo era Wilhelm Richard Wagner, aunque el mundo lo conocía como Richard Wagner, un número compuesto por trece letras. Nació en 1813 y compuso 13 óperas, incluyendo *Tannhäuser*, terminada el 13 de marzo.

Woodrow Wilson (1856-1924), el vigésimo octavo presidente de Estados Unidos, es otro ejemplo de alguien a quien le gustaba el número trece. Usualmente anunciaba decisiones importantes el día trece del mes. Cuando era joven dejó de usar su primer nombre, Thomas, y durante el resto de su vida fue conocido como Woodrow Wilson, un nombre que tenía trece letras.

Hace 120 años, un grupo de periodistas británicos formaron el Club Trece de Londres. Su objetivo era demostrar que el trece no era un número desafortunado. Se reunían el día trece del mes, se sentaban trece a la mesa y rompían a propósito tantas supersticiones como les fuera posible. Ninguno de ellos resultó lastimado por esto, pero sus actividades aparentemente no lograron mitigar el miedo que mucha gente le tenía al trece.

Hay un lado positivo del trece. Una docena para un cocinero consiste en trece artículos. Hay aproximadamente trece semanas en cada temporada del año y trece barras en la bandera de Estados Unidos, simbolizando las trece colonias originales.

El Gran Sello de Estados Unidos se puede ver en el billete de un dólar. El sello contiene varias veces el número trece. El escudo del águila tiene trece franjas. El talón izquierdo del águila está apresando trece flechas y el talón derecho lleva una rama de olivo con trece hojas y trece bayas. Hay un círculo arriba de la cabeza del águila que contiene una constelación de trece estrellas. El lema en latín que se lee en el pico del águila dice *E Pluribus Unum*, y contiene trece letras.

Al revés del Gran Sello se muestra también el 13 en el billete de un dólar. Hay una pirámide compuesta de trece capas de piedra. La frase en latín que está sobre la pirámide dice *Annuit Coeptis*, de nuevo con trece letras. La repetición del número trece en el sello se relaciona con las trece colonias originales y simboliza renovación, regeneración y el nuevo mundo.

Ver *actores y actrices, aniversario de bodas, boda, fobias, gato, juego,* *mesa, muerte, negocio, negro, pelo, primaveras, reloj, viernes 13.*

Tres:

El tres siempre se ha considerado un número místico. Esto se debe a que el milagro del nacimiento convierte a una pareja (dos) en tres. El filósofo griego Pitágoras (siglo VI a. C.) consideraba al tres como un número perfecto. Por consiguiente, el tres significaba la vida y la continuación de las especies. Esto se demostraba en la Europa pagana cuando un jefe moría. Todos los fuegos de la tribu se extinguían con excepción del fuego del jefe. Conforme la tribu iba mirando, el chamán volvía a encender todos los fuegos, de tres en tres, desde el fuego del jefe.

En la época del rey Vladimir I (956-1015 d. C.), primer gobernante cristiano de los rusos, en los funerales se encendían tres velas en uno de los candeleros para iluminar y guiar a los muertos al siguiente mundo.

Los soldados rusos llevaron esta superstición a la guerra de Crimea pero convirtiendo la creencia en que si se encendían tres cigarrillos con un solo cerillo, uno de los tres soldados moriría. Esta superstición se estableció firmemente en la guerra de los boers y ha aparecido en todas las guerras desde entonces. Hay definitivamente una lógica en esta superstición. Mantener un cerillo encendido durante el tiempo suficiente para encender tres cigarros le da la oportunidad a los francotiradores para apuntar y disparar.

A pesar de esto, el número tres es considerado de buena suerte. El tres es el número de la Trinidad. Le damos tres vítores a la gente. La filosofía hindú plantea tres mundos: el paraíso, el cielo y la tierra. En la antigua Grecia, la médium de Delfos, conocida como Pitia, estaba parada en un banco de tres patas.

La superstición de que las cosas pasan de tres en tres sigue vigente. Si la gente asiste a dos bodas (o dos funerales) sucesivamente, normalmente esperan un tercero en el futuro próximo.

La naturaleza afortunada del tres se ejemplifica en la expresión "la tercera es la vencida". La gente tiende a creer que algo tendrá éxito después de dos intentos fallidos. Esto también explica por qué se solicita tres veces que te paguen una factura.

Aunque el tres se considera de buena suerte, también las cosas malas suceden de tres en tres. Si muere alguien famoso, la gente espera que ocurran inmediatamente dos muertes más en un periodo corto de tiempo. Si se rompen dos platos en una casa, los dueños muchas veces rompen deliberadamente un tercer objeto, ya que piensan que las rupturas se dan de tres en tres. Se cree que una persona que se está ahogando saldrá a la superficie tres veces, la tercera, ahogado. Los practicantes de la Wicca ejecutan magia blanca (buena), en lugar de negra (mala), pues creen que todo lo que mandes se te regresará por triplicado.

Ver *fuego, lavar, plato, vela, Wicca.*

Triángulo de las Bermudas:

El Triángulo de las Bermudas está en el océano Atlántico, entre Bermudas, Puerto Rico y el Sur de Florida. El área se ha vuelto famosa como un lugar en donde barcos, aviones y gente han desaparecido misteriosamente y no se han vuelto a encontrar. Las supersticiones sobre esta zona comenzaron en 1945, poco después de que seis aviones de la Armada de los Estados Unidos desparecieran en el Triángulo de las Bermudas.

Algunas personas creen que esta zona posee un torbellino que "succiona" objetos y gente para llevarlos hacia otra dimensión. Otra creencia es que extraterrestres se han establecido en esta zona y se deshacen de todo aquello que se acerque demasiado.

Trifolio:

Las personas con ascendencia irlandesa consideran al trifolio como un signo de buena suerte. En un tiempo, los tréboles o trifolios se intercambiaban cuando una pareja se comprometía. Hoy, mucha gente usa talismanes con la forma de un trifolio.

Ver *encantamientos*.

Tristeza:

Es de extremada mala suerte fingir una gran tristeza o llorar cuando no es real. Si finges el llanto puedes estar seguro de que la tristeza verdadera no está muy lejos.

Tronar los dedos:

Se cree que tronar los dedos trae buena suerte. Esto viene de la antigua creencia de que hacer ruido asustará a las fuerzas del mal. Es buena idea tronar tus dedos mientras silbas ya que espantas a las fuerzas del mal que fueran atraídas por el silbido.

Ver *dedo, silbido*.

Tropezarse:

Siempre se ha considerado mal augurio tropezarse. Es signo de mala suerte y de infortunio o de un desastre por venir. Se piensa que, de alguna manera, el destino hace que la persona se tropiece como una advertencia final. Tropezarse en la mañana es un signo de que la mala suerte vendrá durante el día. Tropezarse cerca de la tumba es particularmente malo ya que indica que la persona pronto estará en ella. William Shakespeare hizo alusión a esto cuando Friar Lawrence dijo en *Romeo y Julieta*:

> Cuán frecuente esta noche
> han tropezado mis viejos pies
> en las tumbas.
> (Acto 5, escena 3).

Tropezarse mientras subes las escaleras es de buena suerte, pero es de mala suerte si estás bajando.

Ver *matrimonio, presagio, tumba*.

Trueno:

El sonido del trueno en los oídos de la gente primitiva infundía temor ya que representaba el desagrado de los dioses.

El sonido del trueno se interpretaba de diferentes maneras dependiendo del día de la semana. Se decía que un trueno el lunes predecía la muerte de una mujer. En martes indicaba que la próxima cosecha sería buena. En miércoles mostraba que una persona de mala reputación moriría. En jueves auguraba buena cosecha y abundante. En viernes presagiaba una batalla. En sábado predecía una amenaza importante a la salud, como una epidemia. En domingo manifestaba que un intelectual o una autoridad respetada moriría.

El tañido de las campanas ha sido reconocido como un buen método para eliminar truenos y relámpagos.

Es un buen augurio oír un trueno a la distancia mientras te vas de viaje.

Es de muy buena suerte oír un trueno cuando no hay nubes.

Ver *arco iris, campana, cielo, clima, días de la semana, leche, noviembre, relámpago, roble, septiembre.*

Turquesa:

Cuatro brazaletes de oro y turquesa se descubrieron en el brazo de la momia de la reina egipcia Zer. Estos brazaletes tienen 7 400 años de antigüedad. La turquesa es la piedra natal de diciembre, lo que muestra que sigue siendo muy popular en la actualidad.

La turquesa es una de las piedras más populares del mundo empleada en amuletos y se ha utilizado durante miles de años para atraer la buena suerte. También protege de una gran cantidad de enfermedades y otros problemas. Es una piedra del amor muy popular y se dice que pierde su color cuando el amor se desvanece. En *El Mercader de Venecia* de William Shakespeare, Leah da a Shylock un anillo de turquesa para ganarse su amor. (Acto 3, escena 1).

La tradición de ponerle amuletos de turquesa a los caballos probablemente comenzó en Persia y es todavía una práctica común en los países árabes. Se pensaba que los caballos jalaban al sol a través de los cielos. Dado que el azul de la turquesa le recordaba a la gente el azul del cielo, se volvió un amuleto que usaban los caballos para asegurar su paso y protegerlos del sobre calentamiento y el agotamiento. Estos amuletos para caballos protegían tanto al caballo como al jinete.

Ver *amor, amuleto, caballo, cielo, gemas, piedra de nacimiento*.

Tumba:

Las tumbas se cavaban de forma que los pies del muerto daban al Este y la cabeza al Oeste. Esto significaba que en el Día del Juicio, el ocupante estaría viendo en la dirección correcta para salir de la tumba y caminar hacia el Este.

Una vieja superstición rusa sugiere poner una escalera en la tumba para que el alma pueda subir más rápido al cielo. La escalera debe tener siete peldaños, que corresponden a los "siete cielos".

Es de mala suerte caminar sobre una tumba, particularmente sobre una que tenga a alguien que no haya sido bautizado, ya que puedes sufrir de una enfermedad fatal llamada "enfermedad de la tumba". Samuel Taylor Coleridge se refirió a ello en su balada: "Las tres tumbas":

No guardo buena imagen
de un hombre andando
sobre tumbas;
Es perverso en el sol o en la luna,
¡y mala suerte en la oscuridad!

Comúnmente se ponen coronas de flores en las tumbas. Crean un círculo mágico que evita que el fantasma del finado abandone el ataúd. Las flores también apaciguan a los malos espíritus.

Es de mala suerte recoger flores que crecen en una tumba.

Los gitanos creen que debes ser enterrado en la misma ciudad en la que naciste. Entre más cerca estés de tu lugar de nacimiento, mejor.

Ver *caminar, cólico, Día de San Swithin, escalera, flores, perejil, sombra, suicidio, tejo, tormenta, tropezarse, vampiro*.

Turón de Noruega o lemming:

Los turones de Noruega son roedores pequeños, parecidos a ratas de campo que viven en el Ártico. De vez en cuando se suicidan en masa saltando de los riscos al mar. Se cree que este acto es un indicativo de que un enorme desastre está a punto de ocurrir.

Estos suicidios masivos son involuntarios y son causados por hambre. En su búsqueda de alimento, muchos turones emigran masivamente y se ahogan al tratar de cruzar zonas de agua.

Unicornio:

El unicornio es un animal mítico que se parece a un caballo con un cuerno en la frente. Se considera un símbolo de modestia, castidad y virginidad. Ctesias de Cnido, un médico griego, fue la primera persona que mencionó a los unicornios en un libro que escribió más o menos en el año 398 a. C.

La leyenda dice que sólo una virgen podía atrapar a un unicornio. Entonces lo podía domar, pero solamente si ella sostenía un espejo. Si la joven no demostraba ser virgen, el unicornio la mataría.

Los primeros cristianos representaron a la virgen con María, la madre de Jesús, y al unicornio con Cristo. El cuerno único simbolizaba la unión del Padre y el Hijo. La gente que buscaba al unicornio simbolizaba al Espíritu Santo.

Se creía que el cuerno del unicornio era un antídoto contra cualquier veneno. Una vieja historia cuenta que unos animales estaban cerca de un estanque que había sido envenenado con el veneno de una serpiente. El unicornio llegó e hizo el signo de la cruz sobre el estanque con su cuerno e instantáneamente restableció al estanque a su estado original.

Debido a esta leyenda, el cuerno ha simbolizado, en ocasiones, la cruz de Jesús. La serpiente, por supuesto, representa al demonio y el agua envenenada los pecados del mundo.

Se cree que el polvo del cuerno del unicornio es un afrodisíaco extremadamente poderoso.

Ver *afrodisíaco, agua, castidad, cruz, cuerno, diablo, espejo, víbora, virginidad.*

Uno:

El uno es considerado un número de buena suerte ya que es indivisible y, cuando se multiplica por sí mismo, permanece sin cambio. El uno se asocia con Dios, con el intelecto, la pureza y el sol. Se creía que los niños nacidos el primer día del mes serían emprendedores, independientes y afortunados.

Ver *números, sol.*

Uña:

Se creía que las brujas ejercían su poder sobre quien guardara sus uñas cortadas, ya que éstas eran un ingrediente importante para encantar a alguien con hechizos. Por eso, las uñas cortadas no se podían desechar descuidadamente.

Se debían cortar en tres pedazos o escupir sobre ellas, echándolas a perder para el uso de las brujas.

Las uñas deben ser cortadas en lunes o martes. Cortarlas en viernes o en domingo es de mala suerte, como dice la canción:

Córtalas en lunes,
córtalas por riqueza,
córtalas en martes,
córtalas por salud,
córtalas en miércoles,
córtalas por noticias,
córtalas en jueves,
un par nuevo de zapatos,
córtalas en viernes,
córtalas por desdicha,
córtalas en sábado,
un viaje por hacer,
córtalas en domingo,
córtalas para el diablo,
y sea toda la semana
tanto la cruz como el diablo.

Las uñas de los bebés no se deben cortar hasta que cumplan un año. Si las cortas antes, el niño se hará ladrón. Los marineros no cortan sus uñas (ni su pelo) mientras están en el mar, ya que se arriesgan a provocar una tormenta.

Quemar tus propias uñas se considera un modo efectivo de curarte de varios problemas de salud.

Si cortas las uñas de alguien que no está bien, nunca se recuperará.

Los puntos blancos en las uñas también tienen significado. Un punto en la uña del pulgar significa que pronto recibirás un regalo. Un punto en el índice significa que recibirás la visita de un amigo. Sin embargo, un punto en el medio indica la visita de un enemigo. Un punto blanco en el meñique indica un viaje en el futuro.

Ver *bruja, escupir, hombre lobo, marineros, pelo, tormenta, viernes 13.*

Urraca:

Si llegas a ver una sola urraca es de mal agüero. Si ves una, tienes que desviar el impacto de una inminente fatalidad saludándola de una forma amigable, haciendo una caravana o levantando una mano. También puedes hacer el signo de la cruz en tu pecho o cruzar tus pulgares.

Una canción enumera los significados de los diferentes números de urracas:

Una para la pena,
dos para el regocijo,
tres para una boda,
cuatro para un nacimiento,
cinco para la riqueza,
seis para la pobreza,

siete para una bruja,
no puedo decir más.

Ver *cruz, pájaros, ornitomancia.*

Uvas:

Las uvas crecen en racimos y son consideradas un signo de buena suerte y abundancia. El vino, sangre de la uva, también se considera especial ya que reúne a la gente y ayuda a que las reuniones sean aún más felices.

En muchos países de habla hispana la gente come doce uvas a la media noche del Año Nuevo. Esto asegura doce meses de felicidad y prosperidad en el año por venir.

Una superstición que aún cree mucha gente dice que comer las semillas de la uva causa apendicitis. Esto no es cierto, puesto que la apendicitis es una infección causada por gérmenes.

Ver *Año Nuevo, Viernes Santo, vino.*

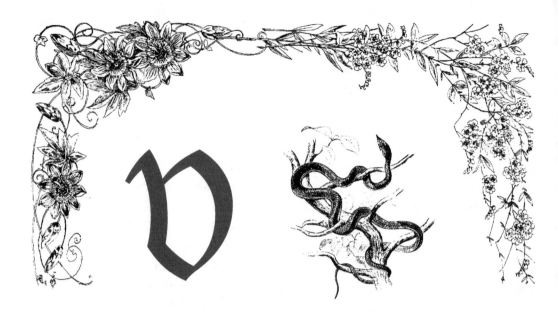

Vaca:

En algunas poblaciones se creía que las vacas conocían el camino al cielo. Por lo tanto, las vacas solían ser incluidas en los cortejos fúnebres en Escandinavia y Alemania.

Si una vaca lame la frente de otra vaca es signo de que el dueño está a punto de morir. También es signo de muerte inminente si una vaca entra en tu propiedad. Tres vacas significan tres muertes. Ésta es una razón más para tener tu puerta cerrada, ¡más si vives en el campo!

Es importante lavar tus manos a conciencia después de ordeñar una vaca. Si no lo haces, no recibirás leche al día siguiente.

Se creía que el aliento de la vaca tiene propiedades curativas y a la gente que sufría de tuberculosis se le animaba a que durmiera con el ganado.

Una vieja superstición inglesa dice que las vacas se arrodillan en Nochebuena para honrar a Jesús. Hablan con voz humana pero quien las oiga, morirá antes de poderle decir a cualquiera lo que escuchó.

Debes sacar a un becerro del granero caminando hacia atrás para evitar que la madre del animal extrañe a su cría.

Ver *avispa, funeral, leche, música.*

Vampiros:

Un vampiro es el cadáver de un criminal que de alguna forma sigue vivo en la tumba. Los vampiros salen en la noche bajo la forma de murciélagos y chupan la sangre de los vivos. Esto les permite vivir para siempre, ya que la sangre evita que sus cuerpos se descompongan. Las víctimas de las mordeduras de vampiro se convierten finalmente también en vampiros. Solamente existen tres formas de matar a un vampiro: quemarlo, decapitarlo o enterrarle una estaca en el corazón.

F. W. Murnau, el director de cine, fue la primera persona que representó a un vampiro en la pantalla, con *Nosferatu*, filmada en 1922. La famosa novela de Bram Stoker, *Drácula*, se ha filmado treinta veces en cincuenta años.

Ver *ajo, corazón, sangre, tumba.*

Varita:

Una varita es un símbolo de autoridad y poder. Las varitas dan autoridad a los magos, hechiceros, brujos, druidas y hadas. En la mitología celta, un druida podía transformar a una persona en algún animal, como en un pájaro o en un jabalí, con solo tocarlo con su varita. En la mitología griega, Hermes, el mago, tenía una varita dorada con la cual podía resucitar a los muertos. Las varitas mágicas comúnmente se hacen de fresno o de castaño y muchas veces tienen inscripciones. En la magia, la varita simboliza al elemento aire.

Ver *aire, elementos, fresno, hada, magia, pájaros.*

Veinte fatal:

Por una increíble coincidencia, cada presidente de Estados Unidos electo en un intervalo de veinte años, entre 1840 y 1960, ha muerto en el trabajo. Esos presidentes son William Henry Harrison (elegido en 1840), Abraham Lincoln (1860), James A. Garfield (1880), William McKinley (1900), Warren G. Harding (1920), Franklin Delano Roosevelt (1940), y John F. Kennedy (1960). Esto hizo que mucha gente creyera en la superstición del veinte fatal. Ronald Reagan, quien derrotó a Jimmy Carter en 1980, finalmente terminó con la superstición.

Vela:

Las velas han tenido una influencia mágica e hipnótica sobre la humanidad desde la Edad de Piedra. Hace casi dos mil quinientos años, los egipcios usaban velas para motivar los sueños precognitivos. El soñador se sentaba en una cueva viendo hacia el sur, mirando la flama de una vela hasta que veía la imagen de un dios o una diosa. Entonces se dormía y la deidad le respondía sus preguntas en forma de sueños.

En la era medieval, los campesinos protegían sus rebaños de las brujas, rodeándolos con velas que habían sido bendecidas por los sacerdotes.

Actualmente, en una fiesta de cumpleaños, el festejado pide un deseo y trata de apagar las velas de un solo soplido para asegurar que se cumpla su deseo. Una forma menos común es que cada invitado a la fiesta pida un deseo en silencio y sople cada quien su vela. Ésta es una manera de hacer magia con las velas y funciona muy bien mientras la gente que lo haga crea en la magia.

Es signo de una boda si una vela se apaga accidentalmente.

Es señal de que una tormenta se acerca si cuesta trabajo encender una vela. El mal clima está por llegar si una vela parpadea en un cuarto sin corrientes.

Una vela extinguida puede, en ocasiones, simbolizar muerte. En una época era común que se enterrara una vela con el cadáver. Esto era para alumbrar el camino hacia el otro mundo. Si la flama de la vela tenía un brillo azuloso, era signo de muerte en la familia.

Ver *boda, campana, libro y vela, Nochebuena, sentido contrario, sueños, tormenta, tres.*

Vendedor:

Los vendedores experimentan rechazos de manera regular. Aunque saben que no son ellos personalmente quienes son rechazados, la cantidad de rechazos puede inhibir que sigan buscando a clientes potenciales. Por lo mismo, muchos de ellos llevan talismanes, especialmente monedas de la suerte. Algunos usan ropas específicas que usaron cuando hicieron una venta importante. Esto puede incluir un atuendo completo, pero es más común que sea una corbata especial o un par de calcetines.

Ver *encantamientos, moneda, ropas.*

Ventana:

La gente es más vulnerable cuando está dormida. Se consideraba que era un momento peligroso ya que durante miles de años la gente creía que los malos espíritus y los demonios vagaban por la Tierra durante la noche. Hasta la Biblia confirmaba "el terror de la noche" (Salmo 91, 5). Por eso, la gente mantenía sus ventanas cerradas y selladas durante la noche para evitar que los malos espíritus entraran.

Se dice que las ventanas se deben mantener abiertas cuando alguien en la casa se está muriendo. Esto permite que el alma deje el cuerpo y vaya al cielo sin ningún impedimento. Las ventanas también se deben mantener abiertas durante una tormenta violenta, ya que esto hace posible que los relámpagos se alejen de la casa.

Ver *relámpagos, tormenta*.

Ventilador:

En Corea, se considera una amenaza para la vida dormir en un cuarto con la puerta y las ventanas cerradas y un ventilador prendido. Un amigo mío norteamericano que vivió en Corea se ofreció a hacer esto para probar que la experiencia no lo mataría, pero sus amigos coreanos bien intencionados se rehusaron a permitir que se llevara a cabo el experimento, por el gran temor a que perdiera la vida.

Verbena:

La verbena es una hierba que a veces es conocida como la "planta del encantador". Se ha utilizado para la magia durante miles de años. Los antiguos romanos creían que apoyaba la fertilidad y que tenerla en sus casas alejaba el mal. Los persas pensaban que la gente que la llevaba recibiría la amistad y el afecto de todo el mundo con quien se cruzara. La verbena era tan sagrada para los druidas que cualquiera que cortara una tenía que poner un panal inmediatamente en ese lugar.

La verbena se sigue usando en rituales mágicos y también se utiliza para proteger a la gente de pesadillas y relámpagos.

La verbena funciona igualmente como un afrodisíaco. Todo lo que tienes que hacer es poner unas cuantas semillas de verbena en una pequeña bolsa y llevarla en tu cuello.

Un té de verbena curará el insomnio.

Ver *afrodisíaco, insomnio, pesadilla, relámpago.*

Verde:

Como el verde es el color de la naturaleza, siempre ha simbolizado la fertilidad y la abundancia. Sorprendentemente, también se le considera el más desafortunado de todos los colores. Esto es porque se cree que las hadas, los duendes, los *pixies* y otros espíritus visten de verde. Viven bajo tierra y le dan su color a todo lo que crece cada primavera. Toman su responsabilidad con seriedad y causan buena suerte a cualquiera que se atreva a usar su color.

Los irlandeses solían creer en esto también. Tuvo que ser San Patricio el que cambiara la creencia. Les enseñó que Dios había creado el trébol, una planta de tres hojas o trifoliada, para ilustrar la Trinidad. El verde de pronto se vio favorecido nuevamente y ahora es el color nacional de Irlanda.

Una explicación más lógica sobre el desagrado de lo verde es el hecho de que el verde es el color de la naturaleza. Las plantas verdes florecen en la primavera y el verano pero pierden sus hojas y se vuelven negras, el color de la muerte, en el invierno. Puedes evitar la muerte final si no tienes nada verde en tu casa o en tu persona.

A los actores y actrices les desagrada el verde, especialmente en el escenario.

Durante la Segunda Guerra Mundial, Winston Churchill, quien era primer ministro de Gran Bretaña, le dio a alguien diez libras para deshacerse de un suéter verde.

Ver *actores y actrices, hada, muerte, negro, pixies.*

Verruga:

Las verrugas son infecciones virales de la piel. Las verrugas eran peligrosas en la época jacobina ya que se consideraban marcas del diablo y se creía que las tenían las brujas. Por lo mismo, había muy buenas razones para deshacerse de ellas en esa época.

La superstición brinda muchos remedios para librarse de las verrugas. Éstas van desde escupir sobre ellas cada mañana, hasta enterrar una bolsa que tenga tantas piedras como verrugas tenga tu cuerpo. Un método curioso es frotar las verrugas contra un hombre que ha tenido un hijo fuera del matrimonio. Sin embargo, es importante que no se dé cuenta de que lo estás haciendo. Otra cura es robar un trozo de carne, frotarlo contra la verruga y luego enterrarlo. También puedes frotar la verruga mientras pasa un cortejo fúnebre. La verruga desaparecerá después de que haya llovido nueve veces.

Un remedio que parece funcionar es hablar con las verrugas y decirles que se encojan. Un experimento interesante que desarrollaron varios psicólogos, encabezados por el doctor Nicholas P. Spanos, profesor de la Universidad de Carleton en Ottawa, Canadá, en 1990, demostró la eficiencia de la hipnosis para curar las verrugas. Se hipnotizó a 10 voluntarios y se les dijo que sus verrugas estaban encogiéndose. A otros diez les pintaron las verrugas con ácido salicílico. A un tercer grupo de diez se les administró un placebo y el último grupo no recibió ningún tratamiento. Después de seis semanas, seis de los diez voluntarios hipnotizados habían eliminado al menos una de sus verrugas, tres en el último grupo y una en el de los voluntarios que recibieron un placebo. Lo interesante es que

ninguno de los voluntarios que usaron ácido salicílico perdieron ni una sola.

Claro que nada de esto es necesario si de inicio evitas contraer una verruga. Una buena manera de empezar es no tocar a los sapos. Dado que su piel es como una verruga, se les considera la primera causa de tener verrugas. Además, nunca debes lavarte las manos con agua que se haya utilizado para cocer huevos.

Ver *abracadabra, agua bendita, chícharo, diablo, encantadores, hilo, huevos, lengua, Viernes Santo, virginidad.*

Vestido de boda:

Tradicionalmente las novias se casan de blanco para simbolizar la pureza, la castidad y la inocencia. Sin embargo, el blanco representaba la alegría para los antiguos griegos, quienes a veces llegaban a pintar sus cuerpos de blanco antes de casarse.

Se cree que la seda es el material más afortunado para un vestido de novia. El satín es un signo de mala suerte mientras que el terciopelo indica pobreza y lucha durante toda la vida.

La novia no debe probarse el vestido antes de la boda. Como

esta superstición genera problemas, se generó una variante. La novia puede probarse el vestido mientras no use todo lo que está pensando usar el día de su boda. Si no se pone un zapato o un guante, todo estará bien. Aún más, no debe verse en un espejo de cuerpo completo.

Es importante que el novio no vea el vestido de boda hasta que mire a la novia en el altar.

Ver *alfiler, espejo, guante, novia, zapato.*

Vestir:

Es de buena suerte meter tu brazo derecho en una prenda, antes que el izquierdo. Pero debes ponerte tu calcetín izquierdo antes que el derecho. Da mala suerte coser un botón o hacer un arreglo a tu ropa antes de usarla.

Si accidentalmente te abotonas de forma equivocada, debes desabotonarte y quitarte la prenda para evitar mala suerte. Luego vuelve a ponerte la ropa. Da buena suerte ponerte una prenda al revés y dejártela así todo el día para conservar la buena suerte.

Ver *botón.*

Viaje:

San Cristóbal es el santo patrono de los viajeros y mucha gente lleva una medalla de San Cristóbal para tener buena suerte y protección en los viajes. Otras personas llevan otro tipo de talismanes como los tréboles de cuatro hojas, para preservar su seguridad.

Comenzar un viaje en viernes se considera de mala suerte. El viernes 13 es aún más cargado de peligro. Las posibilidades de quedarse en un hotel en un treceavo piso son muy bajas, ya que la mayoría de los hoteles le ponen el número catorce a este piso. Esto evita cualquier posibilidad de que los huéspedes se quejen de su infortunio culpando al hotel por acomodarlos en el piso trece.

Cuando se comienza un viaje, no mires hacia atrás, hacia tu casa. Esto provoca que la mala suerte dure hasta que regreses. También es desafortunado comenzar un viaje y tener que regresar por algo que se te olvidó.

Es de mala suerte despedirse de alguien con la mano y seguir viendo a la persona hasta que la pierdas de vista. Esto aumenta las posibilidades de que no la vuelvas a ver.

Ver *comezón, encantamientos, San Cristóbal, suerte, trébol, viernes, viernes 13.*

Víbora:

La gente ha considerado a la víbora como un símbolo del mal por tanto tiempo, que nadie sabe dónde o cuándo comenzó esto. Una víbora fue la villana del Jardín del Edén. Se cree también que las víboras tienen poderes sobrenaturales. Se piensa erróneamente que las víboras hipnotizan a su presa, escupen veneno usando sus lenguas viperinas y nunca se mueren antes del atardecer. Las víboras tampoco se pueden encantar con la música. Los encantadores de serpientes crean un movimiento pendular en las serpientes con los movimientos de sus manos y cabezas.

Se considera de mala suerte que cruce una víbora frente a ti. También es de mala suerte soñar con víboras.

No es cierta la creencia de que las víboras andan en parejas.

Ver *boda, jaspe, lagartija, serpiente, sirviente, unicornio.*

Viento:

Los marineros tenían un fuerte interés por invocar al viento cuando no lo había. Rascar el mástil del barco era un método. Otro método posible, con cierto peligro, era silbar suavemente. Silbar fuerte tenía el riesgo de generar un vendaval. También se podía causar viento arrojando una moneda desde cubierta.

Ver *barcos, cielo, elementos, marineros, moneda, sauce, silbido.*

Viernes:

El viernes es considerado un día desafortunado y el viernes 13 es el más desafortunado de todos. Se cree que el viernes es el día en que Eva le ofreció la manzana a Adán. Jesús fue crucificado en un viernes y algunas personas creen que el viernes fue el día en que zarpó Noé.

Las brujas tienen sus aquelarres en viernes. Se dice que los accidentes y contratiempos son más comunes en viernes. Mucha gente no empieza un nuevo proyecto ni viaja en viernes.

Un viejo dicho advierte que la gente que se ríe en viernes llorará el domingo. Los niños que nacieron en viernes tendrán mala suerte, pero poseen dones psíquicos y curativos.

Lord Byron (1788-1824), el poeta inglés, consideraba al viernes como un día de mala suerte y aún así zarpó a Italia en viernes. Murió de malaria poco tiempo después: un viernes.

Sin embargo, no todos consideran al viernes como un día de mala suerte y hay varias razones por las que los norteamericanos lo consideran un día de buena suerte. Cristóbal Colón dejo España un viernes 3 de agosto de 1492 y vio el Nuevo Mundo un viernes 12 de octubre. El *Mayflower* llegó a Provincetown un viernes 10 de noviembre de 1620 y el viernes 22 de diciembre de 1620, los primeros colonizadores llegaron a Plymouth Rock.

Ver *actores y actrices, aquelarre, bruja, cama, negocios, trece, urraca, viaje, viernes 13.*

Viernes 13:

Como el viernes 13 combina dos supersticiones, es un día extremadamente difícil para muchas personas. En Ohio hay trece actividades que nunca debes hacer en viernes 13:

Nunca debes cortarte las uñas. Si lo haces, te dará dolor de muelas.

No debes estornudar. Si lo haces, provocarás tristeza en el futuro cercano.

No debes usar una escoba para limpiar tu casa, ya que esto te dará mala suerte.

No debes coser nada. Morirás antes de usar la prenda cosida.

No debes empezar un viaje. Sufrirás un infortunio si comienzas tu viaje ese día.

Es de mala suerte pagar deudas en viernes 13.

Si te ríes ese día, llorarás el domingo.

Si tiras sal ese día, te pelearás con alguien.

No debes aprender nada nuevo. Si lo haces tendrás una nueva arruga en tu cara.

Te dolerá un diente si lavas tus manos y tu cara a menos que te seques las manos antes que tu cara.

No debes cortarle a nadie el pelo. Te involucrarás en los problemas del otro si lo haces.

No debes plantar nada en tu jardín. Todo lo que plantes en viernes 13 morirá.

Es una pérdida de tiempo ir a pescar ese día, porque no pescarás nada.

Este catorceavo consejo se da para evitar la triscaidecafobia (miedo al número trece): es de mala suerte darte vuelta en la cama ese día.

Ver *béisbol, coser, dolor de muela, escoba, estornudar, mano, pelo, pescar, risa, sal, trece, uña, viaje.*

Viernes Santo:

Viernes Santo, es uno de los días más sagrados del calendario cristiano. El suelo no debe ser perturbado ese día, siendo un mal día para sembrar. La calabaza, la lechuga, el perejil, los rábanos y los tomates son la excepción a la regla, como lo son cualquier planta que cuelga como los frijoles y las uvas. Sin embargo, la creencia opuesta se aplica en el oeste de Estados Unidos. El Viernes Santo se considera un día perfecto para plantar papas. Es mejor aún plantarlas ese día bajo la luz de la luna.

El Viernes Santo es un día desafortunado para nacer. También es desafortunado para los herreros trabajar con clavos en Viernes Santos. Los niños no deben trepar a los árboles tampoco, ya que la cruz de Jesús se hizo de madera. Sin embargo, cualquier deseo pedido a las 3:00 pm, la hora en que murió Cristo, será concedido.

El Viernes Santo es el mejor día del año para destetar a los bebés. También es un buen día par salir a pescar y para curarse las verrugas.

La curación de las verrugas implica levantarte en la mañana y cortar una papa a la mitad. Frota la papa contra la verruga y luego dásela de comer a una vaca. Mientras no le hables a nadie desde que te levantes hasta que la vaca se termine de comer la papa, la verruga desaparecerá.

Se cree que un bollo caliente en forma de cruz guardado de un Viernes Santo al otro protege a la casa y sus habitantes de los daños causados por el fuego.

Ver *anillo, bebé, calabaza, cruz, fantasmas, frijoles, fuego, lavar, luna, pan de cruz, papa, pastel, perejil, pescar, tomate, uña, uva, verruga.*

Vino:

El vino ha sido una bebida popular durante miles de años. Los antiguos creían que el vino contenía espíritus que se activaban cuando se bebía. Podías sentir los efectos del espíritu cuando te intoxicabas. Por lo mismo, era de mala suerte derramar el vino ya que esto era un signo de infortunio. Afortunadamente, había un remedio. Podías frotar algo del vino tras tus orejas usando el dedo medio de tu mano derecha.

Algunas personas todavía ven vinos espumosos con sospecha. Si se derrama un poco, debes tocarte la oreja con él y pedir un deseo.

El vino se debe pasar en la mesa en el sentido de las manecillas del reloj, usando tu mano derecha. Esto trae buena suerte a todos en la mesa.

Derramar una copa de vino en el mar, calma de inmediato una tormenta.

Se cree que el vino cura muchas dolencias incluyendo la migraña, los resfriados, las fiebres y la rabia. En el caso de la rabia, se tienen que añadir al vino pocos pelos de un perro rabioso. Se pensaba que el vino de consagrar es particularmente bueno para curar los problemas de salud de los niños.

Ver *barcos, brindis, dedo, mano, oreja, pelo, perro, resfriados, romero, tormenta, uva.*

Violeta:

La violeta simboliza la modestia. En el lenguaje de las flores, una violeta blanca simboliza la inocencia y una azul es un signo de amor ferviente. Al igual que los narcisos, las violetas llevan la buena suerte a las casas cuando se dan en ramos. Sin embargo, una violeta solitaria atrae la mala suerte. También es de mala suerte que las violetas florezcan fuera de temporada. Se dice que esto indica la muerte del propietario de la casa.

En la mitología griega, Venus se dio cuenta del gusto que tenía Cupido por las violetas blancas y en un golpe de celos las convirtió en moradas.

Las violetas estuvieron prohibidas en Francia durante muchos años después de la derrota de Napoleón. Esto porque él las usaba como insignia de honor.

Ver *flores, muerte, narciso, pervenca.*

Virginidad:

En una época, la virginidad era la única posesión valiosa que tenía la mujer. Se creía que tenía propiedades sobrenaturales. Se pensaba que las vírgenes eran las únicas personas que podían domar y alimentar a dragones, serpientes y unicornios. También, que las vírgenes tenían la capacidad de ver al sol sin que les afectara y caminar entre enjambres de abejas o de avispas sin que las picaran. Las vírgenes tenían el poder de curar las verrugas y otras dolencias solamente tocando la parte afectada.

Dado que la virginidad era tan preciada, se hacían un buen número de pruebas para determinar si una mujer era virgen. Se juzgaba que la mujer había perdido la virginidad si le crecían muy grandes los senos o se le olvidaba poner la sal en la mesa del comedor. Si una mujer era todavía virgen necesitaría orinar inmediatamente después de beber o comer cualquier cosa que tuviera una pequeña cantidad de carbón en polvo.

Una extraña creencia de Europa central dice que una mujer vuelve a ser virgen después de tener a su séptimo hijo, pero ilegítimo.

Ver *abejas, carbón, sal, serpiente, sol, unicornio, verrugas.*

Virgo:

Virgo es el sexto signo del zodiaco. Su símbolo: la virgen. Su elemento la tierra y su gema es el zafiro. La frase clave para Virgo es: "Yo analizo."

Los Virgo son modestos, realistas, con un acercamiento inteligente hacia la vida. Les encanta el trabajo detallado y preciso y constantemente buscan la perfección. Pueden ser críticos, tanto con ellos como con los demás, cuando sus altos estándares no se cumplen. Los nacidos en Virgo disfrutan tras bambalinas. Muy pocas veces buscan el reflector pero no temen enfrentarse a nada cuando su sentido de honestidad y justicia se ve afectado.

Ver *astrología, elementos, gemas, tierra, zafiro, zodiaco.*

Víspera del verano:

La víspera del verano tiene lugar el 21 de junio, la noche previa al solsticio de verano. En la época de los paganos se encendían unas hogueras enormes esa noche para ayudar al sol, ya que empezaba a perder su fuerza y su poder. La gente saltaba sobre las flamas creyendo que esto ayudaría a las cosechas y al bienestar de los participantes. A veces se llevaban antorchas encendidas por los campos para asegurar que las cosechas estuvieran protegidas totalmente.

La víspera del verano es uno de los momentos más importantes para cualquier proyecto mágico. Es un buen momento para conseguir un amuleto, especialmente los filtros de amor ya que los espíritus que rondan en esta época los ungen con una potencia adicional. Las hierbas que se recogen a medianoche traen buena suerte y protegen de una gran variedad de calamidades potenciales.

La hierba de San Juan se cosecha en ese momento y se cuelga en las puertas para evitar que entren los malos espíritus. Las mujeres que tienen dificultad para embarazarse pueden ir a su jardín la víspera del verano y recoger una rama de la hierba de San Juan. La mujer tiene que estar desnuda para que esto funcione.

Dado que la víspera del verano marca el comienzo del descenso del sol, las fuerzas de la oscuridad también están presentes esta noche. Las brujas tienen reuniones esta noche y adivinan el futuro. Como estos eventos tienen lugar cerca de los nogales, la gente se mantiene alejada de ellos.

El calendario cristiano adoptó esta fiesta y le dio el nombre de Víspera de San Juan. Las costumbres paganas primitivas de sacrificio de animales se abandonaron para reemplazarse con una corona de hierbas. Estas coronas contenían tanto buenas como malas hierbas. Las buenas que se usaban tenían virtudes medicinales, mientras que las malas eran yerbas y plantas que se consideraban como tales por sus características negativas.

Hasta los listones que se usaban para atar las plantas tenían un significado simbólico. Un listón blanco simbolizaba la fuerza; el verde, conocimiento y sabiduría; el azul, amor; el rojo, sacrificio; y el amarillo, el sol.

Se pensaba que la gente que pasaba la noche en el pórtico de una iglesia podía ver visiones fantasmales de la gente de la parroquia que moriría en los próximos doce meses.

Ver *bruja, encantamientos, hierba de San Juan, iglesia, junio, nuez, sol.*

Viuda:

Las viudas siempre se han considerado desafortunadas y en una época la gente evitaba invitarlas a las bodas para no afectar la futura felicidad de los novios. Se piensa que el espíritu del primer marido de una viuda nunca desaparece y que éste se le aparecerá a la viuda y a su siguiente marido. No es de sorprender que esto pueda causar desacuerdos y tensión en la nueva relación. Un posible remedio para esto es que el novio haga el mayor ruido posible durante la boda para alejar al espíritu del primer marido.

Ver *boda, novia.*

Vudú:

El vudú es una religión mágica practicada por mucha gente en el Caribe y en el sur de Estados Unidos. Es una combinación interesante de catolicismo y magia africana.

Los sacrificios de animales, la posesión de los espíritus, la brujería, la magia sexual y los trances chamánicos son factores importantes del vudú.

Las muñecas de vudú se siguen fabricando para simbolizar a quien va a ser hechizado. Estas muñecas son torturadas, sabiendo que el dolor lo recibirá la persona a quienes representan.

Los sacerdotes vudú tienen el poder de resucitar muertos y convertirlos en zombis.

Ver *gris-gris, zombis.*

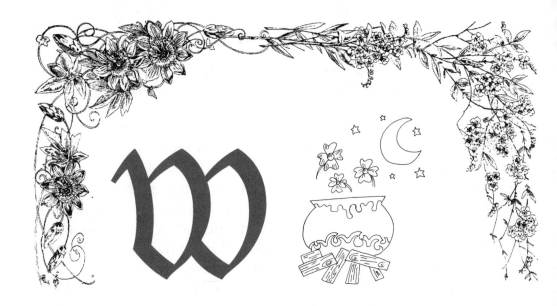

Wicca:

La palabra *wicca* viene del celta *wicce*, que significa sabio. Wicca es el término que se da a la brujería moderna. Sin embargo, se puede describir con más exactitud a la Wicca como una religión neopagana. Se basa en antiguas tradiciones paganas, pero su forma actual data de los años cincuenta, cuando la brujería experimentó un importante resurgimiento dirigido por Alex Sanders (1926-1988) y Gerald Gardner (1884-1964). Estos dos hombres combinaron una serie de creencias en un sistema organizado y consistente. Existen muchas escuelas de Wic-ca en la actualidad, practicantes de la magia blanca y la religión natural pagana.

Las creencias wiccanianas incluyen la práctica del *Wiccan Rede* y la ley del triplicado. *Rede* es una antigua palabra inglesa que significa "consejo". El *Wiccan Rede* dice contundente: "Mientras no dañes a nadie, haz lo que quieras." La ley del triplicado dice que lo que ordenes en un conjuro, se regresará por triplicado sea bueno malo, violento o amoroso. Esto es un incentivo fuerte para enviar únicamente pensamientos y conjuros positivos y está basado en la ley del karma.

Muchos wiccanianos se auto-nombran brujos y practican la magia blanca, elaborando conjuros curativos para la prosperidad y el ambiente. La mayoría de los wiccanianos ejecutan rituales, tanto individualmente como en grupos, para honrar y santificar la tierra. Muchos wiccanianos son practicantes solitarios, sea por decisión propia o por las circunstancia. Se les llama "brujos cercados". Esto viene de los días en los cuales las brujas plantaban espinos alrededor de sus casas para generar una frontera sagrada.

Ver *agua, anj, bruja, brujería, elemental, espino, fresno, hechizo, magia, sirviente, tierra.*

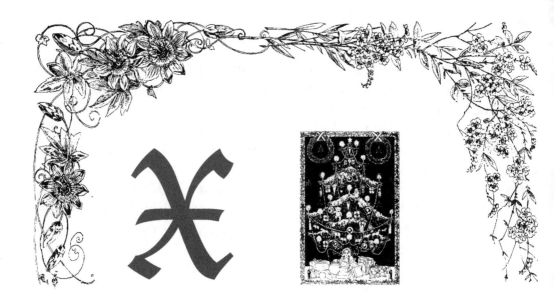

X en la palma de mí mano:

Mucha gente cree que puede determinar el número de hijos que tendrá una persona contando el número de cruces que encuentre en la palma de la mano de la persona. Los quirománticos no aceptan esta creencia. Determinan el número de niños contando las delgadas líneas verticales bajo el meñique. En las manos de una mujer estas líneas indican el número potencial de niños que puede tener, más que el número real. En los hombres indica el número de niños que probablemente tenga.

Xmas:

Hace muchos años, me dijeron que la forma de escribir Navidad en inglés, *Christmas*, como *Xmas*, la inventaron los paganos ya que sacaron la palabra Cristo de *Christmas*.

Zafiro:

El zafiro es una gema de corindón que puede ser incolora o de cualquier color, con excepción del rojo. Comúnmente es azul (al corindón rojo se le llama rubí). El color azul del zafiro se relaciona con la tranquilidad, la castidad y la inocencia. Por estas cualidades, el papa Inocencio III (1160-1216) requirió que sus obispos llevaran anillos con zafiros.

Se cree que los zafiros mejoran la concentración y la claridad de pensamiento. También se usan para eliminar pústulas y ayudan a los problemas oculares. Quienes hacen actualmente terapias con cristales usan al zafiro para tratar la anemia y los desórdenes sanguíneos.

Ver *aniversarios de boda, castidad, gemas, ojo, rubí, sangre.*

Zanahoria:

En una época, las zanahorias eran muy codiciadas como afrodisíacos y siempre se pensó que tenían propiedades mágicas. La superstición más conocida relacionada con las zanahorias es el mito de que comer zanahorias mejora la vista. Durante la Segunda Guerra Mundial, la Real Fuerza Aérea de la Gran Bretaña llevó a cabo algunos experimentos para ver si las zanahorias mejoraban la vista en la noche. Las zanahorias tienen vitamina A, que ayuda al púrpura visual, un pigmento en la retina que es esencial para tener una visión efectiva con poca luz. Como los resultados no fueron concluyentes, se abandonaron los experimentos. Pero se difundió la noticia de que los pilotos británicos eran superiores a los alemanes porque comían grandes cantidades de zanahorias, lo cual les permitía ver en la oscuridad.

Ver *afrodisíaco.*

Zapatos:

Los zapatos se consideran de buena suerte. De aquí surge la costumbre de amarrar una bota vieja a la parte de atrás del coche nupcial.

Se piensa que es de mala suerte poner los zapatos en la mesa o dejarlos cruzados en el piso. Es particularmente peligroso caminar con un solo zapato ya que es probable que lleve a la muerte a alguno de tus padres. También es de mala suerte si una agujeta se desata cuando estás paseando.

Es de buena suerte pisar sobre las puntas de un par de zapatos nuevos. Recuerdo que hacía esto en la escuela y recientemente vi a mi nieta pararse en los zapatos nuevos de un amiga para darle buena suerte.

Una buena cura para las pesadillas es poner un par de zapatos en la entrada de tu recámara, con un zapato apuntando hacia adentro del cuarto y otro hacia fuera. Esto confunde al diablo, responsable de los malos sueños.

Ver *agujetas, cólico, cruz, diablo, imán, mesa, muerte, pesadilla, teatro, trébol, vestido de novia, zapatos de bebé.*

Zapatos de bebé:

Muchos choferes de camión que cruzan largas distancias cuelgan un par de zapatos de bebé dentro de las cabinas de sus camiones como amuleto para protegerse de los accidentes. Estos zapatos pueden ser zapatos de bebé reales o miniaturas hechas de plata.

Ver *amuleto, plata.*

Zarzamora:

Se considera de mala suerte comer zarzamora después del 30 de septiembre. Esto se debe a que el diablo entra en ellas en ese día. Aparentemente, el diablo se enredó dentro de una planta de zarzamora cuando fue expulsado del paraíso y maldijo a la desafortunada planta. A la pobre zarzamora se le ha asociado con el mal, ya que es de color negro.

Ver *demonio, negro*.

Zoantropía:

La zoantropía viene del griego *zoion*, que significa "animal". La zoantropíaes la creencia de que los humanos se pueden transformar en animales y adquirir temporalmente las características de ese animal.

Ver *hombre lobo, licantropía*.

Zodíaco:

El concepto de zodiaco data de al menos cuatro mil años. Es una rueda imaginaria en el cielo que divide el año en doce constelaciones o signos. El Sol, la Luna y otros planetas parecen viajar alrededor de este círculo imaginario. Los signos del zodiaco están determinados por la fecha de nacimiento de la gente y la mayoría de las personas conoce su signo del zodiaco. Los signos son:

Aries: 21 de marzo – 20 de abril.
Tauro: 21 de abril – 20 de mayo.
Géminis: 21 de mayo – 20 de junio.

Cáncer: 21 de junio – 22 de julio.
Leo: 23 de julio – 22 de agosto.
Virgo: 23 de agosto – 22 de septiembre.
Libra: 23 de septiembre – 22 de octubre.
Escorpión: 23 de octubre – 22 de noviembre.
Sagitario: 23 de noviembre – 21 de diciembre.
Capricornio: 22 de diciembre – 21 de enero.
Acuario: 22 de enero – 19 de febrero.
Piscis: 20 de febrero – 20 de marzo.

Cada signo del zodiaco da una idea del carácter y la disposición de la persona que nació en éste. Dado que los signos tienen ciertas características en común, pueden reunirse en grupos. La gente que nació bajo signos de fuego (Aries, Leo y Sagitario) se consideran entusiastas, independientes y motivados. Los signos de la tierra (Tauro, Virgo y Capricornio) son confiables, dependientes y conservadores. Los signos de aire (Géminis, Libra y Acuario) son idealistas y comunicadores intelectuales. Los signos de agua (Cáncer, Escorpión y Piscis) son intuitivos, emotivos y receptivos.

Ver *agua, aire, astrología, zodíaco, fuego, luna, sol, tierra.*

Zombi:

Zombi significa "muerto viviente". Un zombi era originalmente un dios en algunos países de África, particularmente en el Congo. Sin embargo, el término se convirtió en parte integral de la magia vudú y denota a un cadáver encantado y vuelto a la vida, restaurando temporalmente su alma por medio de un mago o hechicero quien tiene el control sobre el zombi.

Las únicas personas que se pueden convertir en zombis son las que tuvieron una muerte que no fue natural. La única manera de evitar que esta gente se vuelva zombi es matándola simbólicamente por segunda vez. Esto frustra al hechicero pues no podrá revivir al cadáver.

Ver *cadáver, muerte, vudú.*

Zorro:

En todo el mundo se considera a los zorros como animales astutos. No se confía en ellos y en el pasado la gente creía que las brujas se podían convertir en zorros.

Algunas personas creen aún que cuando llueve, mientras brilla el sol, dos zorros se están "casando".

Es de buena suerte ver un solo zorro cuando estás lejos de casa. Hace algunos años, me sorprendió ver a un zorro en el centro de Londres. La gente con la que estaba, todos residentes de Londres, lo consideraron un augurio extremadamente positivo. Aunque ver a un zorro es bueno, es de mala suerte ver varios. Esto es signo de que algo extremadamente malo va a suceder. También es de mala suerte ver a un zorro acechando cerca de tu casa.

Ver *bruja, lluvia, sol.*

Zumbido de oídos:

Si sientes que sufres un zumbido de oídos es porque alguien te ha embrujado, puedes detenerlo nombrando a toda la gente que conoces. Cuando digas el nombre de la persona que te embrujó, el zumbido se detendrá. Puedes en ese momento, incluso, pedir un deseo. Sin embargo, una mejor solución es desamarrar las agujetas de tus zapatos y volverlas a amarrar.

Ver *agujetas, hechizo.*

Bibliografia

ANDREWS, TAMRA. *Nectar & Ambrosia: An Encyclopedia of Food in World Mythology.* Santa Barbara: ABC-CLIO, 2000.

ASHLEY, LEONARD R.N. *The Wonderful World of Superstition, Prophecy and Luck.* New York: W. W. Norton and Company, 1984.

BECK, HORACE P. *The Folklore of Maine.* Philadelphia: J. B. Lippincott Company, 1957.

BENITEZ, ARMANDO. Sheer *Superstition: Outmaneuvering Fate.* Charlottesville, VA: Hampton Roads Publishing Company, 2000.

BONERJEA, BIREN. *A Dictionary of Superstitions and Mythology.* London: Folk Press, 1927.

BRASH, R. *How Did It Begin? Customs and Superstitions and Their Romantic Origins.* New York: David McKay Company, 1965.

BROWN, RAYMOND L. *A book of Superstitions.* Devon, UK: David and & Charles, 1970.

BROWN, W. J. *The Gods Had Wings: Legends, Folklore and Quaint Beliefs about Birds.* London: Constable and Company, 1936.

CARADEAU, JEAN-LUC, and Cécile Donner. *The Dictionary of Superstitions.* New York: Henry Holt and Company, 1987.

CASHFORD, JULES. *The Moon: Myth and Image.* London: Cassell Ilustraded, 2002.

CHAMBERS, R., ed. *The Book of Days: A Miscellany of Popular Antiquities* (two volumes). London: W. & R. Chambers, 1866.

CHAUNDLER, CHRISTINE. *Every Man's Book of Superstitions.* New York: Philosophical Library, 1970.

COHEN, DANIEL. *Superstition.* Mankato, MN: Creative education Press, 1971.

COLIN, DIDIER. *Dictionary of Symbols, Myths and Legends.* Trans. Wendy Allatson and Sue Rose. London: Hachette Illustrated UK, 2000.

COWAN, LORE. *Are you Superstitious?* London: Leslie Frewin Publishers, 1968.

DE LYS, CLAUDIA. *A Treasury of American Superstitions.* New York: Philosophical Library, 1948.

DI STASI, LAWRENCE. *Mal Occhio: The Underside of Vision.* San Francisco: North Point Press, 1981.

DORSON, RICHARD M. *American Folklore.* Chicago: The University of Chicago Press 1959.

DOSSEY, DONALD E. *Holiday Folklore, Phobias and Fun.* Los Angeles: Outcomes Unlimited Press, 1992.

DUNKLING, LESLIE ALAN. *Our Secret Names: What They Reveal about Ourselves and Others.* London: Sidgwick and Jackson, 1981.

FERM, VERGILIUS. *A Brief Dictionary of American Superstitions.* New York: philosophical Library, 1965.

FIELDING, WILLIAM J. *Strange Superstitions and Magical Practices.* Philadelphia: The Blakiston Company, 1945.

FOWLER, MARIAN. *Hope: Adventures of a Diamond.* New York: The Ballantine Publishing Group, 2002.

FRAZER, JAMES. *The Golden Bough: A Study in Magic and Religion* (abridged edition). London: Mcmillan and Company, 1922.

FREUD, SIGMUND. *Totem and Taboo.* London: Routledge & Kegan Paul. 1950.

GAY, KATHLYN. *They Don't Wash Their Socks! Sports Superstitions.* New York: Avon Books, 1990.

GILL, ALEC. *Superstitions: Folk Magic in Hull's Fishing Community.* Beverley, UK: Hutton Press, 1993.

HAINING, PETER. *Superstitions.* London: Sidgwick & Jackson, 1979.

HAZLITT, W. C. *Dictionary of Faiths and Folklore.* London: Reeves and Turner, 1905.

HEAPS, WILLARD A. *Superstition!* New York: Thomas Nelson, 1972.

HILL, DOUGLAS. *Magic and Superstition.* London: The Hamlyn Publishing Group, 1968.

HOLE, CHRISTINA. *A Dictionary of British Folk Customs.* London: Granada Publishing, 1979.

IGGLESDEN, CHARLES. *Those Superstitions.* London: Jarrolds Publishers, 1932.

JAHODA, GUSTAV. *The Psychology of Superstition.* London: Penguin Books, 1969.

JOHNSON, CLIFTON. *What They Say in New England and Other American Folklore.* Boston: Lee and Shepherd, 1986 (Reprinted by Columbia University Press, New York, 1963.)

JONES, WILLIAM. *Credulities Past and Present.* London: Chatto and Windus, 1880.

KENDALL, LEO P. *Diamonds Famous and Fatal: The History, Mystery and Lore of the World's Most Precious Gem.* Fort Lee, NJ: Barricade Books, 2001.

KUNZ, GEORGE FREDERICK. *The Curious Lore of Precious Stones.* Philadelphia: J. B. Lippincott Company, 1913.

LACHENMEYER, NATHANIEL. *13: The Story of the World's Most Popular Superstition*. New York: Thunder's Mouth Press, 2004.

LASNE, SOPHIE, and ANDRÉ PASCAL GAULTIER. *A Dictionary of Superstitions*. New York: A. S. Barnes and Company, 1984.

LEACH, MARIA. *The Luck Book*. Cleveland, OH: World Publishing, 1964.

LEWIS, DON. *Religious Superstition through the Ages*. London: A. R. Mowbray & Company, 1975.

LIN, HENRY B. *What Your Face Reveals: Chinese Secrets of Face Reading*. St. Paul, MN: Llewellyn Publication, 1999.

LORIE, PETER. *Superstitions*. New York: Simon & Schuster, 1992.

MAPLE, ERIC. *Superstition and the Superstitious*. London: W. H. Allen & Company, 1971.

MEERLOO, JOOST A. M. *Intuition and the Evil Eye*. Wassenaar, Netherlands: N. V. Servire Publisher, 1971.

MILLER, CAREY. *Superstitions*. London: Piccolo Books, 1977.

MORRIS, DESMOND. *Body Guards: Protective Amulets and Charms*. Shaftesbury, UK: Element Books, 1999.

OPIE, IONA, and MOIRA TATEM. *A Dictionary of Superstitions*. New York: Oxford University Press, 1993.

PAINE, SHEILA. *Amulets: A world of Secret Powers, Charms and Magic*. London: Thames & Hudson, 2004.

PERL, LILA. *Blue Monday and Friday the Thirteenth*. New York: Clarion Books, 1986.

PICKERING, DAVID. *Dictionary of Superstitions*. London: Cassell & Company, 1995.

PLANNER, F. E. *Superstition*. London: Cassell & Company 1980.

PLATT, CHARLES. *Popular Superstitions*. London: Herbert Jenkins, 1925.

PLIMMER, MARTIN, and BRIAN KING. *Beyond Coincidence*. Cambridge, UK: Icon Books, 2004.

POTTER, CAROLE. *Knock on Wood and Other Superstitions*. New York: Sammis Publishing Company, 1983.

RACHLEFF, OWEN S. *The Secrets of Superstitions: How They Help, How They Hurt*. Garden City, NJ: Doubleday & Company, 1976.

RADFORD E., and M.A. RADFORD. *Encyclopedia of Superstitions*. Edited and revised by Christina Hole. London: Hutchinson & Company, 1961. (First published 1948.)

RANDOLPH, VANCE. Ozark *Superstitions*. New York: Columbia University Press, 1947.

READ, CARVEATH. *Man and His Superstitions*. London: Cambridge University press, 1925.

RING, KEN. *The Cat Omen Book*. Auckland, NZ: Milton Press (NZ), 1999.

—————— *Moon and Weather Lore*. Auckland, NZ: Milton Press (NZ), 2002.

—————— *The Lunar Code: How the Moon Affects Our Weather on Earth*. Auckland, NZ: Random House New Zealand, 2006.

RINZLER, CAROL ANN. *Feed a Cold, Starve a Fever: A Dictionary of Medical Folklore*. New York: Facts on File, 1991. (First published by Thomas Y. Crowell, Publishers, in 1979 as *The Dictionary of Medical Folklore*.)

ROOM, ADRIAN, ed. *Brewer's Dictionary of Phrase and Fable*. 16th edition. London: Cassell & Company, 2000. (First published 1870.)

SCHWARTZ, ALVIN. *Cross Your Fingers, Spit in Your Hat: Superstitions and Other Beliefs*. New York: Lippincott and Company, 1974.

SHERMER, MICHAEL. *Why People Believe Weird Things: Pseudoscience, Superstition, and Other Confusions of Our Time*. New York: W. H. Freeman and Company, 1997.

SIMONS, G. L. *Sex and Superstition*. London: Abelard-Schuman, 1973.

SPENCE, LEWIS. *Myth and Ritual Dance, Game and Rhyme*. London: C. A. Watts and Company, 1947.

SULLIVAN, GEORGE. *Sports Superstitions*. New York: Coward McCann, 1978.

THOMAS, DANIEL L., and LUCY B. THOMAS, *Kentucky Superstitions*. Princeton: Princeton University press, 1920.

THOMPSON, C. J. S. *The Hand of Destiny: Folklore and Superstition for Everyday Life*. New York: Bell Publishing Company 1989.

THURSTON, HERBERT. *Superstitions: A Backward Glance over Nineteen Centuries*. London: The Centenary Press, 1933.

WARNING, PHILIPPA. *A Dictionary of Omens and Superstitions*. London: Souvenir Press, 1978.

WATERMAN, PHILIP F. *The Story of Superstition*. New York: Alfred A. Knopf, Inc., 1929.

WEBSTER, RICHARD. *Write Your Own Magic*. St. Paul, MN: Llewellyn Publication, 2001.

_____ *Amulets and Talisman form Beginners*. St. Paul, MN: Llewellyn Publication, 2004.

_____ *Magical Symbols of Love and Romance*. Woodbury, MN: Llewellyn Publications, 2007.

WILLIAMS, MICHAEL. *Superstition and Folklore*. Bodmin, UK: Bossiney Books, 1982.

WRIGHT, RUTH and ROBERT L. CHADBOURNE. *Crystals, Gems and Minerals of the Bible*. New Canaan, CT: Keats Publishing, 1970.

ZOLAR. *Zolar's Encyclopedia of Omens, Signs and Superstitions*. New York: Prentice Hall Press, 1989.